culture & life

DOUBTING THOMAS
by Glenn W. Most
Copyright © 2005 by Glenn W. Most
Published by arrangement with Harvard University Press
through Bardon-Chinese Media Agency
Simplified Chinese translation copyright © 2020
by SDX Joint Publishing Company Ltd.
ALL RIGHTS RESERVED

DOUBTING THOMAS

Glenn W. Most

文化生活译丛

怀疑者多马

〔美〕格伦·W·莫斯特 著
赵 画 译

生活·讀書·新知 三联书店

Simplified Chinese Copyright © 2020 by SDX Joint Publishing Company.
All Rights Reserved.
本作品简体中文版权由生活·读书·新知三联书店所有。
未经许可，不得翻印。

图书在版编目（CIP）数据

怀疑者多马／（美）格伦·W. 莫斯特著；赵画译．—北京：生活·读书·新知三联书店，2020.6
（文化生活译丛）
ISBN 978-7-108-06757-9

Ⅰ．①怀… Ⅱ．①格… ②赵… Ⅲ．①《圣经》－文学研究 Ⅳ．① B971 ② I106.99

中国版本图书馆 CIP 数据核字（2020）第 030047 号

责任编辑	王晨晨
装帧设计	蔡立国
责任校对	张　睿
责任印制	宋　家
出版发行	生活·讀書·新知 三联书店
	（北京市东城区美术馆东街 22 号 100010）
网　　址	www.sdxjpc.com
图　　字	01-2018-5875
经　　销	新华书店
印　　刷	河北鹏润印刷有限公司
版　　次	2020 年 6 月北京第 1 版
	2020 年 6 月北京第 1 次印刷
开　　本	850 毫米 × 1092 毫米　1/32　印张 10.25
字　　数	180 千字　图 29 幅
印　　数	0,001-6,000 册
定　　价	48.00 元

（印装查询：01064002715；邮购查询：01084010542）

他伸手触摸无法触及的、不真实的身体。
这是痛苦的努力,他想触及的
正离他远去,却吸引着他
对他而言,这仿佛是
难以言喻的靠近。

——莫里斯·布朗肖,
《无名的多马》

目　录

中文版序 · i
前言 · v
缩写对照表 · xiii

第一部分　文本基础

看与相信 · 3
多马之前：对观福音 · 13
信仰与触碰：《约翰福音》 · 31
触摸上帝 · 77

第二部分　回应与发展

来源与反思 · 85

叙事发展：《伪经》及其他 · 91

解经传统的回应：从教父到反宗教改革运动 · · · · · · · · · · · · · 139

图像版本：圣像中的多马 · 179

神圣的手指 · 246

后记 · 254

参考文献 · 259

索引 · 295

出处索引 · 307

中文版序

《怀疑者多马》中译本的出版让我得以反思这本书的意图和局限，也让更多的读者接触到这本书所探讨的文本与问题。

本书的中心意图在于探讨不同问题之间的互动，这种互动存在于紧密相关的西方文化与语言之中，令我深深着迷。问题首先在于感知与知识之间在认知上的［cognitive］关系（我们如何在感知的基础上认识事物？）以及怀疑与知识之间在认识论上的［epistemological］联系（其基础为何？以及我们在多大程度上能够认识事物？）。其次是隐晦的（往往是宗教性的）文本以及由此生成的解释传统在试图理解并解释这些文本之时提出的诠释学［hermeneutical］问题（我们如何理解与之一脉相承的文本的含义？又如何把由此而来的知识转化到自己的生活之中？）。再次是媒介［media］的问题，不同的语言文本和图像再现以不同的方式表现事件、人物与问题（我们如何了解画家和作者以不同的媒介尽其所长的时候各自的意图为何？）。

这本书试图以特定的方法探讨这些问题。这种方法旨在分析书面文本和图像文本所产生的特定的历史背景，通过探究明确的表述和表现方式，追溯其中暗含的动机。我认为每一个文本都是某一传统的组成部分，经由互文性［intertextuality］或其他形式与更早的文本关联起来。任何一个文本都不只是被动地重复更早的表述方式，而是主动地解释并改造其他文本——以此为后世文本提供新的表述方式，而后世的文本也将以各自的方式与之关联。每一个文本就像一个人，既特殊又典型，既不可重复地产生于不可再现的境况，又渴望被其他特殊的文本和人们理解，并且能够被理解。我们总是说"我"，当一个人说"我"的时候，其他人都心照不宣。可是每个人所说的"我"都不尽相同，每个人都是无法化简的个人主体，然而每一个特殊的个人主体并非只是千差万别，每一个人也像其他人一样有着无穷无尽的相似性。包含在最简单的"我"之表述中的，同样存在于我们身处的所有更为复杂的文本与艺术之中。

这就是我的意愿，我希望这本书所探讨的问题能够为其他研究提供一个适用于其他文本与问题的行之有效的模式。可是无论人们意图为何，总是局限于人类自身。我指出的问题极为普遍，假如在浩如烟海的文本、图像、语言、文化和不同的时代中进行研究，必然成果丰硕。而我受制于自身，无法扩展我的研究范围，而且在原则上我只讨论我多多少少能够阅读原文的几种欧洲语言的文本。幸运的是我偶然发现了怀疑者多马这个人物，从而把问题集中于我能够把握的几种欧洲语言中较为有限的材料范围之内。然而这些问题的内在动力以及我个人的好奇心总是挑战着我知识的限度，当我在写这本书的时候就禁不住设想世界上其他地方的人们如何讨论并表现这类问题。我虽然好奇并心向往之，却力不能及。我尤其希望了解的是这本书采用的方法及普遍含义在多大程度上适于欧洲和北美之外的不同文化。这本书以一句中国谚语作为结尾并非偶然，当时我看到了属于中国传统智慧的这句话，却无法确定其真实性。过去这几天里，我了解到这句谚语虽然并不准确，但是中国的佛教传统中确实有这样的说法，说的是指向月亮的手指：假如你看见了月亮，就应该忘记指向它的手指（"以手指月，指并非月"）。那时的我已竭尽所能地突破西方文化的界限。

自从写下这本书以来，"全球化"进程在世界范围内已经突飞猛进并且触及经济之外的其他文化领域。尽管各种形式的地方主义、民族主义和排外主义不断地抵制全球化发展，人们仍然前所未有地更加深入、更为广泛地认识到截然不同的文化之间的相似与差异。我在从西安开往北京的高铁上写下这些话，我被西安不同凡响的考古发现深深震撼，也被北京这座充满活力的现代都市深深打动。应北京大学张辉教授的邀请，我正在为一群思想活跃、富有学养的或长或少的学生和学者讲授古希腊诗学和修辞学。我希望这样的学术交流将会更加频繁，把世界联系在一起。虽然我们千差万别，对于共通的人性的相互尊重将会把我们合而为一。

为此我十分感谢李猛教授的慷慨提议，此书的中文版因此面世。感谢编辑王晨晨认真负责的编辑工作，以及译者赵画将此书翻译成中文。我希望这本书能拥有众多中国读者，希望中国的读者们在遇到非同寻常的文本和艺术所提出的问题的时候，可以感受到其中的无尽乐趣。

格伦·W. 莫斯特
2019年10月

前　言

怀疑者多马这个人物让我们从不同媒介与延续千年的多个传统两个层面直面信仰与怀疑、怀疑主义与虔信派的核心问题。因此这本书由两部分组成。第一部分相对简短，探讨这些传统的起源，即对观福音的终章，正是这些章句构成了《约翰福音》结尾的背景；❶ 约翰的独特叙事成为后世诸多版本的怀疑者多马的故事的终极文本基础。接下来的第二部分以更长的篇幅讨论接受和改变这一根源的三大最重要的传统：《新约伪经》以及后世文本对多马故事的不同阐发；从教父神学到反宗教改革派对约翰叙事的解经传统；最后是从古典时代晚期至十七世纪初以来对这一故

---

❶ 在《新约》的四部福音书《马太福音》《马可福音》《路加福音》和《约翰福音》之中，前三部被称为对观福音，或称符类福音、共观福音、同观福音等。本书所有页下脚注均为译者注，作者原注单独成文，请见"参考文献"部分。

事的视觉表现的图像学。本书以相辅相成的两例文本细读作为开篇和结尾,一是细读约翰的文本,另一则是卡拉瓦乔的画作《怀疑者多马》;考虑到篇幅、学术规范、均衡性和知识上的局限,我采取了较为探索性的方式,对大量例证进行归纳和推论。

通过面对不同媒介,我们从语言上的叙事与解经学到视觉上的绘画与雕塑这些不同的交流形式来探讨关于信与不信、信仰与怀疑的根本问题。对这些传统的关注让我们得以探究简短并广为人知的基础文本与汗牛充栋的评注和阐释之间的对立,虽然后者的正当性在于始终忠实唯一的基础文本,却也难免存在断然的误解。人们大多以为自己对怀疑者多马了然于心,知道多马把手指探进耶稣的伤口,可是深究起来,故事的来源《约翰福音》没有只言片语证实这一说法,而是截然相反。追溯贯穿近两千年的文学与艺术历程中显而易见却根深蒂固的误解,为我们反思理解和误解如何促进人类交流并将其复杂化提供了丰富的例证。

这里探讨的文本与问题大多属于基督教传统的核心,这意味着涉及的解释传统无论在本质上还是数量上都颇具代表性。然而选取的文本和提出的问题绝非无可取代,其他的文本和问题也可采取同样的方法。我绝对无意于捍卫或攻击基督教信仰,也不辩护或谴责多马的怀疑:我只是试图重建过去二十个世纪以来在欧洲文化中影响深远的某

前 言

些文本与图像所包含的概念与建构。

怀疑者多马的故事是个格外引人注目的例子，我们借此透彻地了解到文化历史在多大程度上由不断重复而承袭下来的模式构成，如何留存于集体记忆，又如何超越最初产生的情境，适应新的语境而重获新生。文化适应或多或少是一种篡改，因为原初的作者或艺术家不可能预见作品将被赋予的一切可能性。可是任何一种模式的生命力和留存下来的唯一机会，就在于在不摒弃根本身份的前提下参与永不止息的篡改过程，而无论对于人类还是人类的文化产物，复活的概念都会引发关于个体身份延续的难题。从本书中事例的接受和传播来看，文化史的任务既非谴责其中的错误，也非彻底地纠正误区，而是揭示并理解那些误解。

从专业上看我是文本解释者，也专于诠释学，主要兴趣在于文学和哲学文本以及使其应运而生的解经传统，我的学术背景主要是古典学和比较文学。或许有人会认为我所探索的一系列问题更适于神学、《新约》研究、教会史和艺术史领域，其实并非如此，这源于我对这一主题的内在兴趣。

跨越学术领域的合理性正在于文化接受研究的本质。恰恰因为作者、艺术家和受众并不认为自己受制于领域的差异，本书所述的文化传播过程也因此必须超越学科的画地为牢。对于任何严谨的文化接受研究，跨学科都是必要的，是无可抵挡的诱惑和巨大的机遇。因此问题不在于人们是否认可跨学科研究，而在于能够在多大程度上降低风险——况且要让人接纳这类研究我们毫无他法。尽管我已竭尽所能，仍然不可能学尽写作此书必备的各领域知识。希望我的读者们能够原谅我的缺漏和差错。

除了总体的方法论问题，再澄清几个技术问题。（1）为了简便和前后一致，《希伯来圣经》和《新约》均引自 *The New Oxford Annotated Bible: The Holy Bible, Revised Standard Version Containing the Old and New Testaments*, edited by Herbert G. May and Bruce M. Metzger（New York, 1962, 1973）。如未注明，文段由我译出。❶（2）希腊文《新约》引自 *The Greek New Testament*, edited by Kurt Aland, Matthew Black, Carlo M. Martini, Bruce M. Metzger, and Allen Wikgren, in cooperation with the Institute for New Testament Textual Reserch, Münster/Westphalia, 3rd ed.（New York, 1975）。（3）受篇幅所限，为了让非专业的读者流畅地阅读，同时让学生和学者得到有益的参考，我没有在论述中夹杂过多的学术引用，而是把所有的参考书目和重要的二手文献、值得深入阅读的参考文章放在了最后。

---

❶ 中文的《新约》引用主要参考和合本译文，某些措辞略有改动。改动较大时另外注出。《新约伪经》及其他文献由本书译者译出。

前　言

即使是一本小书，也有说不尽的感谢。由于酝酿这一研究的时间跨度和涉足的多个领域，我要感谢的人更是不一而足。

第一次想到要写这本书，是在1996年到1997年的冬季学期，当时我正在海德堡大学上一门关于教父神学文本的跨学科讨论课，我和古典学、神学、古文献学及其他领域的同事和学生一起研读诺努斯［Nonnus of Panopolis］的《约翰福音释义》［Metaphrasis］，那是我多年来第一次认真学习福音和接受研究。对《新约》希腊语文本细致的语言分析与诺努斯富有诗意的版本的对读让我从起初对《福音次经》［apocryphal gospels］的模糊记忆和对一幅卡拉瓦乔画作的鲜明印象在愉快的几小时之后形成了这本书的轮廓。当然，假如没有几年来在海德堡"教父神学"［Kirchenväter］讨论班友好而趣味盎然的讨论，我也许不会鼓足信心采取这一研究方式。

正如这项研究的构思和阐发深刻地受到了芝加哥大学社会思想委员会的朋友、学生和同事的影响，这本书的终稿也反映了我在比萨高等师范学校［Scuola Normale Superiore at Pisa］受到的启发。这本书在某种程度上意想不到地成了意大利文化和德国文化之间历史关系的一部分（却被一个美国人观看和感受），这或许最终根植于我个人生活的特质。这本书在多大程度上真实反映了我探讨的问题,留待读者的判断。

我衷心感谢诸多朋友、相识和家人,他们数年来毫无怨言地忍受我固执的提问和要求。在此我只可悉数感谢阅读并评论了本书草稿中各个章节的朋友和同事。德国的 Martin Baumbach, Christoph Burchard, Albrecht Dihle, William Furley, Luca Giuliani, Enno Rudolph, Claudia Wassmann,以及海德堡莱布尼茨讨论班的同道;美国的 Ewa Atanassow, Susan Bielstein, Arnold Davidson, Michael Fried, Charles Larmore, Josh Scodel, Aaron Tugendhaft;英国的 Susanna Morton Braund, Alan Griffiths 和 Anna Mastrogianni。海德堡的 Nicola Hoemke 细心而热情地帮助我收集圣多马的图像。

会议和讲座上的评议讨论让此书每一稿的各章受益匪浅:1998 年 6 月于伯林 Max-Planck Institut für Wissenschaftsgeschichte,1998 年 11 月于剑桥大学,1999 年 5 月于伊福芬[Iphofen](巴伐利亚),2000 年 3 月于芝加哥洛约拉大学[Loyola University],2000 年 3 月和 2002 年 6 月于比萨高等师范学校,2001 年 11 月于波茨坦的爱因斯坦论坛,2003 年 7 月和 2004 年 7 月于埃尔萨谷口村[Colle di Val d'Elsa],以及 2004 年 6 月于图宾根[Tübingen]的莱布尼茨学院[Leibniz-Kolleg]。1999 年 2 月在达特茅斯学院紧张而热烈的跨学科讨论班让全书初稿受益良多;参加讨论的有Sarah Allen、Jonathan Crewe、Pamela K. Crossley、Dale F. Eickelman、Robert Fogelin、Gene R. Garthwaite、Margaret Graber和Adrian Randolph。在Marc Fumaroli教授的善意相助下，我于2003年6月在巴黎的法兰西公学院［Collège de France］以本书四章的缩减版为底本做了系列讲座。

最后，特别感谢哈佛大学出版社的两位匿名审稿人，以及愿意阅读即将成稿的整部书稿的朋友，他们不仅完善了此书的内容，也让我免于贻笑大方，他们是Luigi Battezzato（比萨）、Brooke Hopkins（盐湖城）、Katia Mitova（芝加哥）、Filippomaria Pontani（比萨）、Lucia Prauscello（比萨）、Adolf Martin Ritter（海德堡）、Mario Telò（比萨）和Isabelle Wienand（弗里堡）。在最后阶段，当我以为已经无须更改的时候，出色的出版社编辑Elizabeth Gilbert不仅改善了书本的格式，也从许多方面完善了书中的内容；与她合作是莫大的荣幸。

感谢有意无意间出于信仰或怀疑接触到此书并帮助了它的人，他们让身为作者的我学习并成长。

我把这本书献给我的学生们。这是写给他们的书，以此感谢他们的启发，以之展现一种阅读文本与其他文化的文献的方式，最重要的是，希望这本书能够鼓励他们探索和冒险。

缩写对照表

新约次经

E＝J. K. Elliott, ed., *The Apocryphal New Testament: A Collection of Apocryphal Christian Literature in an English Translation based on M. R. James*（Oxford, 1993）

S-W＝Wilhelm Schneemelcher, ed., *New Testament Apocrypha*, rev. ed., English trans. by R. McL. Wilson, 2 vols.（Cambridge, 1991-1992）

《行传》＝*The Acts of Thomas*（E 439-511；S-W 2.322-411）

《启示录》＝*The Apocalypse of Thomas*（E 645-51；S-W 2.748-52）

《争战者》＝*The Book of Thomas the Contender*（S-W 1.232-47 under the title *The Book of Thomas*；not in E）

《福音》＝*The Gospel of Thomas*（E 123-47；S-W 1.110-33）

《童年福音》＝*The Infancy Gospel of Thomas*（E 68-83；S-W 1.439-52）

教父神学

CChr SL＝*Corpus Christianorum, Series Latina*（Turnhout, 1952ff.）

CSEL＝*Corpus scriptorum ecclesiasticorum Lainorum*（Vienna, 1866ff.）

GrChrSchr＝*Die griechischen christlichen Schriftsteller der ersten drei Jahrhunderte*（Berlin, 1897ff.）

PG＝*Patrologiae cursus completa, accurante J. P. Migne, Series Graeca*（Paris, 1857ff.）

PL＝*Patrologiae cursus completa, accurante J. P. Migne, Series Latina*（Paris, 1941ff.）

SC＝*Sources Chrétiennes*（Paris, 1941ff.）

第一部分

文本基础

看与相信

一个独眼的人对他的盲人朋友说"眼见为实"。他是什么意思呢?

乍看之下,我们也许会以为他的观点仅仅是说,不同的感官在传达关于我们所在世界的信息时可靠程度不尽相同。其他四种感官需要我们与物体建立联系,甚至需要或多或少地将它们内化:味觉预设了吸收,嗅觉与听觉要求所感知的物体的物理特性能够跨越界限进入脑室之中,触觉必须有直接接触。唯有视觉是客观的,被感知的事物置身于我们之外,在我们面前:我们无法看见紧挨着眼睛的事物,好比我们不能尝到也无法触摸隔着一段距离的事物一样。

视觉的客观化意味着无论看到什么,它都不会因为被人看见而改变一丝一毫。既然我们的观看并不会改变被感知的物体,或许可以假定这一感官的知识最为可靠,而其他感官的信息更可能在感知的过程中有所变更。"毫无必要争论对于味道的判断"〔*De gustibus non est disputandum*〕——至少在某个层面上可以说,一个人不可能只品尝而不吃下食物,也就没有两个人能同时品尝一模一样的东西,那么一个人描述他尝到的味道,我们只能权且相信了。可是你和我尽可以比较我们对同一的物体的印象(锱铢必较的话应该说是几乎一样的事物,因为我们不可能在分毫不差的角度于同一时刻看见它)。是不是也可以反过来看,把其他感官的原始特征——与我们更加本能而直接的关联——当作它们所传达的信息比视觉更加真实、更少歪曲、更为可靠的明证?毕竟视觉的错觉更广为人知,而我们对触觉的错觉知之甚少。

我们可以顺着这些思路,一丝不苟地在认识论的道路上走得更远。可这样一来,我们必将错过开头这句谚语的另一层意思:它并非默认了视觉与其余四种知觉的比较,而是特指视觉与听觉之间的较量。独眼的人真正想向他的朋友指出的是,我们更乐于相信看见的事物,或者说我们应该相信目之所见而非道听途说。当我们说"眼见为实",往往是听别人说已经发生了什么事或有人说什么事将会发生,我们声称若非亲眼所见就依然将信将疑。显然,我们听闻的不像所见之事,能够为信念打下牢靠的基础。

这是为什么呢?最关键的原因毫无疑问就在于我们看见的是自己所见,而我们听到的是别人告诉我们的。这意味着这句谚语似乎预设了一系列潜在的假定:真正的知识归根结底基于直接、即刻的视觉;理想的情况是看见的人就是打探虚实的人,可惜常常事与愿违;在其他情况下,需要一系列的沟通连接两端,一端是确实看见的人,另一端是听到这些事的人,二者之间是愈发遥远的距离和越来越多的误传构成的听觉纽带;结果就是,在听觉纽带末端的人只可能比依据视觉了解的人得到的信息更为含糊不清。关于真相的社会史论证的是他人转述的关于世界的消息如何引导和建立我们的信任直至趋近理想状态。这样的确切性自然不能和哲学家所期望的同日而语,但是对于我们同所在的世界基本而实际的交往已经足矣。

实际上,从经验来看,很难确定我们可以在多大程度上信任同伴,把他们当作共处的世界中可靠的传达者。正如《箴言》所言,"幼稚的人,有话必信;明智的人,步步谨慎"(14∶15)❶;因而明智的示巴女王不轻信道听途说的所罗门的事迹,而是决定亲自到那里去,用自己的眼睛来判断到底真实与否(《列王记上》10∶7,《历代志下》9∶6)。

问题不只在于别人会犯错或者误导,毕竟我们也会出错。对此我们无计可施,但更糟的情况在于他们或许会特意误导。假如真的相信同伴与我们志趣相投,衷心祝福我

---

❶　此处取高思本译文。

们，那我们就更愿意把最重要的东西——我们的生活、幸福和所爱之人寄托于他们告诉我们的情况。但我们心知肚明，危急之中大多数人都会毫不犹豫地牺牲别人和他们的家人换取自己和家人的安稳，所以我们认定无人例外，况且平日里随处可见他人身上随性的轻率和无心的残忍。

欧里庇得斯《美狄亚》的开场就突显了这个真理：当美狄亚的保姆不能亲眼所见，就不相信耳朵听到的——希腊英雄伊阿宋已经带着他的情人来到柯林斯，背信弃义地决定迎娶这位当地公主。她的同伴，一个保傅问她（也问我们）："你到现在才知道每个人都爱邻人不如爱自己吗？"（85-86）这正是我们认为亲眼所见比别人告知更可信的原因：我们相信我们的眼睛，相比于对自己眼睛的信任，而是更多地相信我们的眼睛，根源在于对同伴的不信任。希罗多德讲述撒尔迪斯 [Sardis] 的国王坎道列斯 [Candaules] 如何不幸而狂热地爱上了自己的妻子，徒劳地想通过叙述让他的侍卫巨吉斯 [Gyges] 信服她出尘绝世的美丽；"因为耳朵不像眼睛那样令人信服"（1.85.10），于是坎道列斯让巨吉斯去看她的裸体。然而坎道列斯的妻子正好瞥见了巨吉斯的偷窥，最后反而背叛了丈夫，伙同巨吉斯谋杀亲夫：眼睛从来不是无知的，它们难得随心所愿明察秋毫，总是看见得太少或太多。

这都是我们熟知的日常问题。特殊情况下也一样吗？

设想一下，别人让我们通过听闻而相信的"好消息"（亦即"福音"［Gospel］的词源含义）不是普通的闲言碎语，不是关于美丽的妻子或愚蠢的丈夫，而是事关生死——不只关于我们和我们所爱的人，而且关乎全人类甚至所有生命。再设想一下，这个消息与我们通常的经验出入甚大，远比热情洋溢地赞美一个女人非同寻常的美丽更令人难以置信——我们的信念承受着远远超出极限的张力。假使我们相信了，也就是说我们自己不会死去，而是得到永生；而且假如我们不信就无可救药。再设想，最终我们无法亲眼看见向我们信誓旦旦地转告这一消息的人，只能依靠耳朵听别人口口声声地宣称他们见证了奇迹——或者他们说从别人那里听说有人说自己亲眼所见，或者连这些人也是从别人那里听来的，如是等等。我们还会相信他们吗？

从神学的角度来看，对于信仰问题的首要关注在于宗教信仰的本质的普遍问题较之于其他类型的相信，以及所涉及的宗教教义的具体内容；然而对于这里的解释而言，神学维度却非核心。相反，本书第一部分的目标是分析对观福音书的末尾几章，而后对照它们成书的背景，理解怀疑者多马这个故事的结构和含义在《约翰福音》尾声的呈现。这一探究是第二部分的基础，使我们能够思考由这个故事应运而生的文学、解经和艺术传统。第一部分的初衷并非提供客观而终极的解释，以之作为《约翰福音》文本唯一正确的含义，并把随后历史中对于多马的故事的各种见解都当作误解和歪曲。恰恰相反，即便可以达到这一目标我也不以为意，我想强调的是故事所敞开的潜在的多重维度。

解读这些文本的方式不是神学的，而是修辞学、文学和心理学的。我在此稍稍界定这三个词语的含义，或许会有所帮助。

修辞学的解读关注作者如何参与读者对作品的预期以及他们的期待在文本里面的蛛丝马迹，探寻产生特殊效果的文本机制 [textual mechanisms]，尤其是如何让读者信服。因为这一方法取决于读者的反应，文本策略就要采用各种技巧使人信服，而细致的文本解读能够明辨这些技巧。毕竟每个文本——即使目标迥异——都需要获得读者的信任。无论是一首抒情诗还是爱情的宣告，旅馆火灾逃生指南还是宗教救赎的讯息，一个文本若是无法得到读者的信任就一无是处。柯勒律治所言的"暂时信以为真" [willing suspension of disbelief] 不仅是文学作品的前提，也适用于任何形式的交流。好比四福音书，这些文本聚焦于信仰问题，尤其在篇末，那么它所强调的问题其实正以某种形式遍及所有文本。修辞学上的解读想要指明的就是对读者本身以及让读者进入信仰状态的文本策略的关注；"修辞学"这一语词与掩饰、欺骗或虚伪毫不相关。

文学解读首先关注的是文学的根本，即充分表述了信仰问题的书面文本，追问这些文本的结构与构成方式。需要衡量的不仅是直接的论点陈述，也包括文本中各个独立部分如何通过诸如类比、类推、反复、强调、弱化、反讽、暗指这些相互关联的常见的结构技巧所构成的含义。显然，交流和沟通的方式不只是堆砌论述的内容。传达过程中的交流很大程度上在于言外之意（相当一部分或者说几乎所有类型的文本皆是如此），在于各种明确的叙述之间尚未言明却昭然若揭的关联。这里采用的文学解读旨在揭示文本中并未直言的信息，将其置于同其他明确的阐述富有深意的关联之中，系统地与暗示的含义融合；我所说的"文学的"并不意味着虚构、自成一体、或纯粹美学的意涵。

最后，就心理学的解读而言，我关注的是福音书叙述风格里明显的留白 [lacunae]，试图尽量通过精简而又具有历史可能性的方式让缺口的两边相互弥合，以恰当的解释性的材料，特别是牵涉到认知、情感和意象状态、合理推测所述情境中不同人物的心理学假设来填补空白。《希伯来圣经》过于简洁的叙事风格恶名昭彰：对无关细节弃之不顾，只提及最为关键的情节，对情节之间的关联略过不提，对决定性的动机和人们的反应哪怕最重要的人物的反应也往往不置一词。《新约》不出所料地沿袭了犹太叙事传统，很可能不只因为两套文本以及文本所产生并接受它的群体在总体的宗教和文化上的高度延续性（尽管差异也一目了然），从更广的意义上看，还因为在整个身份构成都取决于无可非议的文本的宗教群体中，作为经典参照的文本只可能更加隐晦而非更加直白。唯有如此，确立群体自我意识的文本总体才不会因为过于烦琐而不堪重负，也为异议和潜在含义、适用范围和文本含义的讨论留下空间，这就允许了差异的存在，又不至于威胁群体的凝聚力。

结果就是，福音书往往只讲述连续的故事和事件，却不言明它们如何关联在一起，允许明显的分歧、差异的存在，甚至让互相矛盾的版本和情形在同一叙述中并存，并不明确提示读者如何将它们联系起来。鲁道夫·布特曼[Rudolf Bultmann]和其他许多杰出的学者提出的来源批判传统[*Quellenforschung*，"source criticism"]颇受推崇，他们倾向于把这些留白和差异作为文本编辑自更早的来源的证据，并且尝试着把显然不尽如人意的现存版本解析为更如人意却早已不复存在的版本。可是这往往变成了对恰当问题的错误回答：恰当地把对注释的关注集中于叙述中的疑难和矛盾之上，可是转而在毫无疑义的叙述里寻求寄托，徒劳地期望一劳永逸地抹去所有问题。文学的路径反而在不同问题上借鉴了传统的来源批判的某些方法，简洁的风格自成一格，让读者跃跃欲试——或许这正是这一风格的用意所在。不把《圣经》和伪经叙事看成一盘碰运气的桌球游戏，而是把前因后果归结于人或者超凡之人仍不足够。要理解那些故事，不能只列举出相关的物理运动：我们必须铤而走险，把没有完全显露出来甚至隐而不显的预设的心理动机和结果补充出来。任何假想都需要读者直接地、亲密无间地参与文本意义的建构，让读者产生认同，产生切己之感；但与此同时，读者永远无法确定他们所认为的来龙去脉是否适于其他读者，所以他们要集众人之力，让他们提出的假设更合情合理。这种对更广大的群体的关心对于大学和研究机构中的专业读者而言无疑更为紧要，然而即使非专业的读者也时常愿意与他人分享和比较他们的文学体验。

正如《希伯来圣经》的书页仅写出了辅音，若非读者以自己生命的气息为写下的词语注入原音，那些文字就无法解读，福音叙述中缺省而不连贯的故事和情节同样如此，读者需要以丰富的文学和生活经验，尤其是心理学上的言之成理的动机和结果把散落的故事弥合在一起。当文本读者们的体验在几百年间逐渐从文本原初生成的历史场景中剥离，这种弥合将越发困难，也可能越发武断；可是唯有让读者提出或有偏颇的解释性假设，文本才能在时间流逝中继续吸引新的读者，也就是说，误读文本的风险正好也是文本存活下来的潜能。当然，正如这里所提出的心理学解读，任何解读都只是尝试性的、不完整的；不过，要设想出一种与心理分析毫不相干的文本解读更是异想天开。我的心理学解读的用意在于通过追溯叙述者可能拥有的动机和回应来衔接故事和事件;"心理学"这个词与感情主义［sentimentalism］、平庸化［banalization］或弗洛伊德式的（和其他人的）心理分析教条毫无干系。

　　一切就绪。让我们转向《新约》叙述本身。毕竟眼见为实。

多马之前：对观福音

三部对观福音书的作者都从看与听、信与不信这一简单有力的对比来叙述耶稣受难之后的奇迹。这些文本不出所料地在结尾处极为迫切地点明了怀疑与信仰的问题。这不仅因为耶稣死后复活是最后叙述的故事，是至今为止最令人难以置信的事情，还是唯一决定性的耶稣获得拯救的讯息（"若基督没有复活，我们所传的便是枉然，你们所信的也是枉然"，《哥林多前书》15∶14）。更重要的是，在文本末尾，作者从读者中抽身而出，即使读者合上书本，强大的信服力依然余音绕梁。这也是为何无论福音书的内在文本联系如何，都无一例外地在结尾处聚焦于信服的核心问题：亦即在何种程度上眼见只可能近乎为实，或者眼见根本不足为凭。当福音书越来越细致入微地着眼于这一问题，问题本身反而愈发棘手，其原因并不在于解答方式的精细，而在于这些方法的后果。

当今的《新约》学者大多认为《马可福音》是最早的一部对观福音。《马可福音》显然比《马太福音》和《路加福音》更简单也更直白。然而，至少在怀疑与信仰的问题上，它的含义并不逊于其他福音书。

《马可福音》中对耶稣复活的叙述紧接着耶稣的埋葬，我们通过女人们的视角了解全部经过，我们看见的一切都通过她们的眼睛。她们不了解的事情我们一无所知；当她们惊慌失措，我们除了一块儿担惊受怕也无计可施。不止一人所见让她们描述的经历或多或少更有信服力；但是与男性相比，女性被赋予了更多感性与直觉特征，这一点和一世纪巴勒斯坦的女性作为法律见证者的低下地位相辅相成。除非这些女人得到其他权威的确认，我们很可能不会轻易相信她们转述给别人继而又传达给我们的事。

《马可福音》在接下来的一章讲述了两个女人看见耶稣被埋葬从而为接下来的情景过渡（15∶47），男性世界以及由他们奠定的世俗与宗教权威在那里被置之度外。三个女子在安息日之后来到耶稣墓前，准备用香膏涂抹耶稣的身体（16∶1）。她们忧愁谁能把墓前的石头挪开（16∶3），她们身体的柔弱为经典的奇迹场景做了铺垫：超自然的神力自会超越她们体力和精神力量的局限（16∶4）。可是她们在坟墓所见却是平凡之象：不过是一个少年坐在右边（或许是个吉兆），身着白袍（16∶5）——她们没有看见耶稣的遗体，也没有目睹天使或耶稣复活的任何证据。尽管（或者说正因为）事实如此，三人为她们所看见的感到惊恐：墓门没有被封上，大大敞开，耶稣不在这里，她们见到了一个少年而非死去的耶稣。少年平静地告诉她们耶稣不在那里，他已经复活，就像一个谦和的仆人向不期而至的客人解释说主人已经睡醒外出散步去了。少年为了证实她们所闻非虚，请她们亲眼看看耶稣身体躺过的地方如今空无一物（16：6）。他让她们告诉耶稣门徒自己的所见，转告他们将会在加利利见到耶稣（16：7）——如同耶稣承诺过的那样（14：28）。可是她们并没有从少年的话里得到慰藉，而是从墓地仓皇而逃，手足无措；她们没有跑去告诉门徒，而是出于恐惧而三缄其口（16：8）。

就这样了。《马可福音》在此结束；在最古老的手稿里，故事就此终结，没有证据表明马可写过任何续篇。作为这部福音书的结尾，如此断然的尾声至少在两方面令人困惑。

一方面，最后的段落似乎指向了未来的事件，虽然在此没有叙述，但读者也许会理所当然地期待能在后面读到。比如，根据少年所说，耶稣将同门徒在加利利相会：他们相遇了吗？假如女人们因为害怕没有告诉任何人，门徒又如何知道要去加利利？在缺乏任何确切叙述的情形下，我们只有少年的预言：我们可以相信他吗？此外，叙述者——我们暂且称他马可——如何听闻这些事并写下这一章的呢?毕竟除了三位女子和神秘少年,再无见证者;显然女人们没有告知任何人,我们不知道少年后来怎样了。女人们后来终于讲给别人听,传到了马可这里,还是直接告诉了马可?——若是如此,她们是如何克服恐惧的,马可又为何不置一词?或者马可从其他途径获知了消息——那么又是谁告诉他的(显然不是墓中少年)?他为什么不告诉我们呢?

另一方面,预言给我们带来的期许不知为何在这里落了空,福音对耶稣死后复活做出了四次预言(8:31;9:9,31;10:34),在这里竟然避而不谈。《马可》的文本里没有任何人亲眼看见耶稣复活,我们更不可能亲眼所见;只听几个女人说她们从一个少年那里听闻耶稣已经复活,不在墓里。即使我们想要相信她们,我们为什么应该相信他呢?我们怎么知道他不是盗墓贼,偷走了耶稣的身体,在女人突然出现的时候灵机一动瞎编了一个故事?《马可》毕竟没能提供任何证据说服我们耶稣已经复活,进而让我们相信关于拯救的核心信息——我们满怀期待,希望马可把耶稣的拯救说得头头是道,从而心甘情愿地相信自身的拯救。

在任何纯属虚构的故事结尾,最应该避免的就是含糊其词,在向读者宣扬拯救的文本末尾出现这般困惑简直不可容忍。无论马可的本意是不是让文本在此收尾,或者他因为偶然的原因未能完成写作，又或者他原本继续写了下去可是不知何故佚失了，我们不得而知。然而只有两种可能：故事到此为止或是有意为之，或是无意之为；假如有意为之，就不应该以急促、费解的怪异的段落作为结尾。似乎更有可能的是原本的结尾要么没有完成（也就是说马可中断了福音书的书写），要么就是写成了却在后来散失了（手稿的开头和结尾最易损坏和遗失）。即便我们假设原初的文本是为早期基督教群体而作，以书面文本（重要的是秘而不宣或者仅仅口耳相传）纪念基督教信仰中关键的耶稣复活远没有耶稣生平的细节重要，这仍然难以解释在巨大的惊恐、惶惑和失望中如此突兀的结尾；为何文本中数次预言耶稣的复活并特意保留了下来？在后世的读者看来，这样的叙事无论如何都是虎头蛇尾。文本本身如此令人困扰，当我们知道至少存在两个并非出自马可的拾遗补阙的尝试，也就不足为奇了。

所谓的短结尾［Shorter Ending］（16：9-10）在某些手稿中成了更为宏大复杂的续写，即所谓的长结尾［Longer Ending］（16：9-20）的引言或又一版本。短结尾纠正了马可叙事中两个明显的缺陷，一个是女人们终究还是把少年要她们转述的话告诉了彼得与门徒（这就从叙事上澄清了马可如何获知所述之事），再有就是耶稣显现，派门徒传播福音（这从叙事和神学上为先前耶稣复活的宣告画上句号)。可是这一结尾只是为存在明显缺陷的叙事查漏补缺。

长结尾显然更有意思。这位公元二世纪的作者(很可能受到《约翰》对耶稣复活的记叙的影响,下一章将会探讨这一点)直接补充了《马可》原文中令人困扰而不可或缺的段落:耶稣复活的景象——显现给有名有姓的人物,抹大拉的马利亚(16:9,对比《路加》8:2),她终于可以按照耶稣的要求告诉门徒们发生了什么(16:10)。

可是《马可福音》的叙述中马利亚面对少年时的恐惧和抗拒并没有被删去,反而留存于文本,我们必须循序渐进地看待把三段叙事[three-stage narrative]统合为一的高潮。在第一阶段,马利亚同门徒们说话,他们认为耶稣已死,悲从中来哀恸不已。耶稣复活的好消息根本无法宽慰他们,马利亚反而遭受质疑:"他们听见耶稣活了,被马利亚看见,却是不信。"(16:11)一方面,这个情况比马可的记叙更糟,因为不只是两个女人不信,男性门徒也一概不信;而另一方面,总归有所好转,因为他们不相信的是女人——抹大拉的马利亚,于是叙事推进到下一步。在第二阶段,我们在整个故事中首次脱离了有所局限的女性视角。马利亚被全然遗忘,因为她已经完成了自己在叙事中的使命。耶稣亲自向男性见证者显现,不过仅限于与众人分离的两位门徒(16:12)。而当他们告诉其他人他们的所见,"他们就去告诉其余的门徒,其余的门徒也是不信"

（16∶13）。即便消息来自男性而非女性之口，别人也不信。于是在第三阶段，耶稣最后一次显现，这一次是向十一位门徒显现，谴责他们将信将疑："后来十一个门徒坐席的时候，耶稣向他们显现，责备他们不信，心里刚硬。因为他们不信那些在他复活以后看见他的人。"（16∶14）可以想见，这一回门徒们信服了：这版福音书的最后一句话证实他们确实开始传播福音（16∶20）。为了让读者彻底明白，作者在耶稣的话之后又强调了信仰的重要性："信而受洗的必然得救。不信的必被定罪。"（16∶16）

扩充马可叙事的无名作者显然认为，要完满地叙述耶稣葬礼之后的事件必须在两个独立的奇迹之间找寻平衡：一是坟墓里本应留存的耶稣遗体的消失；二是墓地之外，耶稣复活的身体意想不到的显现。无论马可的叙事因何种原因出现断裂，以他的名字留存于世的福音书终章在公元二世纪之后泾渭分明地分成两部分，墓中的部分（16∶1-7）与外面的部分（16∶8-20）；重点不在于惊恐、缄默、令人失望的第一部分，而在于欣喜万分、获得救赎、皆大欢喜的第二部分。第二部分的扩写通过口头宣告和视觉证明的交替让完整的故事达成了更高的圆满。叙事的推力不在于信仰（信仰只能终结叙事而非推进叙事），而在于在叙事中多次重复人们如何不信道听途说。最后，怀疑变成了故事的主题，耶稣不得不明确介入，将疑虑一扫而空。续写者笔下的耶稣不遗余力地劝人相信：耶稣的数次显现，耶稣对怀疑者的愤怒责备，以及怀疑与罪恶的确然联系——这位作者极力抵御怀疑主义的致命弊病。

马可的叙述过早终结，迷雾重重。续写者以更长的篇幅制衡怀疑，使叙述终止于信仰。疑虑渗透并横行于整个故事，必须要以更激烈的方式不断辩驳。

《路加》的版本与《马可》十分相近。路加热衷于增添人物，指名道姓，像警察一样向合格的见证者取证。路加的叙述更为详细，为不同情境补充细节，而他同样采取了在不信与证实之间转换的基本叙事手法，浓墨重彩地以预言的兑现作为构架。

路加围绕耶稣复活的叙事就像《马可福音》的长结尾，但更加详尽，通过六个步骤把故事推向高潮。起初，故事并不始于一位少年，而是从两个男人开始，他们不是向三个女人说耶稣已经复活，而是更多的人（24：4，10），他们明白无误地提醒她们耶稣曾经说过的话此时已经兑现（24：6-7）。女人们回想起耶稣的话（24：8），耶稣和天使的话正好互相印证。而第二步，当女人们向十一位门徒汇报她们的所见（路加扩充了故事人物，除了门徒还有其他人在场，24：9），"她们这些话，使徒以为是胡言，就不相信"（24：11）。因此在第三步，众人中颇有威望的彼得被派到墓地去验证她们的汇报是否属实；彼得心中疑虑，因为他没有见到任何能传达可靠消息的人，只有沉默不语的物件，他不知如何解释（24：12，并不见于所有稿本）。于是需要第四步：耶稣本人隐藏起真实面目向两位门徒显现（在《马可》16：12中，耶稣也是变换了形象向两位门徒显现）。在相当戏剧化的场景中，他们告诉了耶稣他们的听闻（24：13-24），耶稣责备他们（24：25-26，直接引述耶稣的话，而非《马可》16：14的间接引语），如同之前的天使一样，耶稣也通过回溯已经实现的预言确证当前事件的意义。直到此时，两位门徒仍没有恍然大悟（"只是他们的眼睛迷糊了，不认识他"，24：16）。因而需要第五步——一个更有说服力的叙事巅峰。门徒们终于意识到与他们交谈的人正是耶稣（24：31）。这发生在逾越节耶稣把饼掰开分给他们的时候（24：30）。在最后的第六步，他们因为知悉耶稣的复活而回到耶路撒冷，把所见转告给其他门徒（也包括那时正好同他们在一起的其他人：人物再次扩充，24：33-35）。行文至此，我们已经了解了《路加》的叙事结构，对将要发生的事了如指掌：门徒们不会相信转达给他们的真实的话语，而是疑神疑鬼，直至神迹再现；不过这一次终于迎来了完美结局，耶稣向所有门徒显现（既然路加偏好人物众多，自然又捎上了其他人）。可是路加出其不意地避开了又一个表达质疑的尴尬场面，在人们起疑之前立即让耶稣显现在见过他的两位门徒和未曾见到他的众人面前（24：36）。

两位门徒只提到耶稣的名，他们的话即刻现为肉身：耶稣忽然出现在他们中间，对他们说："愿你们平安。"（24：36；并不存于所有稿本）照理说所有问题都应该云消雾散。可是耶稣显现的时机尚未成熟，门徒们的困惑并未一扫而空，反而日益加深。他们显然明白自己看见了什么，但直觉却告诉他们看见的不是活着的耶稣而是鬼魂，或许正是死去的耶稣的鬼魂。所以就不难理解他们起初的惊慌失措（24：37）。耶稣如何说服他们他不是一个鬼魂呢？唯一的方式就是同他们交谈，让他们确知他身体的物质性存在［materiality］。耶稣出现在门徒面前与他们谈话，这是因为人们对于人的划分只可能是（a）活着的人，（b）死去的人，以及（c）鬼魂；既然活着的人有物质性的身体，能够言语，死去的人依然拥有物质性的身体却再也无法与人交谈，鬼魂可以说话却没有物质性的身体，那么就根据排除法推断出既能够说话又拥有物质身体的耶稣是个活生生的人。

耶稣对于身体的物质性论证井井有条，让人以为他又要层层推进。耶稣首先让他们看他的伤口（"你们看我的手，我的脚，就知道实在是我了"，24：39）；随后让他们触摸，作为更确凿的证据（"摸我，看看。魂无骨无肉，你们看我是有的"，24∶39❶）。不过触摸的证明并未真正实现：虽然耶稣让门徒们摸他，却又全然退回到视觉层面，让门徒们只凭眼睛查看伤口（"说了这话，就把手和脚给他们看"，24∶40；并不见于所有稿本）。显然终究没有哪个门徒真的触摸了他。这又是为什么呢？路加没有告诉我们，只是说门徒们"正喜得不敢信，并且希奇"（24∶41）。最终，耶稣在他们面前吃鱼（24∶42-43；大多稿本在普通的食物之外又补充了其他食物，比如当时巴勒斯坦的一些主食，外加象征意义更为深厚的蜂蜜和代表永生的油膏），确凿无疑地让所有人坚信他拥有肉身。逾越节进餐是无可非议的证明。在此之后，耶稣最后一次证实他们眼见的真实性，援引已经应验的更早的预言（24∶44-46）。终于，耳闻证实了眼见：门徒们记忆中的经文和听见的耶稣亲口所说的话成为终极的、决定性的对眼前所见之象的明证，把耶稣的复归解读为兑现承诺，从而对其真实性深信不疑。

根据路加的描述，当耶稣让门徒们摸他，"他们正喜得不敢信，并且希奇"（24∶41）。这是什么意思？首先要注意的是路加在《使徒行传》12∶14一处相近的记述：路加描述彼得奇迹般的从牢狱逃出，他敲响了约翰的母亲马利亚的门，使女罗大前来应门："听得是彼得的声

---

❶　译文有改动。

音,就欢喜得顾不得开门,跑进去告诉众人说,彼得站在门外。"两个段落中,人们的欢喜并不是因为认出了对方并已通过某种方式证实果然是他,相反,人们的喜不自禁成为阻碍:因为出乎意料而喜出望外,喜不自胜而不知如何是好。两处相似的描写为《路加福音》提出了一种虽然复杂但直觉上颇为合理的心理层面的解读。或许门徒们真真切切地希望站在他们面前的是活着的耶稣,所以当他们确信真的是耶稣的时候就欣喜万分。可是同时他们又担心热切的希望只是幻影,到头来空欢喜一场,不敢笃定地相信他们的愿望真的实现了。令人心醉神迷的喜悦和隐隐的怀疑复杂地交织在一起,这种矛盾于我们自身的经验而言并不陌生,而且也可得到许多古代异教和基督教文本的证实(比如查理顿[Chariton] 8.5.5-7;里巴尼乌斯《讲演录》[Libanius, *Orations*] 38.3.10;伪约翰屈梭多模《论寡妇之子》[Pseudo-John Chrysostom, *On the Widow's Son*] PG 61.793.25-26;狄奥多勒《书信集·二》[Theodoret, *Epistles II*] SC 98.181.6-7)。

无论如何,路加稍显古怪的表述风格并不顺理成章。况且也没有明说为何耶稣明确地让门徒们摸他的身体,可是他们既没有照做也没有拒绝。路加似乎因为两种相互抵触的叙事目的陷入两难。一方面,从耶稣非同寻常的提议可以看出他非常理解门徒的处境,迫切地想让他们相信他身体的复活；因而路加不能直接让门徒们拒绝耶稣的提议，这样一来就辜负了耶稣的宽宏大量。另一方面，自从耶稣和门徒在以马忤斯相聚，把饼分给他们却没有一同进餐而是忽而消失不见（24∶30-31），路加的整个叙事显然正趋近高潮：耶稣终于和门徒们一同进餐，不只同两人，而是所有门徒一起，并且向所有人解释他们未能洞悉的经文的真正含义。路加此时当然不能让门徒接受耶稣的提议去触摸他的身体，因为假如他们摸到了他，在耶稣真的与他们进餐并解释经文之前就已坚信不疑，那么最激动人心、最为关键的共进圣餐和权威的经文解释就再无必要。

因此路加的文本虽然提及了触碰耶稣身体的可能性，这种可能性却被搁置一旁。叙事出现了一个断裂，想要弥合的话，只能由至福的信仰带来的神圣的触碰来实现。也许门徒们将信将疑的喜悦是某种补偿表征［compensatory symptom］，借以掩饰怀疑的失望，暗含在路加文本中受到系统性抑制的焦虑，这重焦虑一旦被激发，打压它的努力将会一触即溃。

这样一来，我们或许可以将此看作以虔敬掩饰暗潮涌动的最后尝试——在《路加》的末尾，门徒们所见的最后一个场景充满着令人迷醉、永恒而非凡的喜悦："他们大大地欢喜，回耶路撒冷去。常在殿里称颂神。"（24∶52-53）对于古时的读者，这或许仍然不够明晰，不足以说明所有门徒不再怀疑——因为更详尽的版本依旧传播着，在"他们大大地欢喜，回耶路撒冷去"前面插入"他们就敬拜他"。路加之所以在叙述中一次又一次提到怀疑是为了消除疑虑，可是这些怀疑一旦被唤起就无法完全沉寂，结尾虽然重申了门徒的虔诚、恭敬和无所保留的喜悦，但是猜疑的隐忧仍然占据一席之地。

与《马可》和《路加》不同，《马太》明确地把坟墓中发生的事完全提升到超自然领域。马太描述两位马利亚拜访墓地时的神迹，大地震动，天使降临显现同她们说话（28：1-7），不遗余力地解释耶稣尸骨的消失（28：11-15），提出平淡无奇而又合情合理的关于行贿和撒谎的说法，似乎只是为了置之不理。马太不仅同其他的版本相抗衡，坚称唯此道出了真相，也再次宣扬奇迹的不可思议。相比于对墓中情形的其他描述，马太的叙事更为恢宏——这一次女人们不是看见一位少年或两名男子，而是看见了主的天使，我们目睹了奇迹的天使降临，令人目眩神迷。而且马太改写了见证者们微妙的心理状态。马太删减了《马可》描述的女人们的惊慌失措（《马太》中的女子比《马可》中畏畏缩缩的女性形象正面得多），而是说看守手足无措（28：4；当天使降临，宣告死去的耶稣已经复活，他们活生生地被吓得"像死人一样"），女人的反应不只是害怕，还有无尽的喜悦（28：8）。同天使对话的是勇敢的女人而非怯弱的看守（28：5）。天使嘱托女人们转告门徒她们所见的景象，告诉他们在墓里见不到耶稣，却能在加利利同他相会，他们的会面将应验天使的话（28：7）。于是女人们急忙奔走相告（28：8；马太或许暗自纠正了马可的说法）。接下来的句子述说着坟墓之外的奇迹：在去告知门徒耶稣复活的路上，两个马利亚直面耶稣，应验了天使的预言，这时耶稣自己又一次嘱托她们知会门徒，叫他们去加利利同他相见（28：8-10）。随后马太辩驳了耶稣身体消失不见的说法。在这个小插曲之后，他继续描绘了一系列神迹：十一位门徒遵从女人的转告去往加利利，耶稣在那里同他们会面并吩咐他们宣传福音（28：16-20）。

马太的叙述并非完美无瑕。比方说，关于门徒们在加利利的山上与耶稣见面（28：16），马太没有解释耶稣在何时何地如何与他们约定。这只是一个小瑕疵，真正的关键并不在此。马太的叙事从根本上看是回溯式地以一系列的视觉照面来兑现之前的口头预言。先是天使告诉女人们她们将见到耶稣（28：7），事实上果真如此（28：9）；而后耶稣对她们说门徒将在加利利与他相见（28：10），他们确实在那里见到了耶稣（28：17）。再没有比这更简洁有效的叙事规律了：预言将要发生的事，未来果然目睹预言的应验，再追溯到之前，就这样交替穿插。同一模式的又一次重复更具威信

（第一次是美丽的天使的预言，第二次是耶稣本人），让我们对第二次的结果怀着更高的期待。毕竟两位马利亚真正面对耶稣的时候几乎难以自持，都欢欣地表露出对耶稣的崇敬："她们就上前抱住他的脚拜他。"（28：9）

第二次却出了状况。当十一位门徒如约而至，他们在加利利的山上与耶稣相会时发生了什么？"他们见了耶稣就拜他。然而还有人疑惑。"（28：17）马太对于怀疑者不置一词：他没有告诉我们谁心存疑虑，多少人将信将疑（只说不止一人，"some"），我们并不清楚他们是否因为没能看见耶稣而存疑（若是如此，为什么他们无法看见耶稣而其他人看见了呢？），或者他们看见了耶稣却依然不信（为何同样的处境中别人相信了，他们却不信？），也不知道他们如何表露怀疑，假如他们看见了耶稣，他们对耶稣的显现有没有别的解释，信者如何看待不信者，耶稣又作何反应？马太唯独告诉我们，耶稣前来与门徒说话，宣告他的全能，告知他们传教的使命（28：18-20）。也许马太想要暗示耶稣的显现仍然难以企及话语的力量，这样的话我们或许希望从耶稣最后的话语中获知他如何说服怀疑者。即使我们接受了这种解读，也应该记住这两点：一是马太本人从未言明怀疑者最终迷途知返（他的叙述以耶稣的话为结），所以没有理由认为他们心悦诚服了；第二，根据叙述的结构，亦即通过所见的圆满场景来确证言语，在怀疑者亲眼看到耶稣的形象却仍然不信的情况下如何能凭借耶稣的话语（或任何人的话语）劝服他们，我们还是一头雾水。

"然而还有人疑惑"戳穿了文本中怀疑的伤口，而它全部的目的本就在于让读者信服。如果马太把横生的枝节利落地删去，结尾凯旋的调子就不会笼罩着怀疑的阴影。马太为何画蛇添足呢？也许是想表达怀疑的情有可原，就连最不该猜疑的耶稣门徒也未能幸免，就连耶稣身体复活这可见的证据也不足以令人信服。这样看来，马太未免因小失大：如此这般叙述为后世读者们的怀疑落实了得以开脱的先例。也许马太希望激发读者反思怀疑与信仰的关系这一总体问题而不给出任何简单的解决之道。然而马太繁复的教导和程式化的叙述似乎又表明，他对于读者能够透彻理解如此复杂的问题并不抱有多大的信心，却也不敢放任自流。

除了马太认为有必要点明真实情形以及他所了解的传统，我们似乎再也设想不出之所以如此表述的合理缘由。耶稣的几位门徒是否散布了对这些事件将信将疑的其他说法？在《马可》之外，《马太》和《路加》参考的我们所假定的 Q 底本❶中，耶稣门徒的怀疑是否昭然若揭，马太无法置若罔闻？即使这一假说也难尽人意：马人不能假定仅

---

❶ Q 底本（Q source, Q document）是一部假设性文本，来自早期的口传传统。

仅提及怀疑者就可破其要害,就可以对他们究竟如何被说服不置一词。

无论如何,"然而还有人疑惑"这样的句子暗潮涌动。耶稣自己的门徒都心怀隐忧,难道我们就不能怀疑了?这不反倒鼓励我们去质疑吗?马太从未说过怀疑者已改邪归正,他又如何能劝说我们呢?毕竟我们没能看见耶稣的形象,只可依据马太和其他人的文字里的故事:假如在耶稣的门徒看来眼见未必为实,不足以信,那我们道听途说,而且听闻的甚至是他们的怀疑,又如何能够深信不疑呢?

三部对观福音书尽其所能地让我们心存信仰。采用的方式却让我们踌躇不定。

信仰与触碰:《约翰福音》

三部对观福音中挥之不去的怀疑与信仰问题以不同的方式再现于《约翰福音》,汇聚成令人不安的高潮。无论约翰是否在几十年后参照对观福音写下了自己的福音书,他的写作手法与焦虑都如出一辙,甚至有过之而无不及。《约翰福音》弥漫着把信仰灌输给读者的迫切和唯恐不能如愿的焦虑。无疑这也是希腊语动词"相信"[πιστεύειν]的各种词形在《约翰福音》中出现不下90次的原因。相形之下,《马可》只有9次(另加出现在两个伪作的结尾中的4次),《路加》7次,《马太》9次。在约翰的版本里,耶稣下葬后的神迹只比《路加》长一点,有56节,而《路加》53节,《马可》和《马太》各有20节,但是《约翰》的文学架构在四部福音书中最为复杂也最为精巧。约翰把信仰耶稣这个复杂的问题聚焦于看与信的关系:《约翰福音》第20章只有31节,却包含了13个表示看的动词(βλέπει,

"［她］看见了",1；βλέπει,"他看见了",5；θεωρεῖ,"他看见了",6；εἶδεν,"他看见了",8；θεωρεῖ,"她看见了",12；θεωρεῖ,"［她］看见了",14；Εώρακα,"我已经看见",18；ἰδόντες,"他们看见了",20；Ἑωράκαμεν,"我们已经看见",25；ἴδω,"我看见",25；ἴδε,"看",27；ἑώρακας,"你已经看见",29；οἱ μὴ ἰδόντες,"那些还没看见的人",29；虽然标准修订本的第11节译文出现了"看"这个字眼，希腊文文本中并无对应❶；类似的还有ἔδειξεν,"他出现了",20）以及8次说到相信（ἐπίστευσεν,"［他］相信了",8；οὐ μὴ πιστεύσω,"我不会相信",25；ἄπιστος,"没有信仰的［人］",27；πιστός,"相信的［人］",27；πεπίστευκας,"假如你相信",29；πιστεύσαντες,"相信的［那些人］",29；ἵνα πιστεύσητε,"你也许会相信",31；πιστεύοντες,"相信着的",31）。

总而言之，《约翰福音》中论述怀疑与确信的多个线索交织于一个人物身上，约翰借此鞭辟入里地探讨这些问题。多马在此现身，他是我们中的一个，却不在我们中间，他进入了既属于我们又不属于我们的文本之中。

好比符契，早期基督教一分为二，需要合二为一才可

---

❶ 译文为："马利亚却站在坟墓外面哭。哭的时候，低头往坟墓里看。"

认定其身份，《约翰福音》第 20 章也分为密切相关的两部分，要理解其中的任何一部分必须比照另一部分。

无论耶稣复活的情节与全书其他各章在主题上有何关联，复活的故事特地作为相对独立的段落，在这章开篇已有所暗示："七日的第一日清早，天还黑的时候，抹大拉的马利亚来到坟墓那里。"（20∶1）正如我们熟知的文学形式，遣词造句在开篇就将习俗自然化了，故事的开端与自然时间的开端天亮了一致；通过把这一天定位在一周的第一天，这种自然化更加显著。

如同对观福音书，《约翰》中也只有身份低微的女子抹大拉的马利亚独自推动叙事结构，而抹大拉的马利亚终将被人取而代之。可是这一次她是唯一身涉其中的女子，与两个位高权重的男人共处，等级分明：其中一人是西门彼得，耶稣将在其之上建造教会（《马太》16∶18）；另一人即"耶稣所爱的"门徒约翰（《约翰》20∶2）。马利亚一见石头从坟墓挪开（20∶1），立刻意识到事情的进展远远超越了她的理解，转而向男人求助；她马上跑去见西门彼得和约翰，告诉他们有人挪走了耶稣的身体（20∶2）。是呀，假如耶稣死了（她自以为她明白这一点）尸首却不见了（她也深信这一点，尽管没有说她真的看见它如何消失不见），还能有什么其他解释呢？其实我们明白她的推断是错的，因为她没有亲眼看见有人盗走耶稣的身体，仅仅从被移走的石头和所谓的消失的身体得出推论。约翰比西门彼得跑得更快,更早到了那里;他看见用来包裹耶稣的细麻布,但没有往里走(20:5)。和抹大拉的马利亚相比,故事的叙述者让约翰看见了更多,但约翰起初并没有走进墓室,而是把故事的高潮或暂时的高潮留给了西门彼得。西门彼得走进墓室,约翰跟进来,把马利亚留在外边。显然,如此重大而又难以置信的事不能只有女人作见证,而是要由男人,而且不只一人为之见证才更可信。拉比法〔rabbinic law〕要求大多情况下必须两个成年男性做证,也许不仅仅是巧合。

根据人物特征来解释事情发生的顺序倒也易如反掌。约翰比西门彼得跑得更快或许因为约翰更年轻(也可能因为他更爱耶稣);而他留待西门彼得先踏进墓室之后再走进去,那是因为西门彼得在门徒中颇具威信,约翰敬重他(对照21:15-17)。不同的人物有着不同的言行和反应,这就营造了强烈的叙事悬念。约翰的匆忙源自到墓地一探究竟的焦灼内心;他决意在坟墓外等候西门彼得的抵达,不许我们一睹为快,也让我们愈发好奇。

约翰和西门彼得在坟墓中见到了什么,从中推断出了什么,约翰的叙述错综复杂而语焉不详。我们只知道西门彼得踏进墓地时看见了包裹的头巾和细麻布(20:6-7),却不知道约翰看见了什么(只能从前面约翰在坟墓外低头往里看的记叙中了解到他看见了细麻布，20∶5）。此外，我们还知道约翰的反应，"看见就信了"（20∶8），却不知西门彼得作何反应。这里的单数动词指的是约翰（"他看见就信了"，καὶ εἶδεν καὶ ἐπίστευσεν），解释性从句中（"因为"，γάρ）指代他们仍不明白的复数动词也可互证这一点（"因为他们还不明白《圣经》的意思，就是耶稣必要从死里复活"，οὐδέπω γὰρ ᾔδεισαν τὴν γραφὴν, ὅτι δεῖ αὐτὸν ἐκ νεκρῶν ἀναστῆναι，20∶9）。如何解释希腊语用词的细微差别——第三人称单数和复数动词之间的奇怪转化？若是换作其他作者，我们也许会设想这是出于文雅修辞的考虑（修辞学把它称为 *apo koinou*）❶，也就是说这里的叙述通用于两人，西门彼得和约翰都看见了墓里的头巾和细麻布，西门彼得和约翰都看见并相信了；然而风格如此考究的修辞与《约翰福音》散文式的语境格格不入，也无必要。相反，20∶8 的单数动词"他［约翰］看见了"［εἶδεν］与"他［约翰］信了"［ἐπίστευσεν］和 20∶9 的复数动词"他们［西门彼得和约翰］明白"［ᾔδεισαν］❷之间的突兀对比难免使人疑惑西门彼得的所见所感与约翰有何不同。

这样一来，对比的关键显然不在于他们的所见（西门

---

❶ 或可类比为互文的修辞手法。
❷ 全句的意思是否定的，否定词 οὐδέπω 置于句首。单从动词 ᾔδεισαν 来看，这是第三人称复数"明白，知道"。

彼得看见了头巾和细麻布，约翰最初只看见细麻布。不过一方头巾能有什么区别呢？），而在于他们的反应。约翰看见了，信了。西门彼得呢？他看见了于是就信了吗？约翰并未告诉我们西门彼得的反应，那么为什么不说给我们听呢？所能想到的只有四种可能：要么西门彼得的反应无足轻重而不必言及（这也是最不合理的解释，否则约翰为何要把西门彼得这个权威角色写到故事里？）；要么约翰无论当时还是后来都不知道彼得的反应（这一解释也差强人意，约翰开口问问不就行了？）；或者彼得同约翰一样也信了（其实这也不大可能，如果这样的话约翰为何不用复数动词"他们看见了信了"却用了单数？）；再或者，西门彼得并不相信，唯有约翰信了（必然如此，这是仅存的可能性）。换言之，彼得和约翰尚不明白《圣经》所说的耶稣要从死里复活；当约翰看见细麻布的时候他信了，看见了头巾和细麻布的彼得却不信。

不必怀疑约翰看见的时候信了什么。虽然动词"他相信了"（ἐπίστευσεν，20:8）没有直接宾语而语义不明，不过动词"相信"（πιστεύειν）在福音中带有强烈的神学色彩，通常不用于普通场合下根据经验相信某些事，而是特指对耶稣的信仰，尤其是耶稣死后复活的信仰。既然《约翰福音》正是叙述耶稣的信仰的文本，我们尽可以轻车熟路地把它理解为门徒约翰相信了作者约翰执意要让我们深信的事实,即耶稣已经复活。

如此一来,接下来的一节(20:9)进而阐明约翰尚未理解圣言,直到他看见了才相信。然而必须承认8、9节之间的连接小品词"因为"(γάρ)所建立的逻辑关联相当牵强。不理解圣言似乎是他们不信的原因,而非相信的原因。在西门彼得看来确乎如此,他并不相信耶稣已经复活,只相信抹大拉的马利亚所说的,耶稣已死,可是有人偷走并藏起了他的尸体(20:2)。约翰的确没有明确指出西门彼得得出了错误的结论,信了马利亚的话,可是要解释清楚约翰用在这里的单数和复数动词,似乎别无他法,对西门彼得的暗讽似乎是约翰在描述这位令他稍微有些嫉妒的对手时的一贯作风(对照《约翰》13:6-11,36-38,18:10-11,15-17,25-27,21:21-22)。

当西门彼得和约翰各自回家(20:10),把抹大拉的马利亚留在坟墓外哭泣(20:11),我们终于重回另外三部福音叙事的起始:抹大拉的马利亚在耶稣的墓室外哭泣。唯一的区别在于《约翰福音》中的马利亚茕自一人、形单影只,而对观福音中的马利亚至少还有一个女伴。从情节顺序来看,假如占了三分之一篇幅的10节序幕无关紧要的话,它至少为信与不信、知与无知的根本论题埋下了伏笔。约翰的叙述手法让读者在想象中重现发生在不同人物身上的认知过程,这是试探性的、支离破碎的,在马利亚和西门彼得那里甚至谬以千里。颇有威望的两人各自回家，他们对《圣经》有着同样的（不整全的）知识，同样看见了墓中衣物，一人相信马利亚，认为耶稣的身体被盗走了，另一人却认为她错了，耶稣现已复活。那么眼见与相信之间是什么关系？眼见足以相信吗？约翰"看见就信了"（20∶8）；西门彼得看见却信了马利亚。因而可以说这章的第一部分展现了基于同样的视觉经验却迥然不同的相信。此章的其余部分继续探讨不同情形的相信，或有理有据，或毫无真凭实据，实际上这章作为一个整体，可以解读为对信仰的本质及其限度以及信仰与感官认知之间关系的追问。

　　约翰以一种读者能够理解的浅白的方式写下第一部分，抹大拉的马利亚和西门彼得犯下的错误因此更加刺目。当然了，约翰的行文让我们"知道"他们大错特错；不过约翰的叙事结构又展现了必然错误的解释，让我们了解不信的可能性。某些读者或许认为抹大拉的马利亚身为女人，犯了错也无可厚非，可是两位男性门徒中德高望重的西门彼得也误入歧途。尽管门徒约翰似乎幡然醒悟了，却也没有得到证实。约翰笔下包括抹大拉的马利亚和西门彼得在内的所有人，或许也包括约翰本人，以及身处文本之外的读者，我们都应坚定正确的信仰。约翰的文本迫切地需要向我们所有人展现一个奇迹，让人无从怀疑的奇迹。

从叙述的角度来看，约翰的故事已经堕入僵局，无法继续。尚不可知墓室为何空空荡荡；唤来的两个人都回了家，一人错而不自知，另一个信仰恰巧正确的人所笃信的基础也并非坚定不移。因此这个故事必须重新开始；唯有马利亚能够担负这一重任，因为故事里只剩下了她。

当马利亚低头往坟墓里看（20∶11），她看见了其他福音书开篇的景象：耶稣消失之处有一位或几位天使（20∶12）。在她往里探看之前，西门彼得和约翰早已看过，他们除了细麻布和头巾之外一无所见，那些衣物是真相的面纱而非真相本身。我们或许可以更进一步。一来西门彼得和约翰都没看见天使，只见尸衣、包裹的头巾和细麻布相隔着置于两处（20∶6-7）；二来约翰并不着墨于马利亚是否看见了尸衣，只说她看见两个天使，各坐一处（20∶12）。最简单的解释是说那两位门徒其实看见了天使，却只以为那是耶稣的衣物，而马利亚认出了天使的面目。三个人所见的显然是同样的事物，唯有马利亚看透了真相。

约翰叙述中的两个天使要比对观福音中的天使更令人惊叹。不是因为他们的光芒万丈或宽慰人心的话语，其他福音中的天使亦是如此（《马可》作为例外，并没有天使现身），而是因为约翰独特的叙事结构，卑微的女人看见了天使，而不久前两位颇有威望的男人视而不见。在这一瞬间，构建起整个叙事的等级序列全然翻转过来。

不同于对观福音,两位天使并没有安慰马利亚,也没有叫她赶紧告诉其他人。为何只有马利亚看到他们?他们在这个故事中有什么作用?无论西门彼得、约翰与马利亚之间的文化和性别差异是什么,马利亚与众不同的举止或许可以提供一种解释。那两人只是跑来望了望,马上回到众门徒那里去,马利亚却哭泣不止,伫立在墓前痛哭流涕、无可劝慰:"马利亚却站在坟墓外面哭。哭的时候,低头往坟墓里看。"(20:11)她哭泣的是耶稣之死还是耶稣消失不见的尸体,悲戚它被人亵渎、哀悼无从寄托?两种说法都合情合理——耶稣莫名其妙失踪的身体使她痛心地意识到死亡的不可挽回。正是因为喷薄而出的哀恸,她幸而成为天使光临的唯一一人,天使没有降临于两位更有自制力(或更不易动情)的男性门徒——毕竟天使看见了她的泪水才同她说话:"天使对她说:'妇人,你为什么哭?'"(20:13)正是她的郁郁不乐、孤独的悲伤让她独自看见了天使。可是她过于悲伤了:天使无法安慰她(他们能说些什么来安抚这个对耶稣念念不忘的人呢?),也不能叫她离开去把消息传给门徒(如何能劝动她离开曾经躺着耶稣身体的神圣之地?)。

正如马利亚开启了这一章的叙述却在无法理解之时服从于西门彼得和约翰,天使也必须遵从更高的权威。对称倒转过来,天使进入文本只是为了立即抽身而出,在马利亚转身的时候耶稣取而代之出现在她面前（20：14）。此时此刻，除了悲恸她心无他念；一心惦念着耶稣的消失，看到耶稣本人的时候竟没能认出他来，哪怕近在眼前。《约翰》没有说耶稣乔装打扮，也没有说马利亚的泪水模糊了视线；她的过度悲伤把耶稣召唤至此，也因此对耶稣视而不见。显然，无论她的忧伤如何情深意切，《约翰》文本强调的是她其实不应悲伤，不应以为耶稣死了，已永远离她而去。

随后的误解若是出现在其他文体里简直有些滑稽，她把耶稣错认作看园的人，就那样同他说话（20：15）。为何是看园人而不是其他人呢？从场景和心理上考虑，必然是因为耶稣衣不遮体，马利亚认定他是个苦力，而既然在墓园里，那只可能是看园人；不过从比喻和象征的角度看，对伊甸园的暗指也显而易见。

至此我们也许会以为接下来将要不厌其烦地描述耶稣的乔装打扮，如同《路加》（24：15-31），耶稣隐瞒身份和蒙在鼓里的人说话，试探他们，我们因为洞晓实情而心安理得地观望。可是哭泣的马利亚是超越性的悲恸的化身，如同在《约翰》别处出现时一样，她唤起了最深的忧伤，也唤起了耶稣（或许还有读者）的同情。同样，我们在《约翰》第11章见到马利亚的兄弟拉撒路［Lazarus］死于疾病，那时耶稣也为马利亚的悲哀深深感动（11：33-38），为之落泪（11∶35）。纵观《约翰》全书，耶稣从未如此感动和悲伤，哪怕他自己遭人背叛、折磨，被钉上十字架。无论哀悼兄弟的马利亚和哀悼耶稣的马利亚是否确为一人，她们之间的类比不言而喻，第20章中的耶稣无法对她置若罔闻，只能更深切地回应她。虽然约翰并没有明确说明她们为同一人，如今的学者大多也否认两人为同一身份，但是罗马教会自大格里高利［Gregory the Great］以来都倾向于将她们合为一体（《福音布道》［Homily on the Gospels］33＝PL 76.1238-46）。

假如那个马利亚是为兄弟之死悲伤，这个马利亚因耶稣而悲从中来，归根结底就是说亲爱的兄弟之死可以用来衡量对耶稣的爱。马利亚的悲痛太深重，不可怠慢：耶稣立刻把他难以辨识的伪装搁下，同她说话，不像天使（20∶13）和自己曾经那样（20∶15）泛泛地（或者略带轻视地）称她"妇人"（呼格 Γύναι），而是庄重简洁地用她自己的名字称她"马利亚"（20∶16）。一个称呼就为他们连上了亲密的纽带——这表明他知道她是谁，她也知道他是谁，她的名字界定了她的身份，驱散了她的懵懂无知，（或许）耶稣的温和语调也让她明白过来——她必须再次转过身来（20∶16）。

尽管之前她已经转过身面对他（20∶14），当她同他说话的时候，马利亚定然像个谦逊的妇人，低眉顺眼。现在她又转向他,不再出于社交礼仪而是出于灵性的认同,她同样以一个词回应他:没有呼他的名,也没有以带有社会和法律含义的尊称称他为"主"(希腊语呼格 κύριε),哪怕在同一章里她曾两次在向别人提到他的时候以第三人称如此称呼(20:2,13)。在这里,她庄重地以带有宗教尊荣和智慧的"希伯来式的"(也就是亚拉姆语[Aramaic]的)称谓称他"拉波尼"(意思是老师)(20:16)。在横向的人与人之间的沟通之外,马利亚在纵向上依从着知识和《圣经》的男性特权。

只有那时,在马利亚认出了他的真实身份之后,耶稣才命她去告知门徒们——告知他们什么呢?与三部对观福音书不同的是,她并不是和他们约定在未来的某时某刻去同耶稣会面,而只是向他们宣告耶稣将要升上天国(20:17)。她不是信使,而是光荣的使者。这当然不是我们第一次听到耶稣来自他的父并将回到父那里去(对比16:16,28),但是这一场景中耶稣的宣告问题重重。他的门徒们会再次见到他吗?或者说,他是否还会回到人世?在人世中他们面临着什么?马利亚无暇顾及这些问题,而是立刻服从了耶稣的指令,毫不犹豫、毫不拖延地(与《马太》的叙述相似,但不同于《马可》,约翰或许暗暗修正了《马可》的表述)向门徒传达这一并不完整也不甚明确的消息(20:18)。门徒们的反应我们无从知晓。

至此，极其戏剧化的第一幕戛然而止。

假如说马利亚主导着《约翰福音》第20章第一幕，多马则是第二幕的中心人物。马利亚和多马两人相得益彰：耶稣格外喜爱的妇人与格外爱耶稣的门徒比肩而立；悲伤的人（马利亚误以为耶稣已死的感性的一面）转为喜悦，不信（多马误以为耶稣已死的认知的一面）的人转而相信；两人都专注于耶稣的身体，对灵性的伟大知之甚少、兴致索然。这一章前后两部分相互照应：第一部分耶稣从封好的墓室消失的奇迹在第二部分反转过来，他两次在锁了门的门徒聚会中出现；而且两次都发生在一周的第一日（20：1，19，26）。

另一迹象也表明这一章节两个部分的两个人物和两组事件特意互相参照。在上半部分，马利亚认出了耶稣而惊呼，耶稣回应道："不要摸我。"（也可能是"不要抓住我"，Μὴ μου ἅπτου，或是常见的拉丁本中的 *noli me tangere*，20：17。）马利亚发现面前就是那尊受人敬爱的身体，她显然喜出望外，也不难想见她本能地想要充满爱意地触摸他。确实啊，这有什么不对呢？毕竟在同一部福音书里，伯大尼的马利亚就曾用香膏涂抹耶稣的身体而无人责备（11：2，12：3）。况且对观福音书对耶稣受难之后的记叙从未禁止人们触摸耶稣复活的身体。在《马太》中，当耶稣遇见离开墓地去见门徒的两位马利亚，"她们就上前抱住他的脚拜他"（28∶9）；《路加》里耶稣亲自请门徒们"摸我，看看"（24∶39）。《约翰》的叙述与其他福音书的差异一目了然，某些译者想要通过篡改原文作为掩饰：意大利标准本的译文把简单明了的"Μή μου ἅπτου"（"不要摸我"）扩写成"Non contiuare più ad abbracciarmi i piedi così"（"不要继续这样抱着我的脚"）；修订标准本一律把这一处以及《新约》其余35处的动词 ἅπτομαι 译为"摸"，唯独这里译为"不要抱着我"。诚然，从语法上看，耶稣的否定祈使句的语义并不明了——也许是制止马利亚尚未实现的举止，也许是让她停下已经开始的举动。关键不在于哪一种解释更合乎文法，无论如何我们知道的是耶稣严厉阻止马利亚与他身体接触。

可是为什么不让马利亚摸他呢？马利亚称他"拉波尼"，对耶稣恭顺之至，抚摸他是肢体语言的顺从——耶稣为何拒绝她？约翰的叙述中，耶稣解释说她不能摸他是因为他还没有上升去见他的父（20∶17）。这叫人如何理解呢？他想说的是他依然被死亡沾染，要到父那里净化了之后才可以让马利亚抚摸，因为想保护马利亚免受伤害？或者说他的顾虑首先在他自己而不是马利亚，也就是说，他希望尽可能减少人间的接触，尽快回到父那里去？无论约翰还是耶稣都没有留下任何线索：耶稣的话晦涩难解——像是临时编造出来阻止马利亚抚摸他的看似合理的借口。耶稣的阻拦是这章前半部分的高潮,却与其他福音书相违背,出现在这一场景也格外突兀、不明所以,之所以放在这里好像只是为了下半部分的缘故;下半部分的核心就是触碰耶稣的身体,与阻止一个女人触碰他截然相反的是,耶稣请一个男子触摸他。毋庸置疑,在约翰叙事的戏剧性场景中,耶稣所言的"不要摸我"只说给抹大拉的马利亚听;其实我们必须把他的话作为下一阶段的铺垫,由此引向另一个人物。整章中唯一同耶稣有个人接触的就是多马。

换言之,耶稣阻止马利亚触摸他(20:17)和邀请多马触碰他(20:27)必须相互比照:耶稣在这两处的话正是符契之两半严丝合缝之处。

这一章的第二幕分为两个对称的场景:都发生于同一地点,都发生在七日的第一天,都有完全相同的人物,除了唯一关键的例外多马,他意外地缺席于第一个场景,却成为第二个场景的关键。

第一个场景的开场是门徒们在马利亚见到耶稣的那天夜里相聚,牢牢地锁上了门(20:19)。问题来了。耶稣受难后,门徒们到了哪里,去做了什么事?当抹大拉的马利亚跑去找西门彼得和约翰的时候,他俩同其他门徒在一起吗？在一起的话，为什么只有这两人来了？如果不在一起的话，他们俩在哪儿，为何没和其他人在一块儿？门徒们是否一直都聚在一起，一边担惊受怕一边哀悼耶稣，或者他们只在一周第一天的这个夜里相聚，悼念耶稣？西门彼得和约翰一同看见除了尸衣之外空无一物的墓穴之后，各自得出了相反的结论，他们有没有互相讨论？假如他们想要调和两人相悖的观点，进展又如何？对这些问题我们一无所知：因为在这个文本中，用来界定门徒的并不是他们各自的日常境遇，而是他们作为一个独立、团结的群体倾注于耶稣之上的凝聚力。门徒团体的内在定力通过犹太人所代表的外在威胁得到强化，门徒们为了同他们对抗才紧闭大门。在约翰文本中，门徒的凝聚力如此强大，在犹大背叛之后，我们根本没有想到去质疑十一门徒中的任何一位。

在锁上的门内，耶稣的突然出现仿佛是奇迹地响应门徒的祷告。正如第一幕中抹大拉的马利亚的悲伤唤来了耶稣，虔诚的怀念又把他唤至第二幕。把人和不信神的敌人阻挡在外的物质障碍面对超凡的耶稣的显现时无能为力，门徒们对耶稣的信仰一如既往。门徒们的信仰并未动摇——耶稣不是为了驱逐疑虑前来，而是为了犒赏他们的信念。相应地，耶稣没有谴责他们，而是亲切地问候，"愿你们平安"（20：19）。耶稣把受伤的手和肋旁给他们看，他们见了心中喜悦（20：20，对比《路加》24：41）——当然不是因为看见他遭受痛苦的痕迹而欢喜，而是因为身上的伤痕证明他确实死去了，他的出现又证实了他的重生。耶稣的这种自我展示矛盾地在一人身上汇聚了生（行动的主体，能够展示的人）与死（行动的客体，致命的伤口，被展示的死去之人）的对立。我们时常见到死里逃生的胜利者趾高气扬地面对战败者，或者伤痕累累的幸存者骄傲地向人展示伤口——我们可曾见过一个活人向别人展示他是个死人？

耶稣对虔诚的门徒的犒赏是将他们的使命与他自己的使命相提并论（20：21），把圣灵之气吹向他们（20：22），最重要的是把予人豁免和定罪的权能传给他们（20：23）。三者中的第一个正是《马可福音》（16：15-18）和《马太福音》（28：18-20）的结尾，但是如同后两者如此宏大的主题未曾出现在其他任何叙述之中。《路加》里的耶稣把"我父所应许的降在你们身上"（24：49）并且命他们"奉他的名传悔改赦罪的道，直传到万邦"（24：47）❶；然而从崇高却非不合情理的应许到把圣灵吹到门徒身上的非同寻常的举动，赋予他们赦免和定罪的权力，这之间存在着相当大的跳跃。

---

❶ 译文有改动。

这一宏大叙事是典型的高潮与终结。《约翰福音》似乎在此落幕,读者没有想到如此恢宏的结尾竟然还有后续(20:23)。

这样的句子突如其来:"那十二个门徒中,有称为低土马的多马。耶稣来的时候,他没有和他们同在。"(20:24)❶ 疑问再次浮出水面。多马为何没有同其他十位门徒一起?他自己想离开还是别人让他离开?他想同他们一起却无法遂愿,还是说他不想前来,又或者根本就不知道有聚会?无论哪一种情况,究竟是为什么呢?他到底在哪儿?他为什么隔绝于安全、封闭的聚会,身处危机四伏的城里?首要的问题是,在耶稣受难一周之后的第一夜,还有比与同伴相会祭奠耶稣更紧要的事吗?

约翰没有为我们留下线索。多马的缺席无法根据上下文进行推断,而是要从后面的段落、从它的结果回顾式地解读——首先,因为多马缺席,才有耶稣与多马的单独会面,否则毫无必要。多马此时的缺席令人意外也令人印象深刻。如前所述,耶稣死后门徒们第一次会面,我们没有预想到向心力如此强大的团体里竟有人未能赴约。猛然发现多马其实并不在场的惊诧让我们把注意力

---

❶ 同样参考和合本译文,"低土马"的英文译文为"twin",即双生子。

转向关于他的谜团。

多马的孤单处境仅限于这蜻蜓点水的一句话,约翰立刻把他纳入门徒之中,他们同多马交谈,双方悬殊——多马为一方,其他所有门徒为另一方。当约翰写到"那些门徒就对他说,'我们已经看见主了'"(20∶25),门徒们的态度如何?要是不偏不倚地向他汇报,仿佛讲述一件无论对他们自己还是多马而言都无关痛痒的事——这样的可能性微乎其微;与此同时,不大可能却绝非不可能的是,他们只是希望把令他们欢欣不已的消息无私地告诉多马,告诉多马他们所见的异乎寻常的景象,让多马也欢欣雀跃。与其他福音中耶稣或天使明确地差人传达耶稣复活的消息不同的是,《约翰福音》并没有让门徒或看见主的其他任何人把此事或其他事告知多马;除了此处,其他情况下获知耶稣显现的人的去向从来不曾如此迷雾重重,更不用说像多马这样的异常境况了。更可取的合理解释是把门徒们的话看作暗中责备,以近乎夸耀的神色复述他们看到而多马未能见到的奇迹。他们似乎在责怪多马:"你怎么不和我们待在一起?看看你都错过了什么!"

接下来的句子中门徒对多马的态度并非剑拔弩张。然而假如我们不这么揣测,就很难理解后面的话,多马突兀而激烈的回复就显得难以理喻——"多马却说,'我非看见他手上的钉痕,用指头探入那钉痕,又用手探入他的肋旁,我不相信'"（20∶25）。❶多马怀疑的似乎不仅是传达的消息的内容（即他不肯相信耶稣已经复活），也不信任把消息告诉给他的诸位门徒（他不相信他们说的耶稣已经复活）。多马好像因为被排除在外而恼怒，嫉妒他们见证奇迹，唯独冷落了他。多马强调耶稣的伤口，可以推想（虽然不甚明确）另外十位门徒肯定不只告诉多马他们见到了耶稣，也告诉他耶稣把伤口亮给他们看，那是他死去并复活的证据（可参见《路加》24∶39-40）。

因为文本侧重的是多马的不肯相信而不是多马不信的到底是什么，我们并不清楚如果一切如多马所愿他会相信什么。正如《约翰》20∶8的语句省略了动词的宾语，这里又是"我不相信"（οὐ μὴ πιστεύσω，20∶25）。无可争议的是，无论从此处还是通常的用法来看，"相信"［πιστεύειν］的宾语都是耶稣已从死里复活。多马怀疑的不是耶稣的身份，问题不在于门徒们所见的人是不是耶稣，这不同于希腊悲剧或传奇故事的相认场景——无名之人和无主之名在确认身份的关键场景中合二为一。门徒们声称（A）耶稣已经死去，以及（B）他们看见耶稣从死中复活。多马不相信他们，这意味着（A）他不相信耶稣已经死去以及/或者（B）多马不相信耶稣已经死后复活。可是

---

❶ 译文有改动。

（A）不信耶稣已死就意味着相信耶稣依然活着。如果耶稣的伤口为真，那就证明他确实死去了；所以多马要求确证耶稣伤口的真实性。同时（B）不相信耶稣在死后重新复活就意味着，多马相信耶稣不仅真的死去了而且无可挽回，因此门徒们见到的影像不是耶稣复活的身体，仅仅是鬼魂或幽灵。假如能够触摸耶稣的身体，试探的手能感觉到物体的阻力，就能证明眼前的耶稣并非魂灵而是真真切切复活的人。正因如此，多马要求触摸耶稣的身体。出于同样的原因，《路加福音》中的门徒误以为复活的耶稣是魂魄（πνεῦμα，"魂"，《路加》24：37，39），耶稣就向他们展示他的身体的实体性，说服他们确凿无疑地相信他不是魂魄（24：36-43）。

换言之，多马相信要么耶稣已死，要么耶稣活着，无论哪种情况，他的同伴们都撒了谎。如前所见，怀疑耳闻之事往往会变成对同伴的猜忌。多马如何相信其他门徒的言之凿凿？

多马的怀疑有两个阶段，我们暂且称之为（1）通常的怀疑［conventional doubt］，以及（2）普遍的怀疑［hyperbolic doubt］。❶

---

❶　此处作者借用笛卡尔的概念。详见参考文献。

在第一阶段，多马声称除非亲眼看见门徒们说给他听的事，他才会相信("除非看见他手上的钉痕"❶)。从之前分析的对于认识上的怀疑的社会机制来看，与其听闻别人说他们亲眼所见的事，多马更愿意亲眼所见。这是传统的"眼见为实"的框架，空口无凭与亲眼证实之间的转化是另三部福音书（以及文学与日常生活）的结构形式；唯一不同以往之处仅在于多马把耶稣的伤口作为他的死亡（同时也是复活）的证据。第一阶段的怀疑本已足矣，至少对于其他三部福音书的作者而言确乎如此。我们预想，接下来的场景里多马一看见耶稣的伤口就会对他的复活深信不疑，《约翰》的故事将在欢欣洋溢中告终。

出人意料的是，约翰笔下的多马得寸进尺。在第二阶段是非同寻常的普遍的怀疑（"用指头探入那钉痕，又用手探入他的肋旁"），多马声称仅仅看到耶稣的伤口还不足以使他坚信耶稣复活：他必须摸到他，把手指探到耶稣手上和肋旁的伤口里。就认知上的确切性而言，比起亲眼所见多马更信赖亲手触摸。第二步由两部分高潮组成：先是多马用一根手指轻触，然后用他的整只手触摸；先是触摸钉子留下的小伤痕，而后是长矛留下的大伤疤；先是身体上更加公众性的耶稣的手，而后是更加个人、更为私密的侧身。

---

❶ 译文有改动。

为何多马认为视觉不够可靠，触觉才是真凭实据？为何多马看到耶稣身上可见的伤口还不满意，仍要去摸呢？《路加》以耶稣进餐——而且不止一次而是两次用餐得到完满的证实（《路加》24：30-31，41-43）；《约翰》为什么仍不知足？

我们也许能设想回应这一难题的不同答案。我们可能会想到犹太传统中的天使也可以享用美味佳肴，至少我们无法分辨他们是真的吃得津津有味还是装模作样罢了（参照《创世记》18：8，19：3；《多俾亚传》❶12：19；《亚伯拉罕书》修订本A，4：9-11a）。假如多马想要求证耶稣是不是天使，摸一摸他的身体不就可以了吗？为何非得把手伸进伤口？

更加哲学式的角度是参照古希腊认识论中得到数次论证的原则，即人类最可靠的知识来自毫无偏差的触摸，而包括视觉在内的其他感觉的知识都可能出现偏差。不过这一原则只出现在某些古希腊哲学文本中（比方说泰奥弗拉斯托斯，《形而上学》[Theophrastus, *Metaphysics*] 25.9b15），古希腊哲学家大多推崇视觉（比如赫拉克利特，《残篇》101a Diels-Kranz；柏拉图，《斐德若》250D，Rep.

---

❶ 或译为《多比传》《托比特书》，不属于新教的《旧约圣经》，包括在天主教和东正教的《旧约圣经》里。

5.475E，《理想国》5.475E，《蒂迈欧篇》47A-B；亚里士多德，《形而上学》1.1.980a24ff.）。虽然可以用哲学意涵来解读多马的话，但《约翰》叙述的多马并非认真严谨的哲学家形象，这一点毋庸置疑。

又或者多马怀疑他在耶稣身上看见的伤口可能不是真的，只是画在表面的幻象，视觉上的查看不足以明辨虚实？一旦提出这种假设，整个故事从头至尾都岌岌可危——耶稣可能并没有真正死去，他的复活也不是奇迹。这种解读将会使这个故事无可挽回地分崩离析。

再或者，当多马一时间对同伴感到恼怒的时候，他是不是把获许查看伤口（如果能够看到，就能证明耶稣之死）和允许触摸耶稣身体（如果摸到了耶稣的身体就能证明他不是鬼魂也不是天使，进而证实他必然活着）二者混淆起来了，因而产生了一个令人困惑的概念——触摸伤口？从心理层面来看，这是可能发生的。若是把多马不可抑制的怀疑简化为心理过失、一时疏忽，于读者而言并不入情入理。

在这戏剧化的情景中，多马的非分要求另有用意。耶稣对抹大拉的马利亚说"不要摸我"（20：17）的八节之后出现了多马，多马的要求侵犯了耶稣的禁令，虽然是无意为之（多马并没有听见耶稣对马利亚说的话），这仍是强烈的冒犯。我们为其中的对比感到震惊：人们轻轻地触摸耶稣或他的衣角就得以从病中痊愈（《马可》5：21-34,《马太》9：18-26,《路加》8：40-56）；而多马则挑衅而怀疑地要求触碰耶稣的伤口。多马的非分之想不仅触犯了明确的宗教禁忌，同样也激起了人们本能的反感和厌恶。没有什么比身上裸露的伤口更让人避之不及的了。仅仅试想用手指触摸伤口表面就令人生厌——想象一下把手指伸进小伤口，把手探进巨大的伤口里，简直难以忍受。

最后，多马提出的真切地触摸耶稣身体的要求似乎挑战着《约翰》叙述的逻辑连贯性。耶稣能够穿过门徒们为保护自己而紧闭的大门（20：19），说明他并不具有通常意义上的全然物质性的身体。假如多马只要求关于耶稣身份的可见的证据，可以想见这一情景能够推论出复活的耶稣只是幽灵或鬼魂。多马所坚持的触觉证明是为了获得耶稣具有物质性身体不容置疑的证据。能够触摸到的身体绝不可穿门而过。想要保持约翰的故事的连贯性，只有两种不尽人意的可能性。假如否决了多马的请求，他没能触碰耶稣，耶稣似乎就是幽魂；这样的复活意义何在呢？假如多马如愿以偿地触碰到了耶稣，《约翰》的逻辑就不可避免地自相矛盾；这样一来他如何能让我们信服呢？

约翰如何从叙事悖论中解脱出来？

多马的多疑［hyperbolic doubt］不仅因为亵渎而侵犯

宗教禁忌，也让人厌恶而心神不宁；而且将约翰整个叙事的逻辑带入困境。多马令人侧目的话语让约翰无法对他置之不理，否则就有头无尾了。约翰再一次左右为难。门徒们怎样看待多马非分的暴发？接下来的一周他们做了什么？多马同他们共度时光，还是又一次分别？假如他们在一起，这段时间里他们如何相处？若是分开了，多马去了哪里？约翰又一次对这些疑问避而不论。在门徒们第一次见到耶稣整整一周之后，约翰才把故事接着讲下去。又是一周的第一日，门徒们又因为害怕犹太人而把自己关在屋里，他们又一次祭奠耶稣，不同之处在于多马的在场（20：26）。不管多马第一次出于什么原因缺席，这一次他同他们在一起，也许耶稣恰巧会在一周后的同一天再次出现。

耶稣真的出现了，如同第一次一样，用同样的话语问候门徒。这些消息对我们来说并不新奇，似乎仅仅是复述我们已经知道的事。如果复述并非全无意义，那么问题的关键就在于两个场合的不同之处，即多马第一次的缺席和第二次的在场。换言之，耶稣再次返回仅仅因为多马在这里：耶稣为了说服他而来。仅仅为了说服一个人而返回，这在福音书中绝无仅有：多马的地位非同凡响，可是并不值得称羡。

在这一叙事的节点上，我们也许依然对耶稣将会如何回应多马的怀疑深感困惑。耶稣会不会恼怒？假如耶稣是个异教的希腊神明，有着七情六欲和自身缺陷，他定会二话不说就把无人能及的超凡神力展示出来。直接来一个电闪雷鸣就让多马的满腹疑虑一扫而空（想想宙斯和塞墨勒［Semele］的故事❶）。但这又有滥杀无辜之嫌，不给怀疑者改过的机会就赶尽杀绝；更温和的方式就不能说明问题吗？况且，如果遭人质疑的神是一个新的神，他更温和、更忧伤，深爱人类而非欲火中烧，对人类遭受的每一次羞辱、疼痛和死亡感同身受，尤为重要的是，他保护他们、让人得救，那会是怎样的情形呢？假如这个降临人世的神不再以高贵的悲剧英雄的形象出现，不再顽强不屈地以生命守护一个信念，无论对错与否，而是沧海一粟，一个担惊受怕的幸存者，他无论此世还是来生都渴望存活于人世，人们无须外在地服从斋戒的戒律或公共献祭，而是依靠内心的信仰，甚至有些人会在人生中途遇到乍现的奇迹，彻底皈依，从此改写人生轨迹，那又会是怎样的情形呢？耶稣与古时地中海沿岸人们所熟知的神大相径庭，耶稣既拥有无尽的神力，同样也拥有忍受无尽苦难的能力，这样的神如何能让多马相信他的超凡入圣？

---

❶ 宙斯爱上了女祭司塞墨勒，对其有求必应。塞墨勒在乔装的赫拉的怂恿下请求宙斯显现最小的威力，塞墨勒因此被霹雳闪电烧死。

"就对多马说：'伸过你的指头来，看我的手。伸出你的手来，探入我的肋旁。不要疑惑，总要信。'"（20∶27）多马在第一阶段的通常的怀疑是视觉上的怀疑，乍看之下耶稣提供了一个纯然视觉性的证明，像多马要求的那样让他"看"他的手。其实当耶稣让多马伸出指头触碰他身上暴露的伤口，第一阶段的怀疑早已相形见绌。多马说过唯有用指头探入那钉痕才可驱散普遍的怀疑，耶稣就让多马伸出手来：耶稣命多马"伸出"指头，"看"他的手，耶稣显然不是要多马伸出指头，看着耶稣的手，而是让多马摸他的手，甚至把手指伸到钉子凿出的伤口，好让多马看清耶稣双手的真实面目：被凡人的伤口杀死的耶稣的双手。

耶稣竟然答应了多马不近情理的要求。他为什么同意了？仅仅是温和待人的友善的表示？或是耶稣是诱惑者，用他的声音诱导盲目屈从的凡人？好比欧里庇得斯《酒神的伴侣》[*Bacchae*]中狄俄尼索斯同意彭透斯渎神的要求，一步步把这个怀疑者引向毁灭？耶稣是不是也向多马提出了他不敢接受的提议？

这个解释或许会令人感到不安，却与后面的句子衔接得天衣无缝："多马说：'我的主，我的神！'"（20∶28）毫无疑问，多马的惊呼可以理解为他对耶稣权威的普遍服从 [hypobolic submission]，多马的服从扭转并挽回了他普遍的怀疑。在整部《约翰福音》甚至新约福音中，第一次有人称耶稣为神,而且当着耶稣的面。多马不只称他为"神",而且是"我的神",宣告了多马个人对耶稣神圣地位的认同。说出这些话的多马不仅引用了《诗篇》35∶23,"我的神,我的主"(这句话的语境是控诉他遭受的不公正对待,祈求神的护佑),并且化用或仿拟了罗马皇帝图密善[Domitian]要求手下对他的称呼,"我们的主和神"[Domius et deus noster](苏埃托尼乌斯[Suetonius],《图密善》13.4;《战争记》5.8.1)。最重要的是,这些语句与耶稣和马利亚会面的最后场景遥相呼应,耶稣告诉马利亚,他要回到他的父,"我的神"那里去(20∶17)。这一呼应显然是无意为之,因为多马并未见证马利亚与耶稣的会面;正如他对于自己先前想要触碰耶稣身体的愿望违抗了耶稣告知马利亚的禁令一无所知,多马称耶稣为神无意间暗合耶稣称父为他的神。

多马不敬之举后的虔诚感叹看似是一时冲动,实际上是深思熟虑、简洁有效的叙事结构中不可或缺的一环,明确地暗示着精心的谋篇布局。多马在整个场景中仅有的两次开口说话都饱含热情并互为补充,一次咄咄逼人,另一次恭敬虔诚;一次莽撞地提出信仰的条件,另一次对信仰毕恭毕敬。多马提出只有满足了特定条件他才承认耶稣的复活,在耶稣认同多马并当众宣布他对多马想要摸他心知肚明之后,多马才认出了耶稣。也就是说,神认可人是人认可神的前提。这和马利亚与复活的耶稣的相遇如出一辙——人起初认不出耶稣，耶稣认出了人，马利亚终于喜不自禁地认出了耶稣。马利亚与耶稣见面的场景和多马与耶稣相见的场景遥相呼应：马利亚把耶稣错认为看园的人（20：14-15）；而后耶稣叫她马利亚，认出她的真实身份（20：16）；最后她按照他的真实身份称他为"拉波尼"（20：16）。更引人注目之处在于它与《约翰福音》中耶稣的第一个奇迹完全一致的叙事结构，若没有这个故事，门徒拿但业将会湮没无闻（1：43-51），因为对观福音书中没有任何相应的情节。也是在这个故事里，第一次有人表露出了怀疑（当拿但业听说拿撒勒的耶稣是摩西预言的先知，他反而问道："拿撒勒还能出什么好的吗？"1：46）；而耶稣认出拿但业"是个真以色列人，他心里是没有诡诈的"（1：47），又说曾在无花果树下见过他（1：48）；于是拿但业认出了他："拉比，你是神的儿子，你是以色列的王！"（1：49）耐人寻味的是，除此之外拿但业只在许多学者认为是伪作的《约翰福音》续作21：2中再次出场了一次；意味深长地与多马平起平坐。

拿但业、马利亚和多马与耶稣神圣地相认的三个段落遥相呼应，很可能是有意为之，使之相得益彰。有人猜测约翰设想出了第一个故事，即拿但业的故事，在福音书的开篇就为我们做好了铺垫，让我们更好地理解临近尾声时马利亚和多马的场景。果真如此的话，就不仅是三个故事的相似之处带有语义上的含义——人只有在神认出他之后才可认出神；若无神恩，人的认知就千疮百孔。同样地，故事的不同之处也富有深意：多马的怀疑最为激烈也最为鲁莽，正如他对耶稣之为神的称呼最为虔敬。而且耶稣认可多马不只是像他对马利亚那样呼他的名，或是像对拿但业那样描述他的性格。耶稣挑明了多马深藏内心的愿望，当着多马的面援引他几天前在其他门徒面前说过的话（只有无可救药的怀疑者才会认为耶稣知道多马所说的话是因为门徒们一字不漏地把话转告给了耶稣，但即便如此也预设了耶稣的复活）。如此一来，多马再无必要通过触摸耶稣来证实耶稣的身份：耶稣对多马的认可取代了多马最初的要求，现在，多马可以把他的苛求抛诸脑后了。

与此同时，约翰巧妙地解决了多马普遍的怀疑带来的叙事难题。耶稣既没有回绝多马的要求也并未真的满足了他。耶稣让多马触碰他触手可及的身体，却没有真正证明多马能够触碰他。多马收回了他要触摸耶稣身体的要求，耶稣身体究竟是否具有物质性依然悬而未决。我们知道耶稣的身体是可见的（20：20，对比29），却无从了解是否能够触碰得到。耶稣复活的身体在何种程度上具有物质性，约翰谨慎地置之不论。

假如这就是多马的话的客观含义，这些话的心理意图何在？约翰并没有着墨于多马的感受，尽管多马热情洋溢的惊呼紧接着他热烈的话语，足以让人为之赋予某种情感动机。除非设想多马处于某种特定状态，否则他的话简直不可理喻。那么他究竟处于何种状态呢？

许多人从多马的回应中读到了虔敬的欢悦，当一个人面对神圣的相认，他的反应很可能和多马别无二致。不过对于多马的情绪状态，还有其他更加灰暗的解读，文本中似乎也有所暗示。比如说，多马虽然在耶稣和诸门徒面前不肯相信耶稣复活，而现在他面对着耶稣让他探看伤口的宽宏大量的提议，而耶稣身旁的其他门徒都深信不疑，多马会不会根本就没有感到深深的懊悔和羞愧？在如此非比寻常的情境之中，羞愧和懊悔仍不足以激起多马的再次惊呼。或许可以说，多马的举动既非出于欣喜也非羞愧，而是出于恐惧。毕竟这一切足以令人惊恐万分：耶稣从关着的门走进来，他认出多马不仅是称呼他的名，而且想要指出多马的不虔信。耶稣引用他不在场时多马说的话，而且同意了多马愤怒的提议。耶稣在震怒中同意多马提出的不可理喻的要求，多马在恐惧中见识了耶稣无穷的威力，为了自保而承认了耶稣的神圣性。

多马究竟恐惧什么？我们首先或许会想到他担心自身安危，因为既然耶稣能让自己起死回生（这可是绝无仅有之事），那么他是不是也能轻易地置多马于死地呢（屋顶的瓦片就足以顷刻致命）？但这样一来多马就与福音书前文所写的愿与耶稣同生共死的形象（11：16）相去甚远，多马不大可能因为恐惧耶稣把起死回生的威力用来消灭他而突然惊恐万分：对个人安危的顾虑并非多马此时情绪状态的全部，或许只是其中的一小部分。假如多马确实惊恐万分，那也是神圣的恐惧：多马目睹了违逆自然法则之事，在恐惧中意识到站在他面前的耶稣是至高无上的宗教之谜，耶稣不仅是多马所以为的那样，而且是超越凡俗的力量之所在，令人难以企及，这让多马惊慌失措难以自持，他根本没有想到要触碰耶稣甚至把手指探进去。震惊中的多马远非仅仅出于本能明哲保身，他喊出的话语是对耶稣神圣性绝无保留的承认，多马对耶稣俯首称臣，希望普遍的虔敬能够抵消并挽回他之前普遍的不敬，从而获得拯救。

无论是因为不再必要还是因为不敢轻举妄动，多马并没有真的触碰耶稣。既然如此，依照《约翰福音》的文本（这个故事再无其他来源），人尽皆知的怀疑者多马把手指伸进耶稣伤口的事迹只是一派胡言。

这一点仍需详加解读。让我们再来看一看约翰的文本：

> 他就对多马说："伸过你的指头来，看我的手。伸

出你的手来,探入我的肋旁。不要疑惑,总要信。"多马回应他:"我的主,我的神!"(20:27-28)

多马到底为何发出虔诚的呼喊?认为多马的惊叹是因为他摸到了耶稣伤口,这就假定耶稣和多马的对话之间存在着叙事上的间隙——本应说明却没有书写完整的情节是:多马触摸到了耶稣,因此才信了。若是如此,他们似乎认为"然后多马触摸了耶稣的伤口,天呐!他就信了"这样的句子佚失了,需要读者在心中把它补充完整。确实,福音叙事的间隙随处可见。读者若是将其补充完整,必定忽视了一个细微而关键的文本事实。约翰并没有说多马"说出""讲出""惊叫"或是"呼喊"这些话,而是"回应他"[ἀπεκρίθη]。动词 ἀποκρίνεσθαι 的用法并非模棱两可:它在《新约》中出现了不下两百次,每次都是所引用的 B 的话接在 A 的话之后,B 所说的话都是对 A 的直接回应,是 A 的话语的直接结果,对话之间从未介入其他事件。从当下的情况来看,只有唯一的解释:耶稣和多马的对话之间没有缺漏,没有其他事情的发生促使多马说出这些话。多马的惊呼与其他的事毫无关联,而正是由于耶稣对他说的话。

约翰的措辞表明,在文本未加说明的情况下把多马触摸耶稣的情节强加于此,不仅多余而且错误:是耶稣的言语而非多马的举动激发了他的惊呼。况且约翰叙事的整个结构已经排除了多马触摸耶稣伤口之后才信以为真的可能性。多马既不需要也不敢触碰耶稣的伤口：他之所以改变主意不是因为他之前定下的标准得到了满足，而在于不再需要衡量的标准，或是出于他在喜悦中对神圣相认的感激，或是出于冒犯了神圣戒律的巨大惶恐。多马想要通过实证的触摸来确信宗教信仰的尝试一败涂地。假定多马真的摸到了耶稣继而相信了他的神性，这不仅误解了约翰叙述中的细节，也误解了深藏其中的最为根本的信息。

耶稣对多马的回应将疑虑一扫而空："耶稣对他说：'你因看见了我才信？那没有看见就信的，有福了。'"（20：29）耶稣并没有说多马因为摸到了他才相信，而是说多马因为看见了他才信，而且耶稣把看见才信的多马和虽然没有看见依然相信的人对比。这必然意味着多马虽然看见了却并没有摸，否则耶稣会说："你因摸了我才信？"耶稣的话只提到了看，可以借此排除多马普遍的怀疑只可因为触摸而打消的可能性，回到了能够以视觉证实的通常的怀疑的层面。看再一次成为相信。耶稣对多马说的"你因看见了我才信？"（20：29），让人回想起这一章前文中对门徒约翰的描述，"他看见就信了"（20：8）。耶稣宽宏大量地对多马要求触摸的过分提议视而不见，他们两人之间的交流因而回到了不那么渎神也不那么令人厌恶的视觉层面。

尽管看又一次等同于相信，视觉终究无法成为最高形式的相信。现在,耶稣宣布最高的信仰属于没有看见却笃信的人。如同这部福音书先前已经提到的(4:48,6:30),没有多少信仰的人需要眼见才愿意相信,更高尚的人却能够在没能亲眼看见的情形下依然虔信。

耶稣对唯有看才信的人的贬低在《希伯来圣经》中早有先例,简言之就是说只听闻上帝之言就信的信仰高于看见奇迹才信的信仰。比如《出埃及记》,摩西告诫上帝犹太人不肯相信摩西所见的,除非他们目睹了奇迹,于是上帝赋予摩西和亚伦以神力,人们就信了(4:1ff., 30-31)。《新约》中也是如此,当马可描述祭司长和文士戏谑十字架上的耶稣,叫他"现在从十字架上下来,叫我们看见,就信了"(《马可》15:32);法利赛人和其他人也或嘲弄或真诚地要求能够亲眼看见的真凭实据(《马可》8:11-12;《路加》11:16, 29-32;《马太》12:38-42, 16:1-4);《希伯来书》的作者以此界定真正的信仰:"信就是所望之事的实底,是未见之事的确据。"(《希伯来书》11:1)《约翰福音》之前的篇章里耶稣本人也批评过没见到神迹就不信的人(4:48),而多马所求的"我非看见……我不信"(ἐὰν μὴ ἴδω...οὐ μὴ πιστεύσω, 20:25)正是耶稣驳斥的"若不看见……你们不信"(ἐὰν μὴ...ἴδητε, οὐ μὴ πιστεύσητε, 4:48)——《约翰福音》在字里行间批驳若非看到神迹就不信的人(2:18, 6:30)。

拒绝将看当作信仰的标准在此尤为关键,因为这一章的整体叙事走向是以口述的只可听闻的讯息替代耶稣可触及、可见的身体。马利亚到墓地寻找耶稣的尸体，却只寻到天使转述给她的、只可听闻的讯息（20：13）。当她找不到耶稣的尸身，悲从中来无可慰藉之时，口述讯息替代了耶稣的身体向她显现，而且不只是她找寻的耶稣亡故的尸身，竟是焕然一新的复活的身体（20：14ff.）。多马也想触摸耶稣，虽然多马让步了，不再坚持曾经提出的要求，不再坚称眼见为实，耶稣却把他和只听闻口传讯息就信了的人做比较，令多马的信仰自惭形秽。复活的身体不再替代口传讯息：我们又回到了口传讯息本身，耶稣称赞那些仅仅依据口传讯息就深信不疑的人。

听高于看或者说批评眼见为实的信仰，这只是《约翰福音》和对观福音的两个主要方面之一。与此同时，文本又极度依赖无数人见证的耶稣行神迹的叙述，以此保证耶稣的神性，说服人们相信。《约翰福音》与其他三部福音书别无二致，充满着神迹、奇迹和见证（《约翰》1：50-51；2：11，22，23；3：2；4：29，39，53；5：36；6：2，14，26，29；7：3-5，31；9：3-4；10：25，38；11：45；12：11，18；13：19；14：29）。就福音书而言，见证者对信仰坚信不疑，福音书作者为何要叙述他们的故事，奉劝读者们相信呢？福音书作者的叙事基于奇迹的见证，目的却是教导读者不要根据看见的事而相信，这似乎自相矛盾了。可是假如福音书既对信仰高下不置可否又对神迹避而不谈，这还能说服读者吗？揭示这一悖论的两个方面是福音书修辞结构的重要部分：一方面让某些人有幸看到神迹并皈依（否则难以奠定这一新的宗教）；另一方面又要赋予没有见到耶稣却仍然笃信的人更高的荣耀（否则这一新宗教将画地为牢）。因而《约翰福音》高潮中的结尾毫不出人意料，也从未有人质疑这一段落的真实性——"耶稣在门徒面前，另外行了许多神迹，没有记在这书上。但记这些事，要叫你们信耶稣是基督，是神的儿子。并且叫你们信了他，就可以因他的名得生命"（20：30-31）。

因看见而信与未曾目睹依然相信二者之间的区别至关重要，在约翰所述的怀疑者多马的故事中尤为关键，绝非言过其实，不像某些虽然言之有理却言过其实的区别，比如区分相信 x［belief *that* x］与信仰 x［belief *in* x］，前者因充分的证据和可信的论证而相信某一观点（暂且称之为"认识的相信"［epistemic belief］)，后者无须证实，甚至在与证据相抵触的情况下依然信而不疑（暂且称之为"非认识的信仰"［nonepistemic belief］)。从总体上看，毫无疑问，对观福音书试图在认识的相信之上建立非认识的信仰，通过充分的证据自然而然地得出结论，耶稣非同凡响，必是神圣之人。《约翰福音》又如何呢？《约翰》中的怀疑者多马先是树立了认识的相信的准则，随后又在未能满足这些准则的情况下接纳了非认识的信仰,那么约翰笔下怀疑者多马的故事是否论证了对观福音论述的失败?约翰的用意是否在于阐明唯一真正的宗教信仰即非认识的信仰,任何需要其他佐证的信仰都等而下之并且终究是非宗教的?

这一解释很有诱惑力,但毕竟不合情理。因为《新约》中古希腊语的动词"相信"[πιστεύειν]和名词"相信、信仰"[πίστις]并未对认识的相信和非认识的信仰区别对待。对于信仰的系统性划分出现于后世宗教思想的发展(特别是路德和加尔文的宗教改革,以及后来的帕斯卡)。尤为关键的是,要反驳约翰叙事并非讲述多马如何从认识的相信转变为非认识的信仰,就必须辩驳这个故事并非讲述多马在毫无证据甚至与证据背道而驰的情形下转而信了耶稣;相反,故事是说多马摈弃了用手触摸耶稣伤口的要求,看见耶稣复活的身体尤其是听闻耶稣之言构成了多马的信仰的基础。假如多马对耶稣的信仰确实是非认识的,他就应该在耶稣再次返回向他证实之前就深信不疑,耶稣就无须对他说"你因看见了我才信?",而是会说,"你虽没看见我也就信了?",这就和约翰所说的故事大相径庭;在约翰并未讲述的故事里,耶稣接下来说的不会是"那没有看见就信的有福了"。

当约翰写下耶稣所赞美的那些没有看见就信的人,他想到了谁?当然就是我们这些历史长河中的读者,我们无法像多马和文本中的其他人那样看见耶稣本人，只可依赖《约翰福音》和其他口传或书面的文本，也就是说，我们必须依据传闻相信耶稣的救赎才可获得拯救（参照17：20）。我们必须在未曾目睹的情况下通过听闻或阅读而树立信仰（希腊语动词 ἀκούω 同时具有"听见"和"阅读"的含义）。鉴于耶稣救赎事件的本质，这难乎其难却也至关重要。

这正是约翰在文本中创造多马这一人物的原因，他从怀疑进而相信，因为他的相信从而让我们也相信。多马就如我们一样，他先是怀疑，而后信了；但我们又不可和他同日而语，因为他看见了耶稣，而我们只能听他述说。多马比我们更伟大，他是耶稣的门徒，格外敬爱耶稣，而且举足轻重，耶稣再次返回只为说服他；然而我们可能比多马更伟大，因为他只相信他所见的，我们却能够不曾看见而相信。换言之，抹大拉的马利亚的触摸的主题反衬着多马的故事，从而衡量着多马对信仰的要求；多马又衬托着我们，他从不信到信的转变使我们拥有优于他的可能。

这一叙事效果事关重大，约翰历经重重困难，在叙事的尾声引入关键性的多马——起初怀疑而后相信的多马，当我们读到他的故事，也会像他一样相信。从这一点来看，《约翰》与另外三部正典福音判然有别。对观福音中的多马只是十二门徒之一，在每部福音中仅出现一次，仅仅作为门徒名录下的一个名字而已（《马可》3∶18；《路加》6∶15；《马太》10∶3；以及《使徒行传》1∶13），毫无特别之处。唯有《约翰福音》中的多马与众不同、异乎寻常。

约翰不只是在结尾达成了说服多马和让多马说服我们的使命，而且在更早的叙事中精心插入两处多马对耶稣的怀疑和误解，为我们在福音书的尾声与扮演同一角色的多马的再次相遇埋下伏笔。这两处多马的质疑并未出现在其他福音书当中；无论是约翰自己编造出这些细节还是从其他来源听闻了这些故事，他的叙述在一开篇就已伏线千里，为《约翰福音》的结尾做出完美铺垫。

第一处是约翰叙述的拉撒路的故事，尽管犹太人虎视眈眈，耶稣依然告诉众人他要去往伯大尼，因为拉撒路死了，于是多马就对门徒们说："我们也去和他同死吧。"（11∶16）多马愿意与耶稣同生共死，这不仅表现出他对耶稣之爱深切笃定，同时也全然误解了耶稣的意思——尤其因为这一场景是耶稣复活的预演，即拉撒路的复活。如果多马无法理解耶稣去伯大尼不是赴死，不是悼念死者而是让他们复活，那么后来多马对于耶稣死而复生的半信半疑也并不出人意料。

第二个段落是最后的晚餐，当耶稣说，"我往哪里去，你们知道"（14∶4），多马却问："我们不知道你往哪里去，怎么知道那条路呢？"（14∶5）耶稣只好同他解释，"我就是道路、真理、生命。若不借着我，没有人能到父那里去"（14∶6）。多马的疑惑又一次昭然若揭：他对耶稣死心塌地，力图相信耶稣所言，却从始至终心有余而力不足。精心布局的两个片段将我们引向第三个也是最后一个故事，前一个段落述及耶稣之死（11∶16），后一个段落引出了耶稣的回答，要到父那里去（14∶5，对比20∶17）。

可以说多马是耶稣的克力同，无限热忱地敬爱自己的老师，却对老师的话茫然不解。在柏拉图的《斐德若》中，克力同问苏格拉底在他死后如何埋葬他（115C），好比苏格拉底温和而幽默地指出的那样（115C-D），克力同对苏格拉底关于永恒和不朽灵魂以及肉身终有一死的长篇大论（和苏格拉底终其一生所论之事）充耳不闻。克力同力图说服苏格拉底极尽所能拖延饮鸩酒的时间（117B-C），仿佛死亡是个恶魔；当苏格拉底喝下鸩酒，克力同就抽身离开，因为他悲伤得无法自持，而在苏格拉底看来，人们完全不应如此看待死亡（117D）。苏格拉底对克力同说出遗言（118A），也是克力同为死去的老师合上口和双眼（118A）。多马和克力同都对老师的物质性身体着迷，无法理解他们深爱的人并不与身体一同湮灭，而是永生不死。两人都是难以企及之爱的典范，但我们不难超越他们的理解力，我们也必须超越他们。这也是他们的老师为他们留下最后的话语的原因：如此一来，他们画下了文本的界限，界限的另一边正是我们，文本的读者，在世的聆听者。

可能性不大也绝非断然不可能的推断是，约翰或许从柏拉图《斐德若》中的克力同那里汲取了灵感，创造了他的多马。假如约翰熟悉希腊文学的话，他或多或少肯定读过柏拉图对话，特别是《斐德若》，因为除了散文家德摩斯蒂尼之外，柏拉图文本的文献数量在异教哲学家中无出其右；不过像柏拉图和约翰这般敏锐聪颖之人，或许无须仰仗经典也能够创造出热忱却并不聪慧的学生的形象，因为他们的洞察力足以统筹非比寻常的修辞效果。总之，无论约翰是否有意模仿柏拉图，或者说二者的近似之处只是结构上的巧合，多马和克力同的相似或许沟通了约翰的文本与异教读者，二者之间的交流不仅能够通过理解也可通过信仰而达成。

约翰创造多马不是为了质疑，而是为了相信，不仅是让多马相信，更要让我们相信。约翰笔下的多马似乎是为了复活的耶稣邀请门徒触摸自己而出现（同《路加》24：39）：以传统的高潮时刻作为起点，创造出前文场景中的多马。约翰创造出多马这位门徒作为耶稣邀请的不二人选，然而这个邀请既未受阻亦未实现，因为多马和我们从耶稣那里得到的启示已经超越于此。

问题并未解决：假如多马的存在只是为了鼓舞我们虽未看见但依然深信不疑的信仰，当多马宣称他只有看见了才信，这不已经足够了吗？毕竟约翰笔下的耶稣把多马和真正的有福之人相比照；至少从逻辑上看，多马最后的过分要求并非必不可少，因为多马最终还是在他所坚称的不可或缺的条件未能得到满足的情况下转而信了主。就约翰的修辞目的而言，多马的普遍的怀疑并不必要：多马的怀疑超过了多马这个角色需要承载的分量，反而为亵渎、神学和心理上的间隙开辟了空间，他给我们带来的不安不亚于我们把自己的手或指头伸进死者未能愈合的伤口。多马的不知轻重留下了明显的印记，一个不能划归为实际文本需求的暗示，让整个西方传统深陷于此，倾尽全力地抑制多马的非分之想带来的后果，而西方传统除了重复与强调之外再也无能为力。

耶稣对多马说了那些话之后，约翰写道："耶稣在门徒面前，另外行了许多神迹，没有记在这书上。但记这些事，要叫你们信耶稣是基督，是神的儿子。并且叫你们信了他，就可以因他的名得生命。"（20：30-31）我们定然以为《约翰福音》的故事将要在20：23之后的结尾告终。对信仰的重要性的强调为多马的故事赋予了明显的道德寓意（20：19-29），我们必能领会耶稣所言的看见才信的人和有福之人之间的鲜明对比（20：29）。言明信仰者必将得救将《约翰福音》推至巅峰，《马可福音》续篇临近尾声之处同样如是（16∶16）。

假如《约翰福音》在此落幕也不会有所欠缺。可是行文依旧继续，讲述耶稣在提比哩亚［Tiberias］海边的显现（21∶1-14），突显西门彼得的优越地位（21∶15-17），预言西门彼得与约翰的未来（21∶18-23），以作者的口吻结尾（21∶24），强调耶稣神迹的无限与文本的有限（21∶25）。

新约研究者大多认为（虽然并非一致公认）尾章与之前的篇章并非作于同一时期，而是后来增补进来的，或许21∶1-23确为约翰本人所作，而21∶24-25很可能是后来的编者所加。如此一来就意味着结尾处约翰创造的多马的形象对于某些读者甚或编者而言仍然不尽人意。

约翰以多马作为福音书的终章，肯定故事的真实性，而对观福音书正因为不够可靠而饱尝后顾之忧。约翰之所以写下怀疑者多马的故事，目的正是给怀疑以名目并彻底消除怀疑：一旦多马被说服，文本也就完成了它的使命，抵达言之凿凿、无可置疑的终结。

然而约翰所述的怀疑者多马的故事也带来了不少棘手的问题。故事并没有落下帷幕，而是余波未平，带来更多新的问题。多马的普遍的怀疑似乎为信仰打开了再也无法弥合的缺口，种种努力似乎只会弄巧成拙——这个缺口仿佛不仅是文本上的缝隙，也是不可愈合的创痛的伤口。

触摸上帝

约翰不仅没有说多马摸到了耶稣的身体,反而不遗余力地澄清多马并没有这么做。约翰的意图在文本中展露无遗。对这个简短而众所周知的段落进行文本分析得出的毫无疑义的结论却和实际情况针锋相对,亦即绝大多数自以为熟知怀疑者多马的故事的人都认为多马确实触摸了耶稣的伤口。

这一矛盾只能说明约翰并没能够完全消除误解。正如我们将在本书的第二部分所见,诸多外在因素造成了对约翰叙事的误解,不仅是因为对经典的错误解读和权威性误解的重压,更是因为图像传统长久以来对这一故事的诠释让受众越发疏离书面文本,而依赖于视觉证据。尽管如此,也可以说这样的误解在某种程度上内在于《约翰福音》,否则在反复阅读、研究并复述文本的情况下,误解不应如此根深蒂固。

假如我们不得不承认约翰因为讲故事的方式为误解提供了可乘之机，我们至少应该提出两个重要问题：约翰文本中的哪些叙述机制［narrative mechanisms］误导了故事的读者；以及约翰为何选择了这样的叙述方式。

使许多读者误入歧途的是紧密关联的两方面。一方面约翰大肆渲染多马想要触摸耶稣的愿望，另一方面又没有明确说明多马是否实现了他的愿望。约翰谋篇布局，让多马的第一次质疑令人难以忘怀：回溯多马意外缺席于耶稣的第一次显现；其他门徒见到了耶稣，多马却没有；多马出其不意地质疑，咄咄逼人；故事进入结构性高潮；公然破坏耶稣曾向抹大拉的马利亚宣告的禁忌，挑战我们对厌恶和反感的底线。再者，当我们以为约翰将要浓墨重彩地叙述多马令人非议的愿望或是得以实现或是被耶稣置之不理时，却在这里出现了断裂：我们得知耶稣的口头邀约，多马的口头回应，耶稣对多马的回复的回应，可是对多马的实际举动一无所知。对多马想要触碰耶稣的强烈愿望印象深刻的读者不可避免地忽视了这一不甚明确的事实，即约翰并没有让多马的愿望付诸现实——留意到故事中的缺漏要比关注到发生在故事中的事困难得多，而且并非所有读者都自发地认为有此必要。大多数读者在不知不觉中设想多马在最后必然实现了他的愿望。

那么约翰为何不向读者指明多马最终没有触碰耶稣

呢？有几种可能的回答。一则认为多费口舌来解释多马没有触碰耶稣会成为故事的反高潮——在多马的惊呼之后再折返叙述多马没有触摸耶稣难免显得虎头蛇尾。不过约翰仍然可以三言两语就解释清楚，"多马没有伸手摸他，他回应道，'我的主，我的神！'"。——可是约翰没有这样写。这又是为何？

一个可行的解释是说约翰的故事围绕着看与听的对立构建起来，从开头的两位门徒亲自跑去看抹大拉的马利亚告诉他们的事（20：2-3）到结尾处耶稣将看见了才信的人与没有看见依然相信的人两相比较（20：29）。这样看来，触摸可以看作是观看的极端形式，突出对于视觉而言不可或缺的感知主体与被感知的客体之间的亲密联系，因而触摸与听闻的对立要比触摸与观看的对立更加彻底：当多马听闻其他门徒告诉他的事，他恼羞成怒，想以触摸加以证实，多马的转变本可以接续在耶稣的邀约之后，然而随即又回到了看与听的根本对立。约翰或许认为执迷于多马是否触摸了耶稣将会误导读者的注意力，使其关注错误的问题，反倒无法过渡到眼观与耳听的对立。

也许约翰希望以他的缄口不言暗示，多马是否触摸了耶稣并非真正的关键所在：耶稣的身体能否被触摸无关紧要，重要的是无论能够触摸与否，耶稣的身体已从死里复活。约翰强调的是耶稣复活的奇迹与神圣的相认，而非多马一再强求的俗世中信仰的标准。倘若平铺直叙地讲述多马是否摸到了耶稣,这就意味着这一问题并非无关宏旨,而且也会把我们对文本的认识降低到多马起初所处的境地。文本在结尾处超出多马层面的唯一出路,在于点明必须超越多马以触摸作为信仰准则的要求。《约翰》从两方面着手。其一,在叙事内容中寻求超越,耶稣高贵而慷慨(或带轻慢)地同意了多马对耶稣殉难的身体提出的无礼要求。故事的其中一个重点正在于重新建立师徒之间应有的关系,多马第二次虔诚的惊呼即是对师徒关系的确认,"我的主!"。其二,从叙述的模式来看,约翰竟然闭口不谈多马的要求是否得到了满足,从而超越了多马对身体性确认的要求。对于多马要求触摸耶稣之后发生的事,约翰保持沉默——似乎暗示着这就是应有的结局。

按照我们重构出来的解释,约翰似乎要为微小而至关重要的失误负责。约翰让多马触摸耶稣的愿望过于引人注目,太过深入人心。这就是为何即使叙事结构确切无疑地展现了多马从不信到相信的迅速转变,即使耶稣要求多马不可不信而要深信不疑,即使多马在高潮中的惊呼全然出于信仰,多马仍然不是以"信仰者多马"的形象为人铭记,而是在各种语言中被称作"怀疑者多马""der ungläubige Thomas""Thomas l'incrédule""Tommaso l'incredulo"。多马触摸耶稣受伤的身体的意象顽固地萦绕在读者心中,让人忘记、忽视甚至歪曲了文本的记述，而且多马对耶稣身体的触碰与抹大拉的马利亚充满爱意的抚摸截然不同：多马疑心重重地把手伸进伤口（虽然译者往往译为多马想把他的手"放在"耶稣肋旁，希腊文中约翰描述的动词却更为强烈，意思是把手"甩"或"抛"进伤口）。

《约翰》与《新约》《旧约》中的其他许多篇章一样充斥着叙述的断裂，但少有如此引人入胜的留白。故事的结构中张开了一个缺口，以这样一个问题作为界定，即在约翰所记叙的文字之外，耶稣与多马之间究竟发生了什么？这一缺口被一个令人印象深刻甚至难以容忍的画面占满——多马拿手和指头插进耶稣手中和肋旁的伤口。这一缺口开启了怀疑者多马这一故事的诸多传统。

第二部分

回应与发展

来源与反思

无论本书第一部分所论的《新约》文本所揭示的怀疑的维度是否契合作者的意图,我们必须谨记的是,作者的意图无法完全把握这些文本的反响以及随之而来的解读。好比我们平日里的举止也会引发某些后果,这些后果将会带来更多后果,超越我们原初的目的,甚至与之抵触——对文本和艺术的接受同样如此,它不再受制于作者原本的意图,但或多或少是对作者意图的某种回应。对此的接受传统[receptive tradition]完全统一于基础文本中或显白或隐微的结构,而非建立于作者意图之上(虽然作者意图是起点,可是除了日积月累的论据之外,往往早已不可考证)。暗含于约翰所述的多马故事中的寓意与张力在后来的接受传统中反复出现,我们就此转向第二部分。

但是我们首先需要回答这一接受传统提出的问题:所谓的基础文本到底是什么?在我们看来,《约翰福音》对怀疑者多马的叙述是现存的最早版本，难道可以依此断定约翰依照他的设想创作了这个故事？或者约翰所写的怀疑者多马的故事还可以往前追溯，推至更早但现已佚失的故事？多马的形象完美地契合了约翰的作者意图和教化目的，可是这并不能证明约翰凭空捏造了多马的故事，说不定像约翰一样独具匠心的某位作者继承了更早的传统，改写了既有的人物，使之顺应他的目的——只要那些传统尚未根深蒂固也尚未差之千里，不至于禁锢他作为作者的自由。

归根结底，我们无法妄下定论，虽然没有无懈可击的证据，但就怀疑者多马的形象而言，约翰的创作似乎举足轻重。约翰并不是唯一一位在正典福音中突出多马的作者，但他是唯一一个向我们解释多马之名含义的人。约翰解释说这个亚拉姆语名字来自 t'ōme，意思是"双生子"，在希腊语中即是 Δίδυμος（"低土马"，或双生子），暗示多马人如其名。此外，约翰不止一次而是两次就此特别说明：其一是当多马第一次出现在福音书，关于拉撒路之死（"多马，又称为低土马"，11：16）；其二是讲述多马的质疑以及随后转为相信这一重要情节的开头（"那十二个门徒中，有称为低土马的多马"，20：24）。

为什么约翰特意做出解释，一次还不够非得两次呢？仅仅是出于古书中学究式的精确，或是好意帮助来自其他文化背景的读者？如果以这些推测来打发约翰的重复叙述的重要性就会忽略这一事实,即每当约翰引用亚拉姆语并附上希腊语译文,他提供的不仅仅是必要信息,也意味着叙事中的这一特定时刻非同小可。换言之,这些译文不只关乎语言,更是有意烘云托月:约翰通过解释语词提示事件的至关重要,就连与之相关的名称也格外重要。在这两处对多马姓名的解释之外(第三处解释出现在伪作21:2),约翰对名称的翻译仅有三处:两处是关键性的地名,出现在彼拉多审判耶稣之时("彼拉多……到了一个地方,名叫铺华石处,希伯来话叫厄巴大,就在那里坐堂",19:13)和耶稣被带到十字架之时("他们……出来,到了一个地方,名叫髑髅地,希伯来话叫各各他",19:17);再一处是我们之前提到的,发生于耶稣与抹大拉的马利亚在花园中的交谈("马利亚就转过来,用希伯来话对他说,拉波尼〔拉波尼就是夫子的意思〕",20:16)。由此推想,约翰对多马之名的解释同样是为了突显多马这一人物在故事中的重要性,这是入情入理的。若是如此,具体突出的又是什么?

至少有两点可以说明多马名副其实。其一,作为双生子,诸多文化已经先入为主地为多马赋予了负面含义,特别是古时的巴勒斯坦。并不常见的双生子现象突显了令人颇感困惑的个人身份问题,降生的两个生命显然彼此不同却又如此难以分辨;在许多社群中,人们以为双生子来自母亲的通奸或神的干预（或兼而有之）。圣经时代的巴勒斯坦对双生子的疑虑在《希伯来圣经》中一目了然，虽然仅有两次。一次是不生育的利百加和以撒奇迹般的孕育了以扫和雅各，兄弟反目、大动干戈（《创世记》25：22ff.）；另一次是他玛和公公犹大行淫之后生下的法勒斯和示拉（两人争相出世，《创世记》38：27ff.）。从生产的角度来看，也有充足的理由认为双生并非好事：在传统文化直至不久以前的现代文化中，双生子及母亲的死亡率和发病率远高于单生子的情况。

我们可以推断多马（"双生子"）这个名字很可能是双生子中第二个孩子的名字，因为意料之中的第一个孩子会得到父母为他预先取好的名字。这样一来，我们就可以把约翰故事中的多马和双生子中次子所特有的负面含义联系起来：不是吉兆，而意味着凶险，不算真正的儿子，而是居于从属地位。许多文化通常都认为双生子中的次子比头生子更弱小（事实上往往如此）；次子的弱小往往从属于一个假定，即长兄拥有一位不朽的父亲，次子的父亲却是有朽之人。某些文化中，双生子中的次子在出生时就可能被遗弃；即使不这么做，传统文化中双生子中次子的死亡率也显著高于头生子，哪怕在今天也仍然如此，《新约》时代的巴勒斯坦想必也是如此。

从这些角度来看，双生子多马之名已经注定了约翰为他安排的角色。除此之外，在约翰描绘的故事中，多马扮演的是怀疑者的角色，而在许多语言中（当然不是全部）"怀疑"与"双"具有词源上的联系：譬如希腊文 διστάζειν（"distazein"，怀疑：这个词出现在《新约》中的《马太》28：17）和 δίς，拉丁文 *dubitare* 和 *duo*，德语 *zweifeln* 和 *zwei*，英语 doubt 和 double，其他许多语言亦然（显然，希伯来语与亚拉姆语均为例外）。这一广泛的用法表明，怀疑是面对两种选择却无法决定应该选择哪一种的情境。双生子中的次子难以区别于头生子，多马是怀疑的完美化身，既体现了总体上的怀疑，又特别地针对身份的怀疑。假如我们连他是谁都不能完全肯定（他是多马还是多马的孪生兄长？），我们自然可以理解他为何难以断定耶稣是谁。换言之，怀疑耶稣的多马人如其名。作为"多马"，除了怀疑他别无选择；当他终于克服了质疑，他就不再是真实的自己。也许这也是他以"怀疑者多马"为人所知的原因之一。

有时候 *nomen* 或者名字 [name] 本身就是预兆。文学文本中明晰的语义几乎总是包含着特定含义，当作者直言不讳地点明其重要性的时候更是如此。若不是为了强调多马在故事中的作用，约翰为什么要解释多马名字的含义，而且不止一次而要两次？假如约翰让多马扮演这一角色既不完全出于他的构想也不是对于早先传统的改写，他为何煞费苦心地点明其中的关联？无论是哪一种情况，对多马名字的着重强调似乎都在证实约翰的叙事策略所具有的原创性。如果约翰只是沿袭了更早的故事来源，多马作为耶稣最重要的怀疑者，有什么必要解释多马的名字呢？据我推测，约翰在对观福音书的门徒名录中发现了多马的名字，他联想到了这个名字词源上的含义，多马因此成为怀疑与信仰这个问题的理想化身，并以之为《约翰福音》收尾。

确实如此的话，多马的从属地位［secondariness］就是约翰的创造，约翰文本中怀疑者多马的故事可能就是西方传统的基础文本。或许根本没有更早的故事版本，或者约翰的表述与更早的文本大相径庭，其影响可以忽略不计。这当然并不是说后来关于多马的任何细节无一例外全都来自约翰的叙述——基础文本向来不是解释传统的唯一来源，而是为解释传统提供导向性的指示、发展的线索和某些颇具创意的误读。然而这确实意味着《约翰福音》直接或间接地奠定了后世多个版本中反复出现的基本主题，约翰构想出的多马形象和他的言行举止限定了关于多马的主题的取舍。《约翰福音》很可能既创造了信仰者多马，又是怀疑者多马的创生。

叙事发展:《伪经》及其他

对叙事文本的解读可能也是叙事。文本与文本的解读往往共属同一体裁。注解常常与基础文本的规范和准则相应,正如《米书拿》[Mishnah]和古今以来对律法的评议总是依照律令的形式;从亚里士多德对前人的解读直至当今的哲学期刊,对哲学文本的解读往往也要进行论证、证明与反驳。同样,适于叙事文本的阐释也是叙事性的。绝大多数叙事文本的读者感兴趣的是所描绘的各个人物的性格特征、言行举止、命运转折,而非用以描绘这一世界的特定文本机制。通过语言,读者(与听众)把注意力和想象倾注于语词所展现的人物与活动:虽然语言是实实在在的,但是语言往往退隐到读者或听众的意识的背后。我们看到的不再是"狗"这个字的笔画,也听不到"狗"这个字的读音,而是想象出一只吠叫的狗。对叙事的非叙事性的解读并非绝无可能(至少从希腊化时代开始,文学学者就为之笔耕不辍），然而在历史上并不常见。

当研究性文本与原初文本脱离，研究性文本究竟是"仅仅"以叙述的方式提炼原文的深意还是以一种"新的"方式入情入理地讲述同一个故事，二者的界限远非黑白分明。后来的作者既是叙述者也是解读者，他们从早先的文本中发现并填补漏洞，让故事衔接得天衣无缝。或许后来的人想要重写同样的故事，从不同的角度叙述，出于不同的心理动机和道德评判书写故事中的人物和叙述者。这就是叙事传统的基本机制。荷马正是以这种方式解读他听到的各种版本的口传史诗，穿透不同的故事直抵英雄传统的总体结构，进而从古老的故事中创生新的故事，因而新的故事既包含了对传统的理解又是对前人和对手的批判。同样，当英雄事迹的范本得以奠定，变化无常的口传传统固定下来，故事就交付给了诗人和画家，他们以各自的方式使之重获新生。在罗马，伟大的爱国者的 res gestae（英勇事迹）通过不断的复述和改编留存于家族编年史，直到形成特定的门类，先是在共和国编年史，最终成形于李维的恢宏的《罗马史》[Augustan synthesis]。而犹太传统中，更多的叙述用以解读含糊隐晦、饱含争议的《摩西五经》[Torah]，尤其是《哈加达》部分的《米德拉什》[Midrash]，它通过重

述来揭示其中的意义。❶

虚构的叙事往往会促成叙事性的解读，正如对于当今的电影和小说在大众中的反响，虽然人们不只是表露个人好恶，归根结底同样也是增增减减，作些改动，重新叙述故事中的人物和情节。越是添枝加叶，就越要宣扬故事的历史真实性：人物和情节在文本结构中的重要性越突出，就越能得到现实的共鸣。故事不再是作者虚构的支离破碎的世界，而是融入我们所在的现实。假如一个故事不仅声称所言非虚，而且唯有正确理解这个故事才能够将我们从此世甚或来世的永恒的诅咒中拯救出来又是什么情况呢？《约翰福音》中多马的故事又如何呢？

要探讨多马的故事的第一个叙事发展，必先探讨新约伪经。除了《约翰福音》第21章（无疑是伪作）耶稣最后一次在提比哩亚海边向西门彼得、称为低土马（双生子）的多马、拿但业、西庇太的儿子和两个不知姓名的门徒显现（21：2），以及《使徒行传》1：13耶稣提到门徒中的多马，多马从未出现在任何基督教经典文本之中。然而多马反而成为新约伪经中最为引人注目的人物之一，《约翰》和

---

❶ Torah 即《摩西五经》或《律法书》。《米德拉什》是对其进行通俗阐述的文献，由《哈拉哈》[Halachah]和《哈加达》[Haggadah]两部分组成。

伪经文本让多马成为中世纪基督教故事里家喻户晓的人物，人们甚至把他奉若神明，比如雅各·得·佛拉金［Jacobus de Voragine］在广为流传的《黄金传说》［*Golden Legend*, or *Legenda aurea*］中记载的那样。

在我们放下相对可靠的《新约》进入混沌一片的《伪经》之前，需要注意一点。把《新约》与基督教伪经分为两类，就此衡短论长实则大谬不然。在公元二世纪后半叶之前，我们今天所公认的新约正典仍未成形，今天所言的大量"伪经"并不归属于一个统一的类别，而像包罗万象的熔炉，只是共同归于基督教，同为叙事或启发性的文本，而非纯粹的文本注释，然而这些文本出于某种原因被《新约》排除在外直至后者最终定型。《新约》的确立和界定是一个逐步且艰难的过程，地理和社会因素的重要性很可能不亚于纯粹的神学因素，而《新约》正是通过排斥后来被称为伪经的文本得到确立。因此伪经的概念不可避免地预设了正典写作（伪经显然并非正典），可是若是没有后来被称为伪经的文本，也就没有新约正典之说。这一复杂的辩证过程的许多方面仍不明朗。不过我们无须踌躇不前，因为我们不必为新约的历史发展妄下结论，只需关注少数几部伪经文本。

避开了新约伪经的某些难题之后，我们难免要考虑另一个甚或更加棘手的问题，亦即伪经与现代学者所称的诺斯替主义［Gnosticism］的关系。在《约翰福音》之外，怀疑者多马只出现在伪经里,而且关于怀疑者多马的文段并非相差无几地分散于每一部伪经:多马在诺斯替主义伪经中扮演着与众不同的角色,与他在非诺斯替主义和反诺斯替主义文本中扮演的角色截然不同。

在伪经的一片混沌之中,也许最无从把握的就是诺斯替主义的宗教和精神运动的基础。(假如确实存在的话)诺斯替主义者是哪些人?他们信奉什么?在何种程度上以"诺斯替主义"界定自己?在基督教形成之前诺斯替主义是否就已存在?如果是的话,诺斯替主义多大程度上影响了早期基督教?前几个世纪的基督教与诺斯替主义的各个教派之间的关系如何?与当时不同的基督教教派的关系又如何?假如基督教没有和诺斯替主义分庭抗礼,无须以二者之间的对立进行自我界定,基督教会如何发展?从1945年到1946年埃及北部发现诺斯替主义的拿戈玛第经集[Nag Hammadi]以来,对这些问题以及其他无数问题的讨论就从未平息(甚至愈演愈烈)。这是从古典时代晚期以来,首次以诺斯替主义文本对诺斯替主义做出判断——而非散落各处的脱离语境的残篇,或者根本就是伪造的残篇,不再通过另一方敌对的眼光审视异端。人们难以定夺诺斯替主义这个概念,近年来甚至有一些学者激进地提出,存而不论不失为解决之道。

我无意也无须为诺斯替主义妄下定论。就目前而言,只需言及大多学者所公认的诺斯替主义文本的根本特征;

至于只拥有一两个诺斯替主义根本特征的文本能否称之为诺斯替主义,我们不必多虑。因为仅有的根本特征就足以界定诺斯替主义,足以看出多马在不同文本中扮演的截然不同的角色。在这一章里,我的中心论点是,这些文本与多马角色的重合绝非偶然,贯穿始终的逻辑线索使多马发展成为诺斯替主义的中心人物。为了阐明这一点,我们无须将诺斯替主义具体化或绝对化,也不必把诺斯替主义当作在基督教之外或存在于基督教内部的更为实质性的思想,仅限于特定领域或专门的群体。依据诺斯替主义的最基本特点,怀疑者多马的不同形象就已展露无遗。

以下三个系统性的倾向若是同时成立,伪经文本即是诺斯替主义文本。

知识高于信仰。正如诺斯替之名,其教义在于知识的至高无上,知识性权威贯穿始终。唯有认同关于人与世界的某种特定知识的人才可获得拯救,唯有这类知识至关重要。盲目的信仰徒劳无益,因为信仰的可能是错误的事物,或是出于错误的理由:唯有建立在真实可靠的知识之上的信念才可拯救我们。诺斯替主义者绝无可能赞同德尔图良 ❶ 的说法:"因为不可能所以确定无疑。"("*certum est*

---

❶ 德尔图良 [Quinto Septimius Florente Tertuliano],公元二、三世纪重要神学家,首创三位一体论。

quia impossible est," *De carne Christi* 5.4＝*CChr SL* 2.881）

精英高于大众。诺斯替主义的必然结果是面向智性与精神上能够理解知识的少数人,而非人类全体。诺斯替主义者自视为得到拯救的、正在获得拯救的零星少数:如果他们仍旧保持着基督徒的身份,他们也是出类拔萃的少数精英,身处作为整体更底层更广泛的基督教群体,而被最底层最广大的有罪的异端包围。诺斯替主义绝不可能接受罗马教会宣扬的普世性,即耶稣的使命在于拯救所有人(在某些教义中,甚至是拯救一切生灵)。

精神高于物质与身体。对于诺斯替主义信徒而言,唯有精神是本真,因此难能可贵,只有凭借精神才可获得拯救。我们所跻身的物质世界是个面目可憎的错误,是拙劣的、心怀鬼胎的恶灵的造物;要想获得拯救必须从物质世界中超脱出来,回归到纯然精神的境界,回到我们应在的世界。在众多诺斯替信徒看来,当我们身处现在的世界,身体把我们痛苦地束缚于物质性之中,所以他们极度推崇禁欲主义,抑制和身体有关的饮食和性欲。他们若是基督徒,就会否认耶稣的道成肉身,否定耶稣死后以同样的物质性的身体复活。

显而易见,三者中单独的某一特征或许出现在了新约正典或同时代的诸多典籍之中:诺斯替式的思维模式显然可以用来解释基督教中的某些概念(或者说基督教可以借用解释诺斯替主义中的某些概念？）。而我的论述并不在于诺斯替主义的起源或基督教的起源，并非着眼于两种信仰体系之间的总体关联，也并不关注诺斯替主义作为实质性的、一以贯之的宗教运动的历史性的存在如何独立于早期教父神学。相反，我关注的是《约翰福音》与其他几部一世纪上半叶及之后的文本之间的文本性关联。最为关键的事实在于，所有五部以多马为中心的诺斯替伪经都毫无疑义地符合三个根本特征（就这个多马是否就是《约翰福音》中的怀疑者多马这个问题，我暂时不下定论）：

1.《多马童年福音》[*The Infancy Gospel of Thomas*]（这里简称为《童年福音》: E 68-83；S-W 1.439-52）: 列举童年的耶稣从五岁到十二岁之间所行的神迹和睿智的言谈，根据不同版本，或归于"以色列哲人多马"，又或归于"圣徒多马"。无法考证最早版本为希腊语还是叙利亚语，文本很可能写于二世纪晚期。某些早期教父驳斥它为"多马福音"的诺斯替化——假如说《童年福音》和《多马福音》不尽相同的话，二者仍然密切相关。

2.《多马福音》[*The Gospel of Thomas*]（简称为《福音》: E 123-47；S-W 1.110-33）: 记载"活着的耶稣"的114条言论，据说由"低土马·犹大·多马"[Didymos

Judas Thomas〕所写,其中将近一半的内容与正典福音相呼应。发现于拿戈玛第的科普特语全本在诸多细节上与极为破碎的希腊语莎草纸本有所偏差。原文很可能从叙利亚伊德萨〔Edessa〕流传过来,可以追溯至二世纪中期。卒于公元235年的神学家与殉道者罗马的圣希玻里〔Hippolytus of Rome〕显然参考了《多马福音》,然而其他早期教父所参考的"多马福音"究竟是某个版本的《多马福音》还是《多马童年福音》,目前仍不可知。

3.《争战者多马书》〔*The Book of Thomas the Contender*〕(简称为《争战者》: S-W 1.232-47 以《多马福音》为标题;不在 E 中):耶稣与"犹大·多马"的谈话的精简选集,大多是耶稣对犹大·多马的提问的回答,特别着重于告诫多马节制性欲,据称由马太所写。这一文本仅存于拿戈玛第所发现的一份科普特语手稿,原文可能由希腊语写成。无法断定此文本写于二世纪或三世纪。所有现存文本从未提及《争战者多马书》。

4.《多马行传》〔*The Acts of Thomas*〕(E 439-511; S-W 2.322-411):十四"行传"的长篇叙事,记述使徒"犹大·多马,又叫'低土马'"到印度传福音的事迹。多马让诸多异教徒皈依基督教,行神迹无数,进行智慧的言谈,特别劝人节制性欲，吟唱著名的《珍珠之歌》，最后殉道而死。原文可能由叙利亚语写成，或许是在三世纪早期写于伊德萨。版本略有差别，流传于大量的希腊语和叙利亚语手稿之中。教父时常引用这一文本的某些版本，抨击其异端本质。

5.《多马启示录》[The Apocalypse of Thomas]（简称为《启示录》：E 645-51；S-W 2.748-52）：耶稣对多马讲述末世的景象，至少部分依据正典中的《约翰启示录》。长本的《多马启示录》似乎影射了发生于五世纪的历史事件；简短本很可能可追溯至更为久远的时代。原文很可能是拉丁语。在《杰拉斯教令》[Gelasian Decree]（很可能成书于六世纪）严厉谴责《启示录》之前，好像未有其他文本提及。

在这五个文本中，多马已然成为诺斯替主义圣人，我们将从这里开始。

首先应当注意的是，多马在新约伪经中频繁出现的现象本身就非同寻常。再没有人像多马一样作为主角或假定的作者出现在如此之多的伪经文本中；除了耶稣本人和门徒彼得、约翰之外（他们因为教会与教义之故举足轻重），

叙事发展：《伪经》及其他

再没有人像多马一样一而再，再而三地出现。仿佛新约的正典化正是为了把多马系统地排除在外。

但是伪经中的多马是否就是新约中约翰精心描绘的怀疑者多马，还是说他们只是恰巧同名？我们有充足的理由把伪经中的多马与门徒多马，尤其是怀疑者多马联系起来吗？毕竟在公元一世纪的巴勒斯坦，人名似乎极其单一，重名者众多；就像好几个不同的马利亚、雅各和约翰，所以我们不能不假思索地认定这几个多马同为一人。

我认为伪经确实是有意引导读者把这几位多马认作《新约》正典福音中的使徒多马。这就意味着伪经中多马的故事全都源自《约翰福音》或其他现已佚失的叙事来源。考虑到《约翰福音》在早年的广泛传播（自二世纪初期，罗马、埃及、叙利亚和中东的基督教与诺斯替派就已广为接受《约翰福音》），为了得到受众的认同，其他的所有故事必然要和《约翰福音》建立文本间的、富有意义的联系，或是在《约翰》的基础上适当扩充，或是旗帜鲜明地修正和改写。这并不是说伪经中所有关于多马这个人物的故事都是对《约翰福音》中怀疑者多马的情节的叙事性解读。对于这些故事在某种程度上或许可以追溯到已经散失的来源的可能性，我们不可置之不顾——必须承认的是，怀疑者多马这个故事在后世的诸多版本可能并非衍生于唯一的来源。直接或间接了解《约翰福音》的伪经故事的作者与读者，多多少少都能看出其中的关联。

某些情况下，伪经与《约翰福音》之间的联系十分紧密。比如《多马行传》中多马虔诚的呼喊就一字不漏地引自《约翰福音》20：28，在叙事的关键处重复了两三次：一次是在多马第一次出行的时候，在安德拉波利[Andrapolis]的婚礼上多马动人心弦的长篇祷告的开头（§10）；第二次临近结尾，在他殉道之前最后的长篇祷告的开始（§144）；其中一个版本里，第三次复述出现在他被士兵杀死前的最后一次简短祷告的开头（§167）。《多马行传》中有几个段落也影射了这些文句，虽然不是逐字逐句的复述，但也一目了然（§§2，26，39）。另外，《多马行传》开篇就说传教使徒是"犹大·多马，又叫'低土马'"（§1），这三个名字的各种组合贯穿文本，显然与《约翰》重复叙述的"多马，又称为低土马的多马"（《约翰》11：16，20：24）遥相呼应。

五个文本中的其他文本与《约翰福音》的关系则更加隐晦曲折。就《多马福音》的开篇来看，"这是在世的耶稣对低土马·犹大·多马所说的不为人知的话，后者将它写下"❶（E135），为什么是"在世的"[living]耶稣？假如指的是受难前的耶稣，这一限定反而多此一举（我们或许会

---

❶ 伪经文本均由译者根据英文引文译出。

想到"永生的耶稣","曾经活过而现在仍在人世的耶稣"诸如此类的说法);因此学者们一致认为《多马福音》所指的必然是复活后的耶稣——或许有人以为他已经死去,但他依旧活着。接下来的几个段落让我们更好地构想出这一场景:

> 耶稣对门徒们说:"把我比作其他人,我像哪个人。"西门彼得对他说,"你像一位公正的天使"。马太对他说,"你像一位智慧的哲人"。多马对他说,"主[Master],我的口舌无法说清楚你像哪个人"。耶稣说,"我不是你的主人。你喝醉了,你陶醉于我分给你的汩汩泉水"。耶稣把多马带到一旁,对他说了三句话。当多马回到同伴们那里,他们问他,"耶稣对你说了什么?"。多马回答,"如果我把三句话中的任何一句告诉你们,你们会捡起石头投向我。石头会燃起火焰,把你们燃尽"。(§13=E 137)

不同于自以为知道耶稣像谁的其他门徒,多马知道他的无知,其他门徒则以为他们能够巧妙地把耶稣比作人们熟知的宗教形象和世俗人物。多马承认了自己的无能为力与顺从,一开口就称呼耶稣为"主",这至少和《约翰福音》中"我的主,我的神!"(《约翰》20:28)并不冲突,甚至可能是由此发展而来。通过承认他的无知，多马显示出了比西门彼得和马太更高的理解（同时委婉地质疑了西门彼得在教会正统中的权威以及马太在对观福音中的权威地位）：多马陶醉于知识之泉（对比《约翰》4：14），理应成为耶稣的对话者。正因如此，耶稣把他从一众门徒中拉到一旁，把隐秘的智慧传授给他，却对其他人秘而不宣。也就是说，《约翰福音》的基本特征，即多马在门徒中脱颖而出并且与耶稣单独交谈在《多马福音》中再现，这证实了耶稣与门徒多马之间超乎寻常的关系：多马得到了秘传的知识，这一知识能够拯救所有人，可是就连耶稣的其他门徒都一无所知，更不用说其他人了，除非多马将此公之于世。

《约翰福音》与《多马福音》在情境与语言上息息相通，再加上"低土马·犹大·多马"对于两部福音书之间关联的暗示（尽管或许可以追溯至其他来源）；我们对《争战者多马》和《多马启示录》也可以得出相近的论断。《争战者》同样是以耶稣与多马之间特别的交谈为开篇，不过这一次他们的对话被传道者马太听见并传达给我们所有人（"我，马太，把基督对犹大·多马所说的隐秘之言写下来。当时我正好路过，听见他们互相交谈"），而且马太引述了耶稣对多马的称呼，"我的兄弟，多马……我的孪生兄弟和唯一真正的友人"，正如《多马福音》，耶稣称赞多马开启了追寻知识的道路("我知道你已经开始领会",S-W 1.241)。——为理解知识而付出的努力是如此关键,这或许就是文本的作者把多马称为"争战者"[the Contender](某些译本译为"竞赛者"[the Athlete])的原因。

《多马启示录》的开场直接引用了耶稣对多马说的话("多马,听我说最后时刻将要发生的事",E 646)。从总体上来看,《启示录》比其他伪经启示录更加贴近《约翰启示录》,许多早期读者都以为《约翰启示录》与《约翰福音》出于一人之手。诺斯替主义文本《信仰智慧》[Pistis Sophia]同样声明耶稣曾秘密地同腓力、多马与马太谈话,嘱托他们三人把他说过的话写下来,让世人知道(§§42-43)。所有例子中的多马,即聆听诺斯替式的耶稣所传授的秘密智慧的多马,恰与《约翰福音》中的多马遥遥相望。

如果我们认为诺斯替式的多马与约翰的多马之间存在某种联系(尽管我们假定其他散失的文本也和这几部诺斯替文本有关),我们必须要问,为何怀疑者多马而非其他门徒成为诺斯替圣徒?要回答这个问题,我们并不需要毫不怀疑地相信文本的历史真实性(否则如此描绘多马只是因为多马确实说了那些话做了那些事),也不是随便假定那些故事纯粹是天马行空的虚构(否则无法解释为何唯有多马而非其他人成为诺斯替圣徒)。若是相信文本的真实性,这就意味着要在宗教层面上认同诺斯替主义的真理——少有人愿意如此承诺;把文本当作虚构即是拒绝承认当时的作者与读者为文本赋予的严肃性和庄严感。在绝对的真实和绝对的虚构之间,还有另一种可能性,即把这些文本理解为信仰的文本:假如文本的作者与受众不仅熟知《约翰福音》中怀疑者多马的故事,而且认为对圣徒言行的诺斯替式的描述在情在理,那就意味着《约翰福音》的显著特征不仅没有同诺斯替主义文本相抵触,反而遥相呼应。我们将在此厘清约翰笔下多马的哪些特征蕴含了诺斯替式的解读的可能性。

正如第一部分所述,约翰描写的多马是个矛盾的主体,他既敬爱耶稣、与耶稣亲密无间,又因怀疑若即若离。一方面,多马与众不同,到拉撒路家里的时候他就准备好了与耶稣同生共死(11:16);耶稣也因多马之故,专门回来劝多马相信他已复活(20:26);耶稣唯独让多马触碰他的身体(20:27);多马呼告"我的主,我的神!"(20:28),对耶稣心悦诚服,而这也是正典福音中第一处对于耶稣神性的明确认同。而另一方面,多马对最后的晚餐上耶稣所说的"那条路,你们也知道"(14:4-5)茫然不解;除非把证据摆在面前,他始终不肯信门徒们告诉他的耶稣再临,随后直白而鲁莽地提出了令人惴惴不安的要求(20:25);耶稣和他最后的言谈说的是他的信仰仍停留在看，远比不上那些没有看见而相信的人（20∶29）。一方面，耶稣把其他门徒和其他所有人都隔绝在外，把意义重大的谈话留给了多马，多马似乎在耶稣门徒这个精英团体之中又圈定了一个更小的精英圈子（精英总是倾向于精而又精）；另一方面，身处最为亲密的圈子之中，多马似乎流露出了根本不信耶稣的外人所带有的怀疑、质疑和格格不入。

把诺斯替主义的多马与约翰笔下多马的矛盾特质联系起来，前者的奇异之处就不显得突兀了。细心的读者应该已经注意到，《多马行传》中"犹大·多马，又叫'低土马'"（§1）以"犹大"之名补充了《约翰福音》中的称呼，亦即"称为低土马的多马"。科普特语文本的《多马福音》对多马的称呼是"低土马·犹大·多马"（E 135），《争战者》的开篇则是"犹大·多马"（S-W 1.241）。

为什么在"多马"的名字之前加上了"犹大"？我们立刻联想到背叛耶稣的门徒犹大。可是在我们漫不经心地认定这一解释之前，需要留意的是在《争战者》中耶稣称多马为"我的兄弟……我的孪生兄弟"（S-W 1.241），而《多马行传》也明确地指明多马"又叫'低土马'"，仿佛多马孪生兄弟（δίδυμος）正是耶稣自己。当安德拉波利的新郎迎接新娘：

> 他看见我主耶稣正在同新娘说话。他以使徒犹大·多马的形象显现,而他已经祝福过他们刚刚离开;他[新郎]对他[耶稣]说,"你不是同我们告别离开了吗?现在怎么会在这里?",我主对他说,"我不是犹大·多马,我是他的兄弟"。(《多马行传》§11)

除此之外,毒蛇对多马说,"我知道你是基督的孪生兄弟,把我们的族类化为乌有"(§31);一头小驴子称他为"基督的孪生兄弟"(§39);见过耶稣与多马的人总把他们认作孪生兄弟(§§34,43,45,56)。

诺斯替主义所坚信的多马是耶稣的孪生兄弟的信条相当古怪。这个观念是如何产生的?最可能的是,这兴许和福音书中偶尔称呼门徒为"兄弟"的措辞有关,比方说,在《约翰福音》关于多马的那一章,耶稣让马利亚"往我弟兄那里去",让她告诉他们他将升到父那里去(《约翰》20:17)。一些读者也许会认为既然多马也是耶稣的门徒,他就是耶稣的兄弟。当然也不能排除现已佚失的、不同于福音书的文本出于某种原因把多马作为耶稣的孪生兄弟的可能性。或者《约翰福音》的读者对于多马又叫"低土马"或"双生子"的叙述印象深刻,冥思苦想到底谁是多马的孪生兄弟,最终推定了耶稣(我们马上会明白为什么)。《马可》和《马太》告诉我们耶稣有四个兄弟,雅各、约西、西门和犹大（《马可》6∶3，《马太》13∶55；并可参照尤西比乌斯《教会史》[Eusebius, *Ecclestical History*] 3.20）；当人们想知道谁是耶稣的孪生兄弟的时候，他们想到了犹大（同样，我们马上会明白为什么）。在神话中，双生兄弟往往一个永生不死，另一个为有死之人，因为他们有两个不同的父亲，一神一人：就像赫拉克勒斯[Heracles]和伊菲克勒斯[Iphicles]，波吕丢刻斯[Polydeuces]和卡斯托尔[Castor]，也许耶稣和他弱小的兄弟多马拥有共同的母亲马利亚，却有两个父亲——耶稣之父是上帝，多马之父是约瑟。

也许多马之为耶稣的兄弟这一身份还可以解释为何多马在《行传》中被描述为木匠——他去印度是因为国王需要人手修建宫殿（§2），此后又成了建筑师的守护神（他的肖像特征就是建筑师的标尺）：这是因为福音书的段落里写到马利亚的丈夫约瑟是个木匠（《马可》6∶3，《马太》13∶55），他们的凡人儿子多马很可能子承父业（他妻子的神子命定从事更伟大的事业）。我们因此明白了约翰的多马成为《多马童年福音》的叙述者，讲述耶稣小时候的故事：在遇见门徒之前，除了耶稣的孪生兄弟多马，哪还有更好的人选来见证耶稣孩童时期所行的神迹？出于同样的原因，另有一部伪经福音归在耶稣的另一位兄弟雅各名下（§25＝E 66-67；S-W 1.421-38）。

假如这个推论能够成立，诺斯替主义对《新约》文本的创造性误读就在于把约翰所说的多马名字的"双生子"理解为多马和耶稣是双生子。从约翰的意图跳跃到这一结论显然是误读，但并非全无根据。在预设文本中的一切皆有所指的前提下，问题在于，假如无关紧要，约翰为什么要提多马名字的意思？假如多马的孪生兄弟不是福音书中至关重要的人物还会是谁？考虑到这些假定以及《约翰福音》中多马与耶稣的格外亲密与疏离，就算这并非理所当然，也不能说是无缘无故地把多马认作耶稣的孪生兄弟。中世纪教会在12月21日庆祝多马的生日也就入情入理了，虽说与耶稣的生日相隔四天，也足够相近，可以把他算作耶稣的孪生兄弟。12月25日在冬至日之后，白日终于越来越长，而12月21日在冬至前夕，是一年中白天最短的日子。仅从生日来看，多马也代表了灰暗的一面：他是属于黑暗的那个孪生子。

从某种程度上看多马一向是背叛者。约翰说过，耶稣自己的兄弟也不相信他（《约翰》7∶5），不过值得注意的是，在福音书提及的耶稣的四位兄弟当中，多马唯独等同于犹大，和背叛耶稣的门徒同名。多马有没有在伪经文本中透露耶稣只对他说的秘密呢？在现存的伪经文本里，耶稣从未嘱托多马把秘密传播出去，虽然耶稣的秘传终究多多少少公之于众。还有谁比多马是更合适的人选？他既与耶稣亲密无间，得到了隐秘的智慧，又决然地违背耶稣的意愿公之于众。多马的违背并非罪恶昭彰，从某种层面上看只是为了保守秘传教义的同时又要继续传播的权宜之计罢了。多马被选定为泄密者显然事出有因。需要注意的是，至少有一部流传的诺斯替福音把叛徒犹大归为作者，后来它被判为异端，如今则完全散失（E 25；S-W 1.386-87）。

对多马和耶稣若即若离的关系最为特殊的表述或许恰恰在于这一传统的延续，多马作为使徒，先让叙利亚东部的伊德萨皈依基督教，后来又到印度传教。时至今日，印度的基督徒还把自己称作"多马基督徒"，把他们的信仰回溯至使徒多马。三部对观福音都在结尾阐述了传播福音的使命，耶稣命门徒们教化全世界（《马可》长结尾，16：15；《路加》24：47；《马太》28：19）。正典《使徒行传》叙述了五旬节奇迹，每个人都被圣灵充满，说起别国的话，寓意普世的使徒使命（《使徒行传》2：4-11）。伪经《多马行传》以一个相似的场景开篇，这一场景也出现在别处：使徒把世界分成不同的部分，每个人分到一份，要去到那里让众人皈依（《多马行传》§1，对比 S-W 2.18f.）。不同的作者给多马分到的地方不尽相同，伊德萨和印度是流传最广的说法，有些作者加上了帕提亚［Parthians］、米底［Medes］、锡兰［Ceylon］和阿拉伯半岛南端，不过无一例外地认为多马在远东。因此阿卜·日·法拉兹［Bar

Hebraeus]❶说多马是"primus Orientis pontifex"（东方的第一位主教,*chronicon ecclesiast.* 111.4, ed. Lamy），圣依西多禄［Isidore of Seville］❷记述多马向帕提亚人、米底人、波斯人、赫卡尼亚人［the Hyrcanians］、巴克特里亚人［the Bactrians］和印度人传教，在东方深入人心（《圣经教父生平》［*On the Birth and Death of the Fathers Who Occur in the Holy Scripture*］74.132＝*PL* 83. 152）。

多马先是去到伊德萨，而后将基督教的边界向东延伸，涵盖印度和其他东方民族。多马之所以分到这些地方，其中的逻辑关联有迹可循。多马先是向心式地与耶稣亲密无间，随后必然要离心式地远离耶稣，到达基督教世界的边缘。为何是东部边界？或许和狄俄尼索斯［Dionysus］远行印度教民众酿酒的神话有关；尤其值得注意的是十五世纪的埃及诗人诺努斯［Nonnus］既根据这个神话写了一部史诗又重述了《约翰福音》。不过最为合理的原因在于，从罗马帝国的视角看，西部边界（西班牙、高卢、不列颠）过于安定，已经受到文明的教化，对多马的能力与笃定无法构成挑战，而天寒地冻的北方和南部的沙漠尽是荒无人烟的原野，人迹罕至，多马无法大显身手。余下的就是野

---

❶ 十三世纪叙利亚东正教主教。
❷ 六世纪末七世纪初西班牙圣人与神学家。

蛮、好战、人烟浩穰的东方：东方是对传教者的极佳挑战，或许也是对曾经的怀疑者绝佳的惩戒。

多马是履行教化万民之使命的完美人选。经历了焦灼的挣扎之后，多马终于打消了一切关于耶稣神圣性的疑虑，由他去皈化民众最合适不过——关于多马不负众望令万民皈依，伪经《多马行传》中热情洋溢的叙述俯拾即是。既然多马能被说服，他也就能说服（几乎）所有人。熟悉古希腊文学的读者或许会联想到特瑞西阿斯［Teiresias］对奥德修斯回到伊萨卡之后的命运的预言：他必须要平息宿敌波塞冬的怒气，行到内陆，那里的人们对海洋知之甚少，竟然把船桨当成簸箕，而奥德修斯必须在那里向海神献祭，施张海神的神力（荷马，《奥德赛》11.119-34）。

约翰的多马之所以成为诺斯替主义圣人是因为众多作者与读者认为他完美契合了前文所述的诺斯替主义的三大原则——他们根据的不仅是佚失的文本，更可能来源于对《约翰福音》的独特解读。人们尽可以把多马当作笃信知识而非信念的典范：与其相信其他门徒告知他的事，他宁愿迟疑不决，直到真正明白前因后果。崇尚以知识为基础的信仰而非无端的虔信，难道还有更好的例子吗？读者当然可以把多马当作耶稣亲近的门徒中最出类拔萃的一位，因为耶稣再次返回仅仅为了多马，而且耶稣的最后一次出现和谈话不正是同多马一起吗?

那么如何看待其中的第三条标准——贬低身体性的事物,以非物质的精神来界定人的真实身份?多马不相信耶稣复活,非要触摸耶稣的身体并把手和指头伸进耶稣的伤口,这样的多马如何能够成为反对身体性的诺斯替教义的圣人?

的确,约翰首先告诉我们多马要求触摸耶稣的身体,然后他承认了耶稣的神性。可是在此之间,约翰从未明确点明多马摸到了耶稣的身体;细读文本的话,可以说多马并未这么做。希望多马没有鲁莽行事的读者确实能在文本中找到相应的证据,证实多马和耶稣虽然没有实际的身体接触,多马仍然认可了耶稣的神性。在《约翰福音》的诺斯替派读者眼中,多马没有触摸耶稣身体却依然认可其神性,这正是耶稣复活的身体绝非物质性而是完全精神性的明证,由此得以佐证诺斯替主义框架中灵魂较之于身体的优越性——正因为多马不可能摸到耶稣,根本没有人能触碰耶稣:耶稣根本就没有触手可及的物质性的身体。

也许这就是为何任何一部诺斯替伪经文本都从未直接或间接地提及多马触摸耶稣身体的故事。关于多马触摸耶稣或其他圣人的身体的几个文本,其叙述无一例外都充满了负面色彩。这些场景旁敲侧击地谴责像多马这样的圣人竟想把手伸到耶稣的伤口里。比如《多马童年福音》讲述了小时候的耶稣"走过村庄,一个孩子跑来捶打他的肩膀。

耶稣生了气，对他说，'你不应该继续这样了'，然后那孩子立刻倒下，一命呜呼"（§4.1）。不过最惊人的例子出现在《多马行传》开篇后不久，安德拉波利的婚礼上：

> 当这位使徒往地上看的时候，一位斟酒人伸手打他。使徒抬眼看着打他的人说，"我的上帝会在来世宽恕你的罪过，而在此世，他会向你展示他的奇迹，我马上就会看见打了我的那只手被狗拽走"。（§6）

果然，在多马唱完充满宗教寓意的婚礼歌曲之后，多马的话得到了应验（§8）。假如《行传》或其他诺斯替文本暗指多马企图触摸耶稣的身体或者真的这么做了，我们或许可以把这个故事解读为多马曾经犯错，但是过而能改。可是《行传》从未提到多马触摸耶稣的故事，因而更可能暗示着无论多马说过什么，他并没有胆大妄为到把手伸进耶稣伤口的地步。

如此一来，关于正典福音中并未阐发的细节，解读新约伪经之书写的方式极为细致入微，甚至过于细腻了，试图以此填补叙事的缝隙，贯通正典福音和新约伪经的叙事主线。如前所见，故事间的断裂是希伯来圣经与基督教圣经共有的特征；对于以文本为核心的宗教群体，他们不可能对此视而不见。他们往往通过推测和论争性的论证来解释故事之间的裂隙,在众说纷纭之中衡量得失,将最为圆满的论述载入史册,形成新的更为稳妥的正统(或在某些情形下成为异端)。

本书的第一部分以心理学的解读来弥合福音书中的明显断裂。伪经作者采取了同样的方式:当神圣叙事的两个时刻之间出现裂隙,他们就设想存在着某些事件、行为和心理动机能够衔接二者。比方,正典福音未曾着墨于耶稣出生到他十二岁时去往耶路撒冷圣殿之间发生的事。对耶稣的神性坚信不疑的读者自然想要知道当耶稣还是孩童的时候他拥有了哪些权能,毕竟我们对于耶稣为何在年轻时创造出奇迹仍然不甚了然。以此类推,以异教的罗马文化为例,当读者惊讶于维吉尔初次发表的著作《牧歌》[*Bucolics*]中的纯熟技艺,难免会推想他是否在早些时候写过未曾发表的诗作。

精巧的维吉尔伪作《小蝇》[*Culex*]为读者展示了一个满意答案;在基督教里,关于耶稣诞生和童年的福音书扮演着如出一辙的角色。《童年福音》从耶稣五岁开始(§2.1),结束于他十二岁初到圣殿的场景(§19.1-5),由此与《路加福音》天衣无缝地衔接起来(《路加》2:42-51)。——《童年福音》最后的句子("耶稣……顺从父母,他母亲把发生的一切存在心里",§19.5)其实就是对《路加》所描述的这一故事结尾的复述("他……顺从他们。他母亲把这一切的事都存在心里",2∶51)。与此相似的还有包括《多马行传》在内的几部使徒行传,它们补充了新约福音结尾处的空白。福音虽然讲述了耶稣生活的终点(甚至超出其外),却没有交代门徒们后来的故事。

对于耶稣传授给多马的隐微的教诲和流传于诺斯替伪经中的隐秘教诲,情况大同小异。约翰尽其所能地为福音书树立权威,他引用耶稣确切无疑的宣告:"我从来是明明地对世人说话。我常在会堂和殿里,就是犹太人聚集的地方教训人。我在暗地里并没有说什么。"(《约翰》18∶20)然而设想耶稣只对某些人说了特别的言语,却不让外人知道,这在对观福音的多个段落里都有据可查。比如耶稣与门徒们私下讨论(《马可》4∶10),对他们说他对秘密的知识隐而不宣,对外人只作比喻(《马可》4∶11,34)。至少有一处闪烁其词地暗示门徒之中也存在更小的圈子,彼得、雅各、约翰和安德烈得到私下的教导(《马可》13∶3,可对比有所关联却截然不同的登山变像[Transfiguration]的段落)。

对于(过度)严谨的解读(误读),在《约翰福音》耶稣同意多马触摸他的身体(10∶27)与接下来多马承认耶稣的神性而发出虔诚的惊呼(20∶28)这一关键性断裂之间,似乎确有穿插进某种解释的必要。倘若多马不是因为触摸了耶稣的身体而相信的话（诺斯替主义不可能承认耶稣复活后拥有多马所能触及的实体性的身体），多马是如何被说服的？对于知识至高无上并以此作为拯救的宗教而言，这无可非议：耶稣必定秘密地教导了多马，然而约翰没有将它记载于福音，或是因为他自己无从得知，或是因为他决定秘而不宣，仅让和自己最亲密的人心领神会。无论是哪一种情况，读者都渴望了解隐匿的话语。正是未知的话语让多马痛改前非，转而认可耶稣的神性。难道强大而神秘的教诲和拯救的力量不正存在于这些话语之中吗？

或许恰恰是这样的想法激发了《多马福音》和《争战者多马书》这类诺斯替文本的书写，这些作品中几乎全是耶稣对多马所说的简短的话语（在极少的情况下，耶稣教导另一位门徒或几位门徒），有时耶稣回答他的问题，有时却不言不语，再或者像《多马启示录》，以耶稣对多马说的长篇独白成文。详尽的教诲的内容往往与耶稣在新约中的言辞和观点重叠，虽然有时与正典并不完全一致，或许来源于散失的文本；即使与正典吻合，诺斯替主义文本也更加偏重救赎的知识、获得拯救之人、物质性身体的微不足道或身体对人的妨害。伪经文本与正典文本之间的关系究竟如何，在何种程度上修正了现存的伪经版本使其更加贴合正统或愈发背离正统，学者们莫衷一是。虽然这些问题事关重大，但与本书主题无关，因而不再赘述。

把这些文本概括为《约翰福音》和其他来源的"叙事发展"似乎为它们强加了某些文学特质。在文本中寻求虚构和历史叙事的精妙文学效果的人（也许只是极少数）将会大失所望，因为这里并没有期望中的张力、悬念、伏笔、人物性格发展如是等等。而我所说的"叙事发展"并非针对其艺术性的含糊其词的评论，而是相当具体：一方面在于所有这些后来的文本作者与读者都极富想象力地将文本置于其他叙事所在的某个特定而明确的时刻；另一方面，这些文本至少都具有简洁明晰的叙事结构，即各个相对固定的人物如何应对不同场景下接连发生的不同事件。

而诺斯替派的作者认为只有关系到拯救的知识才至关重要，而且这类知识往往一开始就掌握在权威人物手中，他们并不在意制造悬念或刻画人物性格变化。这就是为何我们可能对娓娓道来的教义并无头绪：在他们看来，个人的领悟和结构性的力量是重中之重，而非条分缕析的论证。这也是诺斯替式的《童年福音》和《行传》中关于人物的段落并非按照人物性格变化进行描述，而是依据场景变换的顺序：对于诺斯替主义者，不同的情景只和物质世界有关，并不触及终极的真实，而圣人所表达和传达的精神则超越时间和变化。因此《童年福音》中的耶稣虽然是个孩童，但他已经拥有了成年之后所拥有的一切知识与能力；《行传》中的使徒多马几乎在一开始就是一切美德的典范，心中充盈着真正的信仰，也因此能够感化最顽固的人。

当文本呈现出与其他文学作品相似的叙事特征，它们与灵感本源最强烈的联系几乎总是出现在文段的开篇或开篇后不久之处。比方说，《争战者》只在开篇段落耶稣与多马的对话中解释多马这个人物以及耶稣与多马之间的关系，然后耶稣继续阐发无须借由对话呈现的教义。《福音》直到第13段才描绘了耶稣问各位门徒他像谁的戏剧性场景，并把多马叫到一旁，把秘密的教诲讲给他听，奖赏他的无知之知。随后的文本大多是"耶稣说"这类平铺直叙。

《行传》的开篇或许是诺斯替式书写在文学意义上最为微妙的描写：

> 那时我们众使徒都在耶路撒冷：西门彼得和他的兄弟安德烈、西庇太之子雅各和他的兄弟约翰、腓力和巴多罗买、收税官多马和马太、亚勒腓之子雅各和奋锐党的西门，还有雅各之子犹大。我们划分世界，各自抽取一份，这样我们每人都为主所派，去到那个民族。犹大·多马，又叫低土马，他抽中了印度。他不想到那里去，推说身体虚弱无法远行。他说："我作

为希伯来人,如何能到印度人那里宣扬真理?"当他忧心忡忡地说的时候,救世主在夜里向他显现,对他说:"多马,不要担心,远行到印度传播福音,我的恩典与你同在。"多马不服从,却说,"把我派到其他任何地方吧。我不要去印度"。(§1)

这一段落以十二门徒之一的第一人称叙述开始,就连罗列名字的顺序都和新约正典中的多处名录吻合(尤其是《马太》10:2-4;另有《马可》3:16-19,《路加》6:14-16,《行传》1:13)。叙事起始之处的多马正是我们从约翰那里了解到的多马:他怀疑抽签的决定,甚至当耶稣来到他面前,也不顺从耶稣的意愿,以脆弱的物质性的身体为自己开脱。

这时的多马与他将要成为的诺斯替圣人的形象相去甚远。可是就在下一段里,耶稣决定把多马当作奴隶卖到印度,于是我们面对着对《约翰福音》更富有创造力的改写。这时的耶稣似乎完全按照字面含义理解多马在《约翰福音》中虔诚地呼告"我的主,我的神!",成为多马的主人和所有者。耶稣在市场上宣称他有一个奴隶,当印度商人阿班[Abban]问多马"他是你的主人吗",多马只能引用他在《约翰福音》里说过的话回答说,"是的,他是我的主"(§2)。从那时起,多马重新发现了自己真正的身份,重重顾虑也一扫而空——"第二天早晨,这位使徒做了祷告,恳求主,说:'你想让我去哪里我就去哪里,我主耶稣,如您所愿。'"(§3)。

至此,我们讨论了非正典的诺斯替伪经中的关键人物怀疑者多马,他是诺斯替圣人,耶稣的孪生兄弟;多马曾怀疑耶稣,最终没有触碰他却心悦诚服,也因此坚守着反对身体性的教义。然而并非所有新约伪经都是诺斯替伪经,多马不仅出现在诺斯替主义伪经当中,也现身于非诺斯替主义和反诺斯替主义伪经之中。其中有两个关键的不同:首先,非诺斯替主义伪经中的多马从未扮演关键角色,而是融入比他更重要的其他人物的故事之中;其次,非诺斯替主义伪经从不暗示多马未曾触摸耶稣,许多文本甚至强调多马或别人确实这么做了。

我们可以区别出两种情况:其一,多马这一人物本身来自《约翰福音》,并在此基础上有所发挥;其二,《约翰福音》中与怀疑者多马的故事密切相关的主题就此与多马分道扬镳,反倒与其他人关联起来。

首先,归于使徒巴多罗买名下的新约伪经《耶稣复活记》[*Book of the Resurrection*] 描述多马的一系列事迹,以此解释耶稣第一次向门徒们显现时多马的意外缺席:

> 多马没有和他们在一起,他听闻儿子希欧费尼

[Siophanes, Theophanes?]的死讯就回城去了。多马的儿子死后七日他才到达。他到坟墓上以耶稣之名让他死而复生……多马和他进城去,所有人一见他们都惊慌失措。希欧费尼向人们讲述事情的经过;多马为一万两千人洗礼,修建了一座教堂,任命希欧费尼做主教。而后多马登上一朵云彩,飘到橄榄山使徒们那里,他们告诉他耶稣来过,他不信。巴多罗买劝他。后来耶稣显现,让多马摸他的伤口,随后升上了天国。(E 671)

《约翰福音》对于耶稣第一次向门徒显现时多马的缺席未加解释,这里给出了充分而虔诚的理由:多马看望死去的儿子不只因为身为人父的人之常情,更是为了行神迹,效仿耶稣复活拉撒路——耶稣复活拉撒路的故事也是多马在《约翰福音》的首次出场(11:16)。多马为民众施洗以及修建教堂再次证实了他的虔敬。如果多马儿子的名字"希欧费尼"[Siophanes]是"赛欧费尼"[Theophanes]❶的改写,这个名字就是为了纪念"神的显现"。为了解释多马缺席的问题,新的问题难以避免地出

---

❶ "Theophanes"由词根"the-"([θεός],"神")以及"phan-"([φαίνειν],"显现,出现")构成。

现了:作为耶稣虔诚的追随者,一个亲眼看到儿子死后复活的多马,怎么会去怀疑耶稣的复活呢?《耶稣复活记》并没有多加解释,而是复述了《约翰福音》中耶稣让多马摸他伤口的情节,通过回到正典文本的方式巩固文本的权威。更重要的是,借此明确指明多马是因为摸到了耶稣的伤口才信了。

以新的叙事弥合《约翰》中的文本间隙,这一方式以及显而易见的补充、重复以及夸张的手法(如前所见,《路加》亦是如此)在反诺斯替文本《使徒书信》[*Epistle of the Apostles*](公元150—175年)中一览无遗。在《使徒书信》中,耶稣的死后复活让人陷入深刻的怀疑,人们从不信逐渐变得将信将疑(E 561-63):先是三个女人在墓地哭泣,直到耶稣显现,告诉她们他是谁,让她们中的一人将好消息传达给门徒(§10);抹大拉的马利亚传达好消息,门徒们却不信(§10);然后撒拉(另一版本中仍是马利亚)到门徒那里去,而这一次他们以为她在说谎(§10);再后来,耶稣自己和女子们一道去了那里,直到这时门徒们还不相信,以为他是鬼魂(§11);为了证实他的身份,耶稣随即预言了彼得的背叛,而他们仍旧不信(§11)。最后,耶稣让他们中的几个来摸他,证明他确实复活了,唯有这件事才使门徒们深信不疑:

他对我们说:"你们为什么怀疑我而不相信我?我以我的肉身、我的死和我的复活对你们说话。你们或许知道这是我。彼得,把你的手(和你的指头)放在我手掌的钉痕上;还有你,多马,放在我的肋旁;还有你,安德烈,看看我的脚是不是站在地上,留下脚印……"我们触到了他,他真的以肉身复活。我们惭愧不已,恳请原谅,因为我们竟然不信他。(§§11-12)

和四部正典福音的尾声一样,从不信到相信的叙事结构在此登峰造极,近乎机械而强迫性地不断重复。然而唯有触摸耶稣身体的那一幕才是决定性证据;身体性的触摸如此重要,不能仅留给多马,也要让彼得这位格外具有威望(同时也因为不忠而恶名远扬)的门徒置身其中。

最后,多马在圣母升天的故事中也扮演了重要角色。在亚利马太的约瑟[Joseph of Arimathaea]名下的拉丁本中,马利亚自知命不久矣,她召集众门徒,除了多马所有人都来了(§7)。当他们安葬了马利亚,天使们正把马利亚带上天堂之时,多马出现了:

> 多马突然被带到了橄榄山,看见圣体升上,他向马利亚呼求,"让你的仆人因你的恩荣而喜悦,因你升向了天国"。使徒们包裹她身体的衣裙向他飘落;他拾

起来,去往约沙法特谷[the valley of Josaphat]。多马向使徒们问候,彼得说,"你总是不信,主就不让你在他母亲的葬礼上遭受痛苦"。多马(悔恨地)捶打胸膛,说:"我知道了,我向你们所有人请求宽恕",他们就为他祈祷。随后他说:"你们把她的身体埋在何处?"他们指向坟墓。可是多马说,"圣体不在那里"。彼得说:"之前你在摸到主之前都不相信他的复活,你又如何相信我们?"多马继续说道:"她不在那里。"他们愤怒地去移开石头,马利亚身体已不在那里了;他们哑口无言,不知如何是好。于是多马告诉他们他如何在印度说弥撒(他依然身穿祭司的长袍),他如何被带到了橄榄山上目睹马利亚升天,她如何把衣裙留给他;他拿出来给他们看。他们心生喜悦,求他原谅,他祝福他们,说:"兄弟们,看这是多么好的一件事,我们众人一心。"(§§17-21)

《约翰福音》中,耶稣死后,多马与众门徒不同,耶稣特别优待他,向他显现。不只是耶稣,他的母亲马利亚死后同样如此:多马在众人安葬她的时候缺席,却享有目睹她升天的特殊荣耀。当然,他没能像触摸耶稣那样触碰她的身体,否则将是最大的亵渎,不过这一回他毫不怀疑——他得到了接触圣体之外最好的东西:她的衣裙,留给他作为她升天的证明。这一文本不仅与《约翰福音》相应，而且妙趣横生地逆转了约翰的故事。这一次是门徒们不愿相信，而非多马（多马为先前的怀疑而懊悔，为了声明他的虔敬，解释说缺席的原因是因为在印度主持弥撒，印证了多马东行传教的使命这一前提）；门徒们怒气冲冲；他们需要扫除疑虑，请求宽恕。最后又巧妙地补充，在所有人之中，独来独往的外人多马以《诗篇》133 开篇兄弟和睦的教诲作为这个故事的结尾，点明团结一致的可贵。

其次，怀疑的主题从多马到其他人物身上的转变在古代和当代文学文本中屡见不鲜。其中一例是非基督徒斐洛斯特拉图斯的《提亚纳的阿波罗尼乌斯传》[Philostratus, *Life of Apollonius*]，作于公元三世纪早期的古典时代晚期，这部作品保留着对于类似于耶稣复活的奇迹的异教看法（虽然他如何得知这些故事以及故事如何传播仍不甚了然）。在这一场景中，阿波罗尼乌斯的追随者达米斯[Damis]和德米特里[Demetrius]在为这位圣人哀悼，他们并不知道阿波罗尼乌斯已经奇迹般的从皇宫的审判中被带到神祇在迪卡奇亚[Dicaearchia]的宫殿，达米斯先出场：

> 达米斯大声悲叹，这样说道："神明啊，我们再也见不到亲爱的同伴了吗？"阿波罗尼乌斯听见了他的话，因为他正好就在神祇的宫殿里，于是说："你会看

见他的,或者说你已经见到了。"德米特里问,"他还活着?如果他死去了,我们将会永远哀悼"。于是阿波罗尼乌斯伸出手说:"握住我的手,如果握不住我的手,我就只是来自帕尔塞福涅[Persephone]的幻影,是冥界神灵对哀恸不已的人的抚慰。但是假如你能抓住我,你就去劝说达米斯,告诉他我还活在我的身体里。"他们不再怀疑,欢呼雀跃并亲吻着他。(8.12=1.328.7-20 Kayser)

《约翰福音》的读者对所有这些主题都再熟悉不过了——当门徒们在僻静的屋子里哀悼亡者,圣人奇迹般的显现;门徒们悲恸而犹疑,圣人亲切地让人摸他;于是他们为圣人的重现而欢喜;虽然并不能完全排除斐洛斯特拉图斯和约翰的作品可以追溯到共同而未知的来源却彼此独立,或者说二者根本没有相互借鉴的可能性,然而更可能的假设是斐洛斯特拉图斯的版本终究来源于《约翰福音》,但是其文本中介已不可知。

叙事在人物上的转变在新约伪经中亦有先例。比如《约翰行传》(二世纪)描绘约翰蹑手蹑脚地躲在耶稣背后,看他祈祷,看见他变了形象——变得高大——而震惊万分;后来耶稣变回正常的人形,他扯着约翰的胡子对他说:"约翰,不要不信,要相信,不要好奇探究。"(§90, E

317）耶稣对多马说的话（《约翰》20∶27）在这里重新用在了另一位门徒约翰身上（毕竟《约翰福音》年代更早）。在写给领主阿伯加·欧查马 [Abgar Ouchama the Toparch] 的伪经书信的开头，耶稣这样称赞他："你是有福的；你信我，虽然没有看见我。"（E 542，对照《约翰》20∶29）正如《约翰福音》中耶稣在多马承认了他的神性之后对多马说的话。

不过最有趣的例子要数伪经对耶稣诞生的描述。《托马太名福音》[Gospel of Pseudo-Matthew] 中，马利亚有两位产婆，瑟乐米 [Zelomo] 和莎乐美 [Salome]：

> 瑟乐米走进来对马利亚说："让我摸摸你。"当马利亚允许她检查她的身体时，这个产婆大声呼喊，说道："主啊，万能的主，怜悯我们！从未听闻有人能够生子，充盈着奶水，却是童贞的母亲。他的出生没有一滴血和一丝疼痛。童贞受孕，生产之后依然童贞。"听到这些话，另一位叫作莎乐美的产婆说："我不相信风言风语，除非亲自查看。"莎乐美走进来对马利亚说："让我看看你，看看瑟乐米有没有说真话。"马利亚让她查查。当莎乐美检查完收回她的手的时候，她的手开始干裂，剧烈的疼痛使她哭泣，在巨大的痛苦中，她哭叫着说："……看哪，我因为不信遭受不幸，

因为我擅自检查你的童贞。"(§13，E 93-94)

后来的结局倒也完满：在莎乐美悔过后不久，她奇迹般地恢复了。仿佛救世主的诞生令人喜不自胜，就连惩罚也是短暂的。

叙事变迁的逻辑显而易见。耶稣之死与耶稣诞生遥相呼应：耶稣死后，他的神力让他毫无阻碍地越过物质界限，穿过封闭的门，走到交谈的门徒们中间；耶稣诞生时他带着同样的神力，穿过马利亚的子宫，穿过处女膜却不留痕迹。这样的奇迹至少对于某些人来说必须实证才可相信，还有比触碰神圣的身体更好的办法吗？显然，在《托马太名福音》中，被触碰的不是耶稣的神圣身体，而是马利亚，多马不再扮演怀疑者的角色，即使不考虑耶稣诞生时多马的年纪，对于古时的作者而言，多马（或任何一个男人）怀疑地把手指伸到马利亚圣洁的阴道这个念头就不可容忍。因而多马的角色必须要转交到在当时巴勒斯坦文化中唯一能够履行这一职责的女性产婆身上。写下这个故事的人从未质疑真正的身体接触：但是他对于触碰神圣的躯体是好事（这是证实奇迹的唯一方法）还是坏事（因为出于怀疑，仿佛奇迹必须得到证明）仍然迟疑不决。精心斟酌之后，这个故事开放了两种可能性，瑟乐米是完全正面的人物，名字相近却带着不祥寓意的莎乐美却是全然负面的形象（莎乐美的负面意象源自约瑟夫的《犹太古史》[Josephus, *Antiquities*] 18.5.4，希罗底 [Herodias] 的女儿跳着舞要求把施洗约翰的头颅搁在托盘里，她的名字就叫莎乐美）。现存于伪经的这个故事的其他版本以不同方式处理同样的问题。《雅各福音书》[*Protoevangelium of James*] 只叙述了负面的产婆莎乐美（§§19.3-20.4，E 64-65）；《阿拉伯语耶稣童年福音》[*Arabic Infancy Gospel*] 也只提到一位产婆，是个年长的希伯来女人，她怀疑并受罚，最后恢复过来（§§2-3，E 102-103）。此外，学者称之为阿伦德尔404 [*Book of the Savior's Infancy*] 的中世纪拉丁本童年福音以正面的产婆形象的第一人称叙述（负面的产婆并未出现）：她描绘了婴孩奇迹的降生和显现，她触碰了他的身体，验证他的非同凡响（E 110）。

追溯怀疑者多马在世界文学史中的不同版本不仅别有风趣而且发人深省。尽管故事的变化遵循一定的原则，具体细节却常常出其不意。比如从耶稣的伤口转到圣方济各 [Saint Francis of Assisi] 身上，圣方济各著名的圣痕难免与圣人早年的事迹联系起来，在许多场景中，人们总是试图观看、触摸他的伤口，有时也确实心如所愿。不过我无法在此一一深究。所以我以一部重述约翰的基本叙事的当代文本作为本章的结尾。我只探讨一部以某种形式重述约翰叙事的当代文本，不仅因为这一文本颇有意趣，还因为它触及了方法论上的重要问题。

《圣母马利亚之子》["Marienkind", or "The Virgin Mary's Child"]是十九世纪格林兄弟童话集的第三个故事，风格引人入胜，结局皆大欢喜，实际上却残酷之至。故事讲述的是一个贫穷而无法养家糊口的伐木工，他不得已接受了圣母马利亚的要求，让马利亚收养了他三岁的女儿。小姑娘在天堂生活，无忧无虑，直到十四岁生日，马利亚把小姑娘唤来告诉她自己将外出一阵子。马利亚不在的日子里，小姑娘要掌管天国十三扇门的钥匙，可是她只许用其中的十二把钥匙，打开十二扇门，欣赏里面令人称奇的宝物。马利亚明确禁止她打开第十三扇门。小姑娘毕竟是小姑娘：她当然允诺了；一扇扇打开那十二扇门，惊异于每扇门后面夺目耀眼的使徒；自然地，她难以抵御打开最重要的第十三扇门的诱惑。一天，当她的守护天使不在身旁的时候，她抓住了机会：

> 她找出钥匙，一拿在手里就插进了锁孔，一插进锁孔就转动了一下，门一下敞开。她看见火与光中坐着"三位一体"。她站在那里，惊讶地望着一切，用手指碰了碰火光，手指立刻变成金的。她顿时害怕极了，猛地关上门逃走。可是她惊恐不已，不知如何是好。

> 她的心怦怦直跳,难以平静,而且手指上的金子怎么也去不掉,无论擦呀还是洗呀,那金子仍然在那里。❶

小姑娘遭受着内心的折磨,马利亚一回来就问她有没有打开第十三扇门。她想瞒天过海,于是说了谎,马利亚看见她金色的手指,认为她不配继续生活在天堂,把她降到人间。她长年累月在森林里忍饥挨饿、遭受风寒;因为她对马利亚撒了谎,她再也无法开口说话;最后她衣不遮体,只有周身的长发遮盖身体。一位国王碰巧遇见了她,把她带到宫殿,两人结为夫妻。三年里,她每一年都生下一个孩子,而每一年马利亚都来追问她有没有打开第十三扇门,她却固执地拒绝承认,于是马利亚就把她的孩子带走。一年又一年,国王的子民越发坚信她的孩子接连消失是因为她把他们吃掉了。第三次,人们不再容忍,要把她绑在木桩上烧死。直到火焰熊熊燃烧,她"骄傲的坚冰"才终于融化,她呼喊着:"是的,圣母,我开过那扇门!"即刻,大雨从天而降,熄灭火焰,圣母马利亚带着三个孩子从天国降临,宣告这个故事的寓意:"人只要承认自己的罪过,并且为此而忏悔,就会得到宽恕。"

---

❶ 译文参照杨武能、杨悦译《格林童话》(南京:译林出版社,2011),页 22,有改动。

怀疑者多马

不同来源的主题拼接清晰可辨，大多是宗教性的或类似宗教性的：圣母作为守护者；初潮之为道德责任的开端；不祥的数字十三；蓝胡子的城堡；格里塞尔达［Griselda］；远离尘世的抹大拉的马利亚；悔过与救赎；殉道与拯救。这些主题按照时间顺序依次出现在姑娘命运的反转之中：起始于经济贫寒与内心消沉；以圣母的第一次降临为转机；在小姑娘被逐出天堂后急转直下；国王出现后峰回路转；在连续的三次生产和否认过错中跌落谷底，三个孩子和她自己的性命岌岌可危；最后关键性的逆转是她的忏悔和获救。主题与情节共同传达了一个严厉并令人生畏的教训，亦即服从、恭顺、诚实和悔过的重要性。

小姑娘的金手指格外引人注目，《格林童话》中的主题或许和《约翰福音》中怀疑者多马的故事有着千丝万缕的联系（就像故事中小姑娘连续三次向马利亚否认似乎可以回溯至彼得三次不认耶稣）。童话在各方面呈现出的深刻的基督教属性；违抗与背叛的根本主题；面对神恩，依然否认神性的优越；最终表露的悔过与服从——《圣母马利亚之子》的所有这些特质让人不由自主地联想到多马，小姑娘伸手触摸神圣的"三位一体"让人回想起多马半信半疑地要求触摸耶稣复活的身体。值得注意的是，这个故事现存的最早版本出版于十七世纪意大利文本中，根本没有手指这个情节，想必在后来流传的过程中，深谙新约故事的文化——比如早期现代的德意志——为之添枝加叶。或许在北欧的基督教背景下，违抗和悔过的故事让故事的叙述者不禁回想起怀疑者多马，于是插入关于手指的情节，将故事中的姑娘类比为多马。

如此一来，童话故事似乎是一个连贯、目标明确、带有暗示性的对于约翰的叙事的解读。毫无疑问，童话改写了福音叙述的诸多特征。不仅故事中的人物和情节有着明显出入，尤为重要的是，根本的神学问题不再是怀疑而在于违抗。这一主题并非前所未有：耶稣对多马说的不应不信（ἄπιστος）而应相信（πιστός，《约翰》20：27）在希腊语中不仅可以理解为"不要不信而要相信"，也意味着"不要违抗而要顺从"。因此故事的关键不再是虽无亲眼所见依然深信不疑，而是忏悔和认罪的重要性。当格雷琴·怀德〔Gretchen Wild〕把故事转述给格林兄弟，十九世纪早期的德意志文化的印记一览无遗。相比于一世纪的巴勒斯坦人，她似乎更加偏重对权威的服从和恭顺。❶

把德意志童话与约翰的叙事相提并论，言外之意在于童话的作者与读者认为多马如愿触摸了耶稣的身体，他对耶稣复活的怀疑其实是反抗权威，罪恶昭彰，最后呼告的

---

❶ 怀德一家住在格林家对面，怀德家的兄弟姐妹为格林收集故事。《圣母马利亚之子》来自格雷琴·怀德。

"我的主，我的神！"，也就不再是虔诚战胜怀疑，而是悔恨和顺从克服了骄傲。格林的德意志文本比希腊文本更加垂怜罪人，同时也更为严厉：在创作出这个故事的群体看来，罪人必须遭受严酷的惩罚方可得到神的赦免。在格林的故事中，约翰叙事里耶稣对多马的邀请（20：27）与多马认可耶稣的神性（20：28）这一短暂的断裂之间，横亘着长年累月的身体磨难与内心创痛。

童话与福音故事异曲同工，却也天差地别。两个文本属于全然不同的文类，出自相隔甚远的时空与文化背景，差异自不待言；可是这又向解读者提出了方法论上的难题，也就是说，尽管存在显而易见的差异，二者的相似之处是否足以将两个文本相提并论，不仅作为随意的类比，而是看作更为坚实的文本间的联系。毕竟并非所有的类比都寓意深远，并非任何文本中的手指都和多马的手指遥相呼应（《约翰福音》并不是柯南·道尔《工程师拇指探案》或者伊恩·弗莱明《金手指》的先驱），也并非所有文学文本中的多马都继承了怀疑者多马的形象（汤姆·索亚［Tom Sawyer］与拇指汤姆［Tom Thumb］和怀疑者多马毫不相关，虽然前者充满好奇而后者的绰号令人浮想联翩）。我们如何让心存疑虑的人相信《约翰福音》对于解读《圣母马利亚之子》有所裨益呢？

其实并没有准则来定夺两个文本的相似性是互相阐发

还是仅仅出于偶然或宽泛的文化因素。话虽如此，仍有两条总体的原则：其一，除非文本内容的具体因素明确指向文本整体核心主题之间的沟通，否则不能以之作为互文性的标志；其二，与既有的文本相互联系的不同因素越多，越是此呼彼应，就越有可能与既有文本存在着寓意深长的联系。就《圣母马利亚之子》而言，第一条原则表明，至关重要的并非小姑娘的手指，而是用手指触碰火光这一无可否认的违抗之举；第二条原则把读者的注意力聚焦于故事中不同因素之间的联系，比如触摸、违抗、服从、圣母马利亚、使徒，以及"三位一体"。

显然，无须借助《约翰福音》来解读《圣母马利亚之子》也能自圆其说——否则孩子们就不会喜欢这个故事了。就这一点而言，这个故事与这章前文中探讨的解经文本截然不同。出于同样的原因，对《约翰福音》的了解确实充实了我们对童话的理解，我们不仅理解了故事的生成（把手指的情节加到故事中去的人必然听说过怀疑者多马的故事），也关系到其内在含义（受到福音的启发正是故事深层意识形态的印记）。对比童话与福音对于理解《约翰福音》不无裨益，后世的文本（在我们所能判断的范围内）可以看作对于之前文本的创造性回应，暗含着无意识的解读和明显的误解。童话与福音的对比既展现了早期文本中诠释学的潜力，也呈现出后世文化传承、篡改并曲解更早、更权威的文化所传递的创造性冲动。

在关键之处,《格林童话》与这章探讨的非诺斯替文本如出一辙:无论故事和文本如何讲述对神圣身体的触摸,人们无一例外,从不质疑圣体触手可及而且确实被触碰了。就《约翰福音》中怀疑者多马的故事来说,这意味着读者预设多马不仅要求触摸耶稣的身体,耶稣邀请他这么做,而且多马心如所愿。如我们所见,对福音的这一解读缺乏文本支持。相反,无论诺斯替文本如何误读或曲解《约翰福音》,都正确地意识到虽然多马将信将疑,他并没有触摸耶稣复活的身体,而是通过其他方式心悦诚服于耶稣的神性。

简言之,诺斯替主义与非诺斯替主义对《约翰福音》的解读大相径庭。要理解其中的缘由,我们必须审视基督教正统关于《约翰福音》的解经传统。

解经传统的回应：从教父到反宗教改革运动

至此，我们已经考察了对约翰书写的怀疑者多马这一故事的不同回应，而这些解读都采用了叙事的形式。对于解释性文本的作者，《约翰福音》之所以世所公认，不仅因为它的权威和文本的内在特质，还因为其中描绘的人物、言行举止和场景的重要性。他们着迷于约翰所述的故事，希望以急切而虔诚的目光洞察《约翰福音》。他们追寻超乎文本之外的真实，坚信唯有如此才可挽救真实——真实不只是言辞，甚至不仅是约翰之言，而是"道成了肉身住在我们中间，充充满满的有恩典有真理"（《约翰》1：14）。对于他们追求真实的热忱，文本越是听其自然，他们就越能心无挂碍地与救世主沟通：文本成了一扇透明的窗，透过它看见承诺中的拯救，甚至还更加美好——窗子突然奇迹般的敞开，圣灵无拘无束地吹拂着渴望获得感召的人们的面庞。

对于这样的读者，以虔敬之心理解文本不仅意味着解读致密的语言，更是通过语言直抵真实；尊重这个故事意味着重新讲述它，以新的叙述方式填补其中的间隙，知其所以然，阐明要旨。约翰的文本存在着留白；伪经补充了缺失之处，然而新的问题层出不穷。约翰文本中多马的性格举止在好坏的标准之间摇摆不定：伪经坚定地只取其一，从而把如何衡量多马的问题搁置起来，而非彻底解答这个问题。约翰的文本展现了人物的动机、言行，甚至相互矛盾的可能性之间游移不定的本质状态：当伪经选择了其中一种可能性，也就违背了约翰盘根错节的文本所包含的明确意图。

通过叙述解读文本将会不可避免地贬低原作的价值，因为原作成为对事件进行叙述的众多版本之一，新的文本又因为更加完整而具有同样的威信。无论新约伪经的叙述者如何虔诚，无论他们如何坚信自己详尽的叙事并未突破基础文本的信仰体系，并未对宗教机构与社群形成挑战，他们天马行空的想象也只会把约翰的声音淹没在越来越嘹亮也越来越杂乱无章的和声之中。

与叙事性解读将原作边缘化的趋向背道而驰的是文本解经——基础文本重回不容置疑的中心地位，解经式的解读依附于原文，是非叙事性的、论证的文本，从始至终任何一个段落（一字一句乃至全文）都是对原文的阐释。与充满想象行云流水的叙述截然相反，解经的论断需要自制力，苦行一般全神贯注于既有文本，而非随心所欲地选择文本；不同于针对新的受众的喜好来改写神圣故事这样典型的异教行事方式，解经学重建具有犹太特征的对唯一的神圣典籍亘古如一的崇敬，正仿佛面对上帝的圣言。尤为重要的是，解经学不同于无数未加证实的故事、版本，以及不同的群体和信仰方式，而是一心一意地倾注于界限分明的权威典籍，每一个文本都一成不变。假如普通读者喜欢借题发挥，从阅读到的故事联想到其他故事，那么就需要强大的制度性约束力来限制他们散漫的自由，让他们专注于文本注释。这并不是说读者毫无自由可言，而是对他们的自由加以引导，从创作足以挑战基础文本核心地位的其他叙事文本转而从事从属于基础文本的解释性的阐发。日积月累之中，注解本身或多或少也自成一体，继承并改写了部分的犹太传统以及部分的亚历山大和别迦摩［Pergamon］❶的希腊化时期的解经学派。从文本层面来看，新约的正典化与经典化正是在千秋万代的文本解经之中奠定并巩固；就制度层面而言，这种标准化在既定的、使徒式的（因此正统性毋庸置疑）、普世的（因而垄断了正统性的）文化主导下奠定并巩固。在界定《圣经》，使之稳固并

---

❶ 别迦摩，或译为帕加马，现位于土耳其境内。《启示录》2：12 提及别迦摩教会。

中心化的漫长过程中，我们可以借由文本勾勒出天主教会与东正教会逐渐巩固与强化的更为宏大的进程。

仅仅解读其中的一小部分文本并不意味着我们能够对解读的行为本身妄下结论。文本在每一次抄写的时候都有所改动；即使文本一成不变，字句的含义也难免应时而变；即使字句的含义始终如一，新的受众也会以全新的经验和问题意识对待同一文本；即使在短期内受众没有太大变化，也会有源源不断的新的解读者修改之前不尽人意的解读。根据日常经验，一个人越想解释他的真正意图，他就越要解释他的解释——当他不为自己辩解，而是解释约翰、马可、保罗（或者说他们的文本）的意图的时候，就更是变本加厉。解经学擅长建立单独的、明确的开端，然而当其行至尾声，想要得出完整、决定性的结论的时候，总是难以是非分明。当格列佛可以在格鲁都追〔Glubbudbrib〕岛上实现一个愿望的时候，他要求见荷马、亚里士多德和他们的评注者的魂灵，当荷马和亚里士多德被众人簇拥，格列佛发现，与世代相传的逸事正好相反，荷马不是盲人，亚里士多德远不是随处散步的逍遥学派，他基本不走动。而且荷马和亚里士多德与评注者们毫无瓜葛："我马上就发现他们两人对这些同伴一无所知，素昧平生。"

对原文的解读在内在动力的推动下一往无前，像时间一样无穷无尽——唯有当支撑它的制度遭遇危机，人们不愿再从古老的基础文本中汲取真理的时候，这些解读才会湮没于现代生活，再无用武之地。

约翰讲述的怀疑者多马的故事其内在困境也吸引了不少解经者的注意，反而使正典福音之一的《约翰福音》的地位更加坚不可摧。叙事中的矛盾之处显而易见，不容忽视。比如说耶稣穿过锁住的门（20：19，26）却又让人触摸他的身体（20：27）；耶稣不让马利亚触碰他（20：17），却请多马这么做（20：27）；多马在恼怒中不知轻重地要求查看耶稣的身体，否则拒不相信（20：25），然而他又出于信仰发出惊呼，哪怕显然并未兑现之前提出的条件（20：28）。再者，复活后的耶稣所说的话——他不许马利亚触摸他因为他还没有升上去见过父（20：17），让门徒们受圣灵并赦免他们的罪（20：22-23），称许虽然没有看见他却深信不疑的人（20：29）——这些奇特的表述高深莫测。

《约翰福音》第20章之所以举足轻重，还有另一个原因，它尖锐地发问：耶稣从死里复活的教义究竟何意。这一教义是耶稣教诲的重中之重；对于没有确证就无法信服的人而言，唯有两例复活的例证，即拉撒路和耶稣本人的复活。我们自然聚焦于后者，因为拉撒路后来自然而然地生老病死，复活的耶稣却永生不死——耶稣的复活令人瞩目。一方面，上帝之子的复活不可与人的复活同日而语；另一方面，不言而喻的是人们所见证的耶稣复活或可作为芸芸众生将在未来复活的明证，耶稣复活的本质预示着信仰者所期望的复活。

耶稣的复活以及他的复活所意指的所有人的复活，究竟是身体的复活还是精神的复活？假如是身体的复活，是什么样的身体？约翰对于复活的耶稣的细节描述暗示着不同程度的身体性：他穿过锁上的门（20：19，26）；让门徒们看他的手和肋旁，想必依然带着死去时饱受摧残的伤痕（20：20）；耶稣让多马触碰他的伤口，必然言有所衷（20：27）。在这些语句中，穿过锁上的门暗示耶稣复活的身体的非物质性，而后面两者似乎不仅暗指身体的物质性，甚至强调他的身体依然承载着死亡时刻的痛苦折磨留下的印记。如何协调这些不同的意指呢？

保罗致哥林多的第一封书信表明，在一世纪五十年代，耶稣复活的身体具有的具体物质性曾至少在希腊城市哥林多的基督徒中间引发了极大的焦虑与混乱。虽然从严格意义上看，并不能说哥林多人困扰于文本解经学的问题，不过基本没有疑义的是，他们试图回应并设法理解口耳相传的（或许也有书写成文的）关于耶稣复活的消息，这也反映在后来约翰著述的字里行间。他们的顾虑预示着更深的忧虑,对约翰叙述的困惑将在往后的许多个世纪里持续影响基督教解经学。

保罗奠定了哥林多基督教群体的地位,当他离开后,哥林多随即陷入了内乱和教义冲突。基督徒在罗马法庭互相告状(《哥林多前书》6:8);据说一个基督徒违背了罗马法与犹太法和继母成婚(5:1-2);人们对于保罗为日常生活中的重要事务定下的规定,比如男女之事(6:9-20)、婚事(7:1-16)和祭偶像的食物(8:1-13)等等牢骚满腹。保罗雷厉风行地回应,言之凿凿;把关于耶稣复活的问题留到最后,在书信末尾作为最为重要也最为难解的问题隆重登场。

保罗也是从更简单的基础性问题开始:他提醒读者们耶稣从死里复活这一事实(15:1-34)。不言而喻,某些哥林多基督徒已经开始质疑了,基于什么理由进行质疑却不甚明了。或许他们相信受洗成为基督徒,精神就已复活;或者他们认为耶稣的复活只是特例,唯有生活在耶稣再临的时代的人们才可进入神的国;或者他们像古希腊异教徒一样相信灵魂不朽;或者他们无法设想有价值的生活竟然在死后来临。无论如何,他们也许并非断然否认耶稣的复活,但是至少在保罗看来,耶稣复活尚未得到应有的重视;或者他们以为从死里复活的只不过是精神,而非耶稣的血肉之躯。针对这些观点,保罗力图论证耶稣死后复活的中心地位，通过耶稣的复活证实基督教信仰的核心，即全人类的复活："若没有死人复活的事，基督也就没有复活了。若基督没有复活，我们所传的便是枉然，你们所信的也是枉然。"（15：13-14）

正是在这里，保罗骑虎难下。行文至此，保罗虽未挑明却系统性地假定，无论耶稣的复活还是我们的复活，必然是身体的复活；不过这究竟意味着什么依然讳莫如深。保罗对愚蠢的问题不加理会，"死人怎样复活？带着什么身体来呢？"（15：35）。实际上，这些问题极为尖锐，不可怠慢。因此书信的最后一部分必然转向身体复活的方式。保罗以普通（却哲学性）的播种做比喻，他热忱而含糊其词地说道，死亡是在上帝给予的身体中重生，可是他随即陷入困境，解释上帝所给予的身体的数目和种类成千上万、超乎想象。保罗强作解释，说人们复活的新的身体与之前拥有的身体截然不同，将是"不朽坏的"（15：42，50，52，53，54），"不死的"（15：53，54），"复活的是荣耀的"（15：43），"复活的是强壮的"（15：43），是"属天的"（15：47，48）——他不无神秘地说，"所种的是血气的 [ψυχικόν（physical）：字面上意为'有灵魂的''活着的'或'超然的'] 身体，复活的是灵性的 [πνευματικόν] 身体。若有血气的身体，也必有灵性的身体"（15：44）。他坚称，基督徒们重生时将拥有一个身体——这个身体必然是灵性的身体，却依然是他们自己的身体。

保罗左右为难。一方面他不能说复活的身体和生活中的物质性躯体一模一样，否则将彻底摧毁从此世的短暂生命与生活的苦难中解脱出来的全部希望。假如物质性的生命不可避免而且在根本上有所欠缺，期待在同样的身体中重生又有什么意义，这不是无望的重复吗？重复缺陷有害无益；重复痛苦不会带来欢乐。可是另一方面，保罗并不想否认复活的正是身体，是我们的身体：因为否认这一点的话不仅意味着整个物质世界的创造终究徒劳无益，而且会让如何理解复活后的个人身份困难重重。无论我们如何探索最深层的个人身份，对于大多数人而言，想象自己不受任何身体局限，遗世独立，简直是异想天开。假如说我们的身体在某种程度上定义了我们是谁，当我们失去了我们的身体，失去了同我们曾经认识的、爱过并同甘共苦的人的联系，复活又有什么意义？如果失去了身体，我们就无法在复活的人当中认出自己。唯一有意义的复活是从我们自己的身体中重生：从真正意义上来看，脱离身体的复活已经与我们无关。

在这相持不下的窘境里，保罗首创了"灵性的身体"这一悖论性的概念——他尽可以创造新的概念，与其他概念类比，但是无论保罗还是其他人似乎都无法完全阐明这一概念。在这封信的结尾，为了同时承认复活之后个人的延续性以及彻底的蜕变，他两次以同样悖论的形式对哥林多人重申他们唯一的希望和最大的信仰："我们都要改变"（πάντες δέ ἀλλαγησόμεθα，15∶51），"我们要改变"（ἡμεῖς ἀλλαγησόμεθα，15∶52）。——他在第二个句子里加上了句法上并无必要的第一人称复数代词，突出强调我们自己将会改变。卡洛琳·沃克·拜纳姆［Caroline Walker Bynum］巧妙地点明了其中的悖论："当保罗说'号角吹响的时候……我们要改变'，他让我们极尽想象之所能，既是'我们'又要'改变'。"我们不再是原本的自己，与此同时我们依然是我们自己，改变了的自己，而且我们自知如此。

这究竟是什么意思？

这个问题是教父神学最早提及怀疑者多马的原因。教父神学的文本中关于多马的明确讨论出现在三世纪初期，大概在《约翰福音》成书之后一百年。怀疑者多马出现在德尔图良和圣希玻里的激烈争辩之中，他们反驳无论是耶稣还是我们自身复活的身体所具有的物质性。在写给哥林多人的信里，保罗似乎极力强调尚未复活的实体性的肉体与我们所期许的复活的灵性的身体间的天壤之别，而这也为基督幻影主义者［Docetists］、诺斯替主义者以及认为耶稣复活的身体和我们将会获得的身体并非全然具有物质性的人留下了余地。

保罗急需约翰助他一臂之力，而多马鼎力相助。毕竟对于那些认为多马不仅要求触摸耶稣的身体而且说到做到的《约翰福音》的读者来说，多马的故事毋庸置疑地证实了耶稣身体的物质性，耶稣复活的身体和立在十字架上的身体一模一样。人们不由自主地如此解读令人费解并留下了间隙的约翰文本：否认多马真的触碰了耶稣的身体即剥夺了基督教神学对抗异说的一条颠扑不破的证据。因此当德尔图良为了反驳马吉安 [Marcion]❶，以多马的故事作为最后且最关键的证据，来论证耶稣复活的身体具有实体性时，我们不会感到丝毫惊讶：

> 马吉安也倾向于相信他 [耶稣] 是个幻影，对他具有完整的身体这一真理视而不见。甚至他的门徒也不以为意，但是无可置疑的是，人们在山上看见他听见他，他品尝了葡萄酒（他之前还出现在加利利的婚礼上），被虔信的多马触摸。(《论灵魂》[On the Soul] 17.14＝CChr SL 2.806)

德尔图良对多马的另一处论述在内容上大同小异，言辞却更为苛刻：多马在听到或触碰到的情况下才肯相信

---

❶ 马吉安，又译马西昂（约公元 85—160 年），早期基督教神学家，是推进新约文本正典化的重要人物。

的一个例子（《论灵魂》50.5＝*CChr SL* 2.856），不同于抹大拉的马利亚这样一位虔信者，希望触碰耶稣是出于爱，而非好奇和怀疑（《驳帕克西亚》[*Against Praxeas*] 25.2＝*CChr SL* 2.1195-96）。圣希玻里也在《论复活》[*On the Resurrection*] 中讲述耶稣请多马触摸他，是为了让将信将疑的门徒们相信他的死后复活（《希腊残篇》[*Greek Fragments*] 7＝*GrChrSchr* 9.1.253）；虽然见于狄奥多勒[Theodoretus]著作中的圣希玻里残篇并没有明确说明多马触碰了耶稣，却并不怀疑他的确这么做了。值得注意的是，需要平息的并非多马的疑惑，而是其他门徒的疑虑，因而耶稣的邀约似乎是为了预先阻止诺斯替主义的各种异议。

就这一问题而言，令人意外的并非德尔图良和圣希玻里借多马的故事进行论辩，而在于他们并没有物尽其用。在这些段落之外，多马再没有出现在德尔图良和圣希玻里的著作中——甚至未曾出现在反诺斯替主义的著述之中，比如德尔图良的《驳马吉安》[*Against Marcion*] 和《论复活者》[*On the Resurrection of the Dead*]。德尔图良的《论基督的肉身》[*On Christ's Flesh*] 尤其如此：丝毫不论怀疑者多马的故事，哪怕这部作品完全是为论说耶稣复活身体的确切本质而作（多马的故事本可成为很好的论据）。而且，当德尔图良论证耶稣并非幻影的时候，他列举了耶稣的言行，却没有把耶稣让多马触摸他的情节包括进来（9.7＝*CChr SL* 2.892）。当他试图证明耶稣实体性的复活，并没有援引约翰的叙述而是引用《路加福音》（24：39）（5.9＝*CChr SL* 2.882）。事实上，德尔图良从未引用过《约翰福音》19：37之后的任何一个句子（24.4＝*CChr SL* 2.916）。爱任纽［Irenaeus］的策略和德尔图良如出一辙，在他写于公元三世纪早期的反诺斯替主义的论述《驳异端》［*Against Heresies*］中，他多次谈及复活的耶稣向门徒们展示钉子在他身上留下的伤痕，却从未指出多马就在门徒们中间，也没有说是否有人触碰了耶稣（5.7.1＝*SC* 153.84-88，5.31.2＝*SC* 153.392-96）。安条克的依纳爵［Ignatius of Antioch］在写于一个世纪之前的（假如并非伪作的话——这是可能的）《示每拿人书》［*Epistle to the Smyrnaeans*］中已经引用了耶稣请门徒们触碰他的邀约来证实耶稣并非没有身体的鬼魂，而是以肉身复活（3.1-3＝*SC* 10.156）；即使依纳爵声称耶稣的追随者因为触碰了他而相信，他的文本依据也可能是伪经文本（也可能是《路加》24：39），而非《约翰福音》第20章，而他也并未提及多马。

值得深思的是，反诺斯替主义的论辩者为何把怀疑者多马这个恰如其分的论据弃之不用。或许文本传播中的偶然限制了多马在文本中的出场，但这一原因不大可能成为决定性因素。相比于《约翰福音》，反诺斯替主义的作者们是否更喜欢其他福音书对耶稣复活的描写？假如确实如此，又是何故？他们是否质疑约翰的叙事？多马作为诺斯替主义圣人的身份是否限制了以他来反驳诺斯替主义的魄力？又或者，这是否出于诠释学上的顾虑，终究还是认为把约翰的叙述解读为多马真的触碰了耶稣不合实情？

无论如何，多马在反诺斯替主义的论战中进入基督教神学，这场论战强调基督身体的物质性，无论在天主教还是东正教对《新约》的解释中都至关紧要，贯穿整个古典时代晚期和中世纪。可是为何数个世纪之后，原作的语境依然深刻影响着解经者的著述？在马吉安和华伦提努〔Valentinus〕鼎盛之后一千年，诺斯替主义不再是正统信仰的危险宿敌。然而中世纪的基督教注释家依然抨击诺斯替主义、摩尼教、聂斯托利派〔Nestorians〕、阿利乌主义〔Arians〕、幻影派和唯信仰论〔Antinomians〕等等。不过他们的辩论越来越程式化，而且攻击的对象日益抽象。评注者对于复活身体的物质性一如既往的关注，不能以诺斯替主义的威胁一概而论；从历史的角度来看这不合情理（因为诺斯替主义并不持久），而且陷入了解释方法的循环（因为没能从根本上解释为何诺斯替主义异端能够激起强烈而持续的反击）。拜纳姆认为殉道者的磨难之所以重要，在于神学经久不息地关注伤残的、极为物质性的死去的身体和荣耀的、同样物质性的复活的身体之间的复杂关系；殉道和诺斯替主义一样短暂，无法解释紧迫的关切。

部分原因必然在于解释进程的传统性：尽管评注者不愿承认，他们不能只同他们评论的经典文本打交道，而且需要深切关注他们身处的解经传统。事实上，与更早的诠释学之间的对话往往优先于对文本本身的关注，至少从心理层面上看是如此。这一普遍趋势又因为晚古和中世纪基督教解经传统的中心地位愈发显著：关系着全知全能、唯一的、拯救的神的神学问题，其风险不容小觑——任何分歧，哪怕仅在于细枝末节，也可能导致深远而根本性的后果。即使能够妥协也是困难重重；天主教教会和东正教教会对《圣经》的垄断性解读只为教会的权威和权能服务。这种保守主义表征贯穿于这一传统的始终：具体体现在整个解经学的大厦都建立于重复之上，通过节选、评论、翻译如是等等，一个注释家复述另一个注释家的话，他们或是无名无姓，或是归于某人名下；最常见的是恭敬地援引无可置疑的权威和先驱，比如圣奥古斯丁和大格里高利。即使在中世纪盛期经院哲学时代，注释家的理性解读更多地也是为了解开多马触摸复活的身体所产生的哲学难题，而不是为了重新审视多马确实触摸了耶稣的身体这个传统解释的根本前提。因此托马斯·阿奎那对于约翰的权威评论虽然提出了多马根本没有真的触摸到耶稣的可能性，但这种可能性立即被压制下去，阿奎那转而引用大格里高利的权威定论，认为多马确实触碰了耶稣（《约翰福音注释》[The Gospel according to John], chap. 20, lectio 6.4＝Ed. IV Taurinensis, vol. 2, p. 502 ）。

但是假设这是制度上的限制，仍然是片面的，而且无法解释多马是否触摸到了耶稣这个具体的问题为何经久不衰。要理解这一点，我们必须转向另一个更为长久的内容上的因素。关键在于使哥林多人产生分歧的个人身份和具体个体的问题。纯粹哲学地看，我们很容易理解哥林多人以及后世评论者面临的来自诺斯替主义的诱惑：至少在柏拉图主义的传统中，神性和不朽与非物质性密切相关，正是这一传统（而非能够设想出物质性神明的伊壁鸠鲁主义和斯多葛学派）决定性地影响了早期及后来各个时代的基督教神学。对于在这一传统下成长的哲学家而言，物质性的神的概念本身就已自相矛盾：真正物质性的神根本不可称为神。身体的复活这一概念不仅于事无补，反而更加进退维谷。随之而来的问题不胜枚举：人的生殖器官和排泄器官变成了什么？复活发生在身体死去的哪个阶段？在死去时身体上的伤残或缺陷会变成什么？被动物们吃了的身体又如何？假如动物吃掉了人类的身体而它们后来又被人吃掉了，情况会怎样？在逻辑推演下，复活的肉体所产生的悖论立即令人眼花缭乱。

几个世纪以来，制度上和心理上的压力让哲学家们避免执着于逻辑连贯性。与此同时，大多数人无法将身体的问题抛之脑后。设想复活的自我脱离肉身的亲密维度，必然关系到尚未复活的自我此世的生活，而最丰富的想象也无能为力。如果复活不再是个体性的，又有何必要？什么样的个体性能够独立于时间、空间、物质和身体？我们所知的仅仅是这个世界上的具体生活；我们渴望复活的唯一原因就在于希望能够在更好的生活中获得永生，而不是全然颠覆此世的生活。假如复活之后不能再次拥抱亲爱的贝蒂姑妈，永生有什么意义呢？假如她右脸颊的那颗痣消失不见了，我又如何认出她呢？

耶稣知道，要让门徒们在他复活之后认出自己来，他身上必须带有受难时留在高贵躯体上的可怖伤口。中世纪的艺术家们总把复活的灵魂描绘为升华了的身体，并不只是因为视觉媒介的约束，也是为了让无法以其他方式想象灵魂的观看者感同身受——人们的想象力只可企及带有各自具体特征的真实的、更为完美的身体。八世纪拜占庭的偶像破坏（Iconoclasm）可以审查绘画，可是无论其如何变本加厉，都无法根除身体性。

奥利金［Origen］紧随圣希坡里和德尔图良。在他的著作中，我们可以看到新约批评受到的严格限制。❶

---

❶ 奥利金（约公元184—253年），基督教早期神学家，主张禁欲。

虽然论据支离破碎，奥利金对多马故事的几次探讨展现了两重不同的立场。一方面，奥利金本人相当清楚两种解释之间的矛盾，一是耶稣让多马看他手上的伤痕，二是强调耶稣能够穿过锁上的门（《论圣路加》[*On Siant Luke*]，《传道书》[*Homily*] 17.5＝*GrChrSchr* 49^2. 104f.＝ *SC* 87.257）；在明显矛盾的段落中，他得出的结论是，耶稣复活后"处于某种中间状态（ὡσπερεί ἐν μεθορίῳ τινὶ），处于受难前有密度的身体和脱离这一身体的灵魂之间"（《驳塞尔苏斯》[*Against Celsus*] 2.62）。在这些段落中，奥利金显然想要调解约翰叙述中的分歧，其代价在于否认耶稣的身体在受难之前与之后的物质性延续。另一方面，在其他章节中，奥利金把多马当作准确而严谨的仲裁，他并非不信其他门徒们告诉他的话，而是细心地确证这并非幻影（Fragments from Catenae 106＝*GrChrSchr* 11.4.561），从而证明耶稣复活的身体能够为人触摸（ἀντιτύπῳ：或者说，"真正身体的副本"或"与他曾经拥有的一模一样的身体"，《驳塞尔苏斯》2.61）。奥利金认为，假如反基督教的异教哲学家塞尔苏斯认为耶稣死后不再带着伤口继续真正地存在，只是一个带有伤口的影像（《驳塞尔苏斯》2.61），多马的故事恰恰证明了塞尔苏斯的谬误，他把复活的耶稣和其他幻影与幻象混为一谈（《驳塞尔苏斯》2.62）。奥利金在《约翰评注》[*Commentary on John*] 中讨论多马的段落已经失传；不过在更早的评注中，奥利金明确对比了抹大拉的马利亚和多马：抹大拉的马利亚无法荣耀地成为第一个触碰复活的耶稣的人，耶稣却邀请多马触摸他的身体（《约翰评注》13.30.180＝*SC* 222.132）。

两重立场并非不可调和。奥利金似乎认为耶稣复活之前与之后身体的延续性不仅在于其物质性，更是某种身体形式（εἶδος σωματικόν），足以经受多马的触碰而且能够穿过锁上的门。奥利金对矛盾的调和很容易被解读为两种极端的可能性，或是说耶稣复活前后的身体完全不同（因而复活后的身体并非全然的物质性身体），或是认为耶稣复活后的身体具有完全的物质性（因而与复活前的身体别无二致）。在相互抵触的观点之间动摇不定，这正是奥利金对于伪经新约文本中关于多马的诺斯替式的传说的态度：奥利金在某处似乎认可了，因为他从词源上解释多马的名字"双生子"，说他就像耶稣，多马也为他的门徒写下了秘密的教诲，和外人就只说比喻（Fragments from Catenae 106＝*GrChrSchr* 11.4.562）；可是在另一处，他虽然承认他知道《多马福音》，却直言不讳地斥责所有的伪经文本，声称信仰必须建立于教会认同的四部正典福音（《论圣路加》，《传道书》1.2＝*GrChrSchr* 49².32＝*SC* 87.100）。

无论这一显著差别能否解释为奥利金思想的发展、他对论敌的回应或自己的反思，再或者源于人与神的身份概

138

念中固有的张力，他都试图把对耶稣复活的身体的质疑与对多马触摸这一身体的确信结合起来，然而他的努力腹背受敌，因为他想要调解的是某种近乎诺斯替主义的立场与被确立为基督教正统的立场——为此他退到了正统的界限之外。奥利金坚定的辩护者凯撒里亚的潘菲鲁斯［Pamphilus of Caesarea］全力支持奥利金（尽管证据不利），他认为奥利金一向坚称耶稣的身体是物质性的，并且复活之前与复活之后始终如一（《为奥利金辩护》［*In Defense of Origen*］，*PG* 17.585B，587B，595B，C），然而他的辩解徒劳无功。奥利金的激烈反对者奥林匹斯的麦托丢［Methodius of Olympus］以同样的热忱坚称唯有完全的物质连贯性才可保证个人身份的连续，他认为奥利金没有意识到这一点，为自己招来了诺斯替主义的指控，而且多马的故事证明了耶稣复活的身体的物质性（《论复活》1.26.1＝*GrChrSchr* 27.253；3.12.5-7＝*GrChrSchr* 27.408-9）。反奥利金主义论著《阿达曼提乌斯》［*Adamantius*］❶也引用了这个段落，证明耶稣具有肉身（De la Rue 4.851d，Caspari 5.3＝*GrChrSchr* 4.178-79）。

最后，麦托丢的阵营大获全胜。奥利金受到了长达几个世纪的抨击，终于在 533 年查士丁尼一世统领下的君士

---

❶ 奥利金全名为 Origenes Adamantius。

坦丁堡会议被斥为异端。奥利金之后的中世纪，多马真的触到了耶稣伤口的想法再也没有得到严肃的讨论。几百年来，对奥利金的谴责多多少少定义了基督教正统——坚信多马确实触碰了耶稣。

在古典时代晚期和中世纪的整个基督教解经传统里，多马也许并没有触摸耶稣的假想曾四次短暂地浮出水面，却都很快灰飞烟灭。

首先，奥古斯丁在他的多部著作包括无数的经注、辩论文章、有关教义的文本、布道和信件中讨论过这个故事。唯一一次质疑多马曾触摸耶稣是在《论约翰》[Treatise on John]（121.5），他注意到耶稣并没有说"你因摸了我才信？"，而是"你因看见了我才信？"（《约翰》20∶29）。奥古斯丁解决这一难题的方式是把看当作各种感知的统称；可是他继续说道："也许有人说这位门徒不敢触碰耶稣，虽然那人[耶稣]请他这么做：因为并没有写'多马摸了他'。无论是否只通过看，或者同样也通过触摸，多马都是看见了才相信……"（CChr SL 36.667-68）稍加改动，奥古斯丁的这一论述出现在了曾经归为斯特拉博[Walahfrid Strabo]（PL 114.424）的《通用注释》[Glossa ordinaria]里。奥古斯丁提到多马并没有真的触到耶稣仅是一种可能性，他一带而过，未加展开也未加驳斥，漠不关心地在同一个句子里急不可耐地谈起了另一个问题。

其次是十二世纪神学家优西米乌［Euthymius Zigabenus］，他在对《约翰福音》的评注中这样解释《约翰》20：28，"当他［多马］看见他［耶稣］手上钉子的凿痕和刺穿的肋旁，他马上就相信了，无须再去触摸"。然后他立刻纠正说："可是人们说多马在触摸了他之后呼喊道：'我的主，我的神！'"（*PG* 129.1489A）几行之后，他又问耶稣复活的身体如何能够被人触摸，并回答说事情发生于超自然的状态之下，是神的旨意（ὑπερφυῶς τε καὶ οἰκονομικῶς, 1489C）。优西米乌说，解读者莫衷一是，但是并没有具体点明哪些人认为多马没有触摸耶稣。而从整体上看，他自己的解读极力表明他相信多马确实触到了耶稣。

再次，十三世纪德国神学家、哲学家大阿尔伯特在他对《约翰福音》20：27-31 的注释中煞费苦心地探究耶稣复活的身体究竟在何种意义上可以感知并永垂不朽，毕竟他穿过了上锁的门，展示了伤口，还给多马触摸。在最后，他回到了奥古斯丁提出的同一问题，即文本 20：29 只提到了看。"但是注意他所说的'你因看见了我'。他没有说'你因摸了我'，正因如此，有人说虽然耶稣让多马摸他的手和肋旁，他出于敬畏没有这么做。奥古斯丁也这么说，虽然心存怀疑。真相如何仍未可知，人们仍可以虔敬地相信多马触碰了主，这是基督复活的更重要的证据。"（《论约翰福音》[*On the Gospel of John*], chap. 20. 28-31＝vol. 24, p. 695 Borgnet）这里同样保留了某些不具名的解释者认为多马没有触摸耶稣的可能性，但是终究把它贬为不够虔诚的另一种可能。

最后，在托马斯·阿奎那对《约翰福音》的注解中，他和许多前辈面临着同样的问题。像大阿尔伯特一样，奥古斯丁式的问题和奥古斯丁式的解决之道再次登场，不过阿奎那独辟蹊径："然而还有一个怀疑的原因，因为当多马说'我非看见和触摸'的时候，上帝同时应允了二者，即触摸和看见；因此他应该要说，'因你看见了摸到了，你才相信'。应该说，根据奥古斯丁的说法，我们用视觉来代表一切知觉……或者说，在看到伤口和伤疤的时候，多马内心困惑，但是不必把指头探进伤口就信了，而且说'我的主，我的神'；尽管如此，大格里高利认为多马确实触摸了，看见了，并宣告了信仰。"（《约翰福音注释》，chap. 20, lectio 6.4＝Ed. IV Taurinensis, vol. 2, p. 502）阿奎那倾向于用奥古斯丁的解答解决困局；如前所见，他一时间发现了另一种可能，即多马没有触到耶稣——可是这种可能性转瞬即逝：片刻之后，大格里高利的权威介入进来，把他带回正统解经的传统。

仅此而已。一千多年来关于《约翰福音》第 20 章的细致入微、热切虔诚的解读之中，唯有两位解读者在顷刻间意识到了这一点——多马可能没有真的触碰到耶稣：一位拉丁学者奥古斯丁（另有几位步其后尘的作者）；一位希腊学者优西米乌（似乎没有了后继者）。

传统的力量一往无前。

盛行于西方中世纪教会和东正教的关于《约翰福音》第20章的解读之间，强调的重点有着细微而显著的差别。尽管如此，从整体上看，古典时代晚期和中世纪的基督教解经传统对多马故事的解读由五种基本的诠释策略构成。

1. 去语境化 [Detextualization]。约翰的叙述不再作为某个人的作品呈现给读者，而是一扇透明的窗，透过它来了解上帝的旨意并影响世界。文本解释所传达的往往是对于文本所指的事件的分析。我们所见的作为作者的约翰构建文本的意图以及为读者设定的特定修辞效果，反而被当作上帝的旨意 [God's economy]，上帝安排调度一系列真实事件从而影响基督徒的所作所为。因此，多马为何缺席耶稣的第一次显现常常以神圣的旨意作为回答：上帝务必要让多马在第一次显现时缺席，好让耶稣再次返回，消除多马的疑虑并教导所有人（比如屈梭多模 [John Chrysostom]，*PG* 59.681-62 和大格里高利，《传道书》26 [=*PL* 76.1201C]）。上帝是世界之书的作者，福音书是真实的，因为它如实地倒映着世界之书。

2．回溯［Retrojection］。解读者所处的时代所关心的问题被投射到过往的文本讲述的事件，作为终极的、无所不知的神圣作者预言意图的一部分，解释者对过去的表述与现在、未来息息相关。可以说多马质疑的并非复活本身，而是复活的真正实质，他像基督教神学家一样意图澄清本质（比如安波罗修［Ambrose］, *CSEL* 32［IV］.519-20 和诺拉的保林［Paulinus of Nola］, *Epistle* 31.6［＝*CSEL* 29.275.3-6］）。神圣的旨意让多马质疑，他先发制人，在一开始就说服将来的怀疑者并且根除一切异议：这样的例子浩如烟海，特别参见尼撒的贵格利［Gregory of Nyssa］（*PG* 46.633），亚历山大的区利罗［Cyril of Alexandria］（*PG* 74.724A），亚历山大的阿莫尼阿斯［Ammonius of Alexandria］（*PG* 85.1520B），诺拉的保林（*Poem* 27［＝*CSEL* 30.262-91，特别是 416-24］），金口伯多禄［Petrus Chrysologus of Ravenna］（*Sermon* 84［＝*PL* 52.439A-B］），以及阿斯蒂的布鲁诺［Bruno of Asti］（*PL* 165.596A-B）。总体而言，作为诺斯替圣人的多马被教会重新解读为正统对抗任何异端的胜利者，而且所有的异端都被重新解读为不同形式的诺斯替主义，即否定耶稣身体的物质性和物质性的宇宙获得拯救的可能。多马不仅从诺斯替主义的魔爪中幸存，而且皈依正统，在教会与诺斯替主义的对决中大获全胜。

3. 错置 [Displacement]。现在把关注点从基础文本转移到次要的、独立于文本的更广泛的信念。解释者确信耶稣复活的身体与十字架上的身体是一样的，他们并不关心多马是否触到了耶稣的身体，理所当然地认为必然如此，他们关注拥有物质性身体的耶稣如何能够奇迹般的穿过上锁的门：故事转而成为典型的密闭房间里的神秘故事。中心问题在于耶稣身体的属性与本质，这类解读者包括奥利金（*GrChrSchr* 49.104），伊彼法尼 [Epiphanius]（*GrChrSchr* 25.111-12），屈梭多模（《传道书》87＝*PG* 59.474），君士坦丁堡的普罗克吕斯 [Proclus of Constantinople]（*PG* 65.684A），亚历山大的区利罗（*PG* 74.725A），大马士革的约翰 [John of Damascus]（*PG* 94.1189C，1220-28），波提亚的依拉略 [Hilary of Poitiers]（*PL* 10.87B-88A），以及奥古斯丁（*Sermon* 247＝*PL* 38.1157）。耶稣完美的、复活的身体为何留有生前的伤口？复活的耶稣依然伤痕累累，身上带着的只是伤痕的影像，还是有其他解释？当他们关注这些问题的时候，便重演了多马对耶稣身体的执迷不悟——这是约翰暗示并极力反对的。

4. 消除歧义 [Disambiguation]。约翰呈现的多马的态度与性格的多义性是传统所难以容忍的。因此多马以各种方式被简化。多马要么完美无瑕，是我们终其一生的楷模（比如奥利金，*GrChrSchr* 10.561-62；安波罗修，*PL*

15.1593C-94A；伪奥古斯丁，*Sermon* 161＝*PL* 39.2063；约翰·卡西安［John Cassian］，*CSEL* 17.280-81），要么就十恶不赦，我们必须不惜一切代价而避免成为他（比如屈梭多模，《传道书》87＝*PG* 59.473-74）。至于多马的不信，大多数解释者并不认为文本能够证实他不信（少有的例外包括奥古斯丁著作中的多个文段，阿斯忒里俄斯［Asterius］,《传道书》20［＝*Homily* 1 on Psalm 11］）。他们不认为多马不虔信，部分原因或许在于多马最后宣告了他的信仰，又或许在于"耶稣的一位门徒可能并不信他"这样的想法令人如坐针毡；他们以约翰文本中密切相关却更无歧义的概念替换了模棱两可的概念。因此，多马的相信被认为是迟疑的，或者是小心翼翼、充满好奇的，他或者是一个探索者，或内心哀恸，或无比热切，又或者只是愚笨罢了（迟疑地相信：圣良一世［Leo the Great］, *Sermon* 73.1＝*PL* 54.394C-D，比德［the Venerable Bede］, *CChr SL* 120.67，大阿尔伯特,《论约翰福音》, chap. 20［＝vol. 24, p. 689 Borgnet］; 小心翼翼：亚历山大的区利罗，*PG* 75.564A-B；好奇：亚历山大的阿莫尼阿斯，*PG* 85.1520B；探索者：伪奥古斯丁，*Sermon* 161.4 ＝*PL* 39.2063，伯多禄，*Sermon* 84＝*PL* 52.439A；哀恸：阿莫尼阿斯，*PG* 85.1520B，亚历山大的区利罗，*PG* 74.721D；热切：塞琉西亚的巴西流［Basil of Seleucia］,

PG 28.1084C，屈梭多模，《传道书》87＝*PG* 59.473，布雷西亚的高登提乌斯 [Gaudentius of Brescia]，*Sermon* 18＝*PL* 20.961B；愚笨：屈梭多模，《传道书》87＝*PG* 59.473，狄奥菲拉托 [Theophylactus]，*PG* 124.300C，约翰·卡西安，*CSEL* 17.280，哈伯斯塔特的海默 [Haimo of Halberstadt]，*PL* 118.494D）。

但在绝大多数情况下，传统尽力救赎多马。他不也是耶稣亲自拣选的一位门徒吗？约翰极力减小或者抹除多马与其他门徒之间的差距：多马回到了大多数人或者说其他所有人所处的境况；多马为了他们铤而走险，或者说同他们一起采取行动（安卡拉的狄奥多图斯 [Theodotus of Ancyra]，《传道书》4＝*PG* 77.1411A；阿莫尼阿斯，*PG* 85.1520B；诺拉的保林，*Epistle* 31.6＝*CSEL* 29.274-75）。突显神圣旨意同样缓解了多马的疑虑带来的冒犯；假如上帝在一开始就打算通过这个插曲启迪人心，多马又有何过错呢？

5．神秘化 [Mystification]。尽管解释者不遗余力地想让文本浅白易懂，他们的终极目标却是突出智性的限度以及面对上帝的奇迹时人类理性的无能为力。穿过上锁的门这一奇迹如同耶稣复活的奇迹，同样超越人类的理解力——这正是怀疑者多马这一故事的重点。与诺斯替主义强调知识和秘传拯救的教义不同，正统解经在多马身上发现了证据，教导我们不应竭力试图去理解，而是应该在无法理解的情况下依旧心怀虔诚（比如伪屈梭多模，*PG* 59.684；波提亚的依拉略，*PL* 10.88B；圣伯拉修的沃纳 [Werner of St. Blasius]，*PL* 157.936C-D）。德尔图良的至理名言，"因为不可能所以确定无疑"，以简化、去语境化也因而更为极端的形式，成为对于教会立场最为精练的表述。在坚持不懈的努力之后，即使奥古斯丁也在这样的语境中宣称"理性溃败之处即信仰建立之处"（"Ubi defecerit ratio, ibi est fidei aedificatio", *Sermon* 247=*PL* 38.1157）。几个世纪以来，基督教学者试图让个人的理性批判能力适可而止，并且不要追求推出最终的逻辑结论，而是将之献祭于制度性的群体信仰的神坛。

多马是否曾经做了同样的事呢？

在宗教改革中，对怀疑者多马这一故事进行不同解释第一次成为可能。路德的德国追随者，比如约翰·伯格哈根 [Johann Bugenhagen]（*Ungedruckte Predigten*, p. 324），要么全然否认多马确实触碰了耶稣，要么坚守传统，把多马触摸耶稣的举动当作隐喻或比喻；加尔文（《约翰福音评注》[*Commentaries on the Gospel of John*], pp. 370-71）以及包括萨斯利乌斯 [Erasmus Sarcerius]（《节日福音布道》[*Holiday Postilla on the Gospels*], pp. 20-24）在内的后继者都认为，多马要求触摸耶稣才肯相信，说明他对基于知识的、经验的信仰和真正的宗教信仰之间的差异一无所知。十六世纪中期的新教解释者沃尔夫冈·马斯勒[Wolfgang Musculus]谴责多马把感官的证据置于上帝之言之上,好比把撒旦置于上帝之上,最后指责多马是教皇主义[Popery](《约翰福音评注》, pp. 957-58, observation 3)。从各方面看,十三个世纪以来牢不可破、一意孤行的传统解经学似乎遭受了质疑——正如宗教改革派决意直接阅读约翰的文本,不再从浩如烟海、满腹经纶却与《约翰福音》若即若离的解经著作入手。

当然切不可掉以轻心。"宗教改革派"的统称具有误导性,因为它暗指了更大程度上教义的统一性,实际上其中存在千差万别的甚至针锋相对的人物;宗教改革派的影响在一个世纪甚至更晚之后才开花结果,比如虔敬主义[Pietism]。新教改革者对于怀疑者多马的解读确实比同代人独具慧眼——相反,天主教人文主义者,比如伊拉斯谟,在《约翰福音释义》[*Paraphrase of the Gospel of John*](ad xx.28 = *Opera Omnia* 7.645B, D)中对这个故事的见解就颇为传统,而且针对斯图尼卡[Stunica]对他出版的第一版《新约》的批评(*Opera Omnia* IX. 2, p.126 ed.de Jonge),他在回应中坚持认为多马确实触摸了耶稣,以千年之前奥古斯丁的解读来解释耶稣的话:"你因见了我才信?"

其次,更重要的是,北欧新教徒的倾向也是事出有因、源远流长：正如改革派从中世纪后期神学的某些并非主流的意向中继承了"独尊圣经"［the Bible alone］的原则，他们对于怀疑者多马的诠释也并无创见，某种程度上可以从为数不多的古典晚期和中世纪对多马的隐喻式解读中寻踪觅迹。四世纪的安波罗修把多马用手指触摸耶稣的身体比作我们打开重生之门（*PL* 15.1593C-D，1594A）。十二世纪的阿德蒙的哥特弗雷德［Gottfried of Admont］以寓言式的手法条分缕析，把多马要求触碰耶稣的手类比为正确理解耶稣的戒律的渴望，把多马要求把手探入耶稣的肋旁类比为多马想在教会中一显身手的愿望，把多马要求把手指伸到钉痕里类比为他想要正确辨别耶稣和他自己的努力（*PL* 174.314B-D）。宗教改革前派与宗教改革派的寓言判然有别：前者把多马触碰耶稣当作历史中的事实，援引神圣旨意的信条为真实的事件赋予象征意义，以之作为上帝的意图；后者则质疑其历史真实性，为之赋予纯粹的灵性的意义。对于宗教改革派而言，隐喻与其说为文字提供支持，不如说是取而代之。

宗教改革派倾向于不再看重甚至不再质疑多马的言行是否真实，这是他们所持根本立场的直接结果。

首先，宗教改革派重新关注《圣经》，将它作为唯一正统的信仰，因此他们严格区分唯一权威的《新约》和其他一切非正典的文本。路德在某处对多马的讨论开篇就断然地把《新约》之外一切记述多马的文本排除在外，说它们是"臭名昭著的谎言"（"erstuncken und erlogen"：《圣多马日福音》[The Gospel on Saint Thomas's Day] ＝ Werke 17. II, p. 289）；梅兰希顿 [Melanchthon] 有过之而无不及，他说："我们必须依靠[包含在《圣经》中的]许诺，哪怕在电闪雷鸣中，新的声音从天堂降临，一如曾经降临于西奈山。"（《约翰福音经解》[Interpretation of the Gospel of John], chap. 20＝Corpus Reformatorum 15.433）归根结底，摆脱了多马扮演着各种重要角色并且笼罩着中世纪文本解释的各类《伪经》，约翰的文本仍然是读者了解这一门徒的唯一文本来源。

其次，改革派对于《约翰福音》之外的文本的漫不经心不仅波及古代的《伪经》，而且延及建立在少量基础文本之上的大量解释性评论。改革派想要打破天主教解释传统和教会的垄断性诠释这一迫切愿望无所不在。梅兰希顿轻蔑地提起这个由来已久的问题，亦即耶稣复活的身体和伤痕的本质，唯一的目的就是立即把它贬为经院哲学的吹毛求疵（《约翰福音经解》, chap. 20＝Corpus Reformatorum 15.431）。宗教改革派似乎认为，倘若上帝通过《圣经》与凡人对话，上帝理应直截了当，无须人类社会制度作为中介。

再次，把文本作为唯一适当的信仰基础，这一强烈倾向着重强调《新约》引用的耶稣之言，不再依赖于文本记载的耶稣所行的神迹，而是把耶稣的话作为唯一可靠的神圣意图的呈现。改革派认为，为了理解耶稣希望我们领会的事，耶稣的言辞比他的举止更加无可非议，耶稣之外其他人的举止就无足轻重了。因此路德把耶稣的话"那没有看见就信的有福了"（20：29）解释为"门徒们不肯相信公之于众的迹象，那没有看见，只信耶稣之言的人有福了"（《圣多马日福音》= Werke 17. II, p. 289）。清教改革派在解读多马的故事时更关心的是耶稣之言，而非多马之所为；多马是否真的触到耶稣已经无关紧要。

最后，改革派独尊信仰，将信仰作为救赎的唯一源泉，不再强调人的努力，这让他们在解读多马的故事时不再关心多马的所作所为和未行之事，而是聚焦于耶稣的所作所为和他未行之事。在他们看来，假如多马在触摸耶稣后才真正获得信仰，这过分纵容了他身而为人、作为门徒的自主和权力：如果他确实获得了拯救，那不是因为他的言行，而在于他的信仰，信仰来自耶稣而非他自身。根据路德的说法，耶稣把他的手脚给门徒们看，"特别是亲爱的多马"，借以表达唯独耶稣而非其他人的努力才是获得救赎的原因（《圣多马日福音》= Werke 17. II, p. 294, cf. 291）；梅兰希顿认为，耶稣邀请多马的举动避免了多马的轻举妄动（《约翰福音经解》, chap. 20 = Corpus Reformatorum 15.432）。清教解释者心心念念的是耶稣而非多马。

就怀疑者多马的故事而言,改革派在基督教解释史中的止步不前,我们不应言过其实。即便路德也在一两个段落中承认多马和耶稣之间真正的身体接触(*Sermon on 12 April 1523*=Werke 10. I. 2, p. 229; *Sermons of the Year 1540, Nr, 26 [4 April]* =Werke 49, p. 159),他的后继者,比如沃尔夫冈·马斯勒(《约翰福音评注》,p. 957)和斯潘根伯格 [Johannes Spangenberg](《德语布道》[*German Postilla*], p. 10r)同样如此。考虑到传统的力量,这样的发展轨迹并不出人意料;出乎意料的是改革派竟然有意于质疑多马触到了耶稣这一延续千年的观念。这是自德尔图良以来解经传统中首屈一指的创见。

正如天主教反改革派和清教改革派在诸多关键领域的论战,前者对于后者质疑《约翰福音》第 20 章的解释的激烈回应与论辩亦在情理之中。十六世纪后期与十七世纪初期的反改革派对多马的确触碰了耶稣的坚信不亚于宗教改革之前的前辈,而且他们似乎更加斩钉截铁。但是反改革派面临着前所未有的境遇,他们不得不明确承认,有人认为多马并没有摸到耶稣,他们无法像前人那样视而不见,而是需要寻找证据确证多马的所作所为。路德开启的改革潮流在所难免地影响了他的对手;无论他们信仰为何,解释者再也无法翻来覆去地重述传统观点,而是需要尽可能地提出新的论点，退而求其次的话也要大张声势。新的论点应运而生，而且传统的论证和论证的传统性也前所未见地更具有方法论意识和论辩的条理。

西班牙解经家托莱多的阿方索·萨梅隆［Alfonso Salmerón］就是绝佳的例子，他于 1604 年（大约是卡拉瓦乔绘出广受赞誉的《怀疑者多马》之后三年）出版了《新约》评注。萨梅隆先引用多马的话，"我的主，我的神"，然后解释道：

> 这像是多马在触摸了耶稣之后说的话。文本并没有明说多马是否摸了耶稣，有些人因此心怀疑虑，犹他米［Euthymius］就主张多马看见了耶稣显现和他的伤口，因为敬畏没有拿手去摸，但是更可能也更切合实际的是，他确实触碰了耶稣。其一，耶稣对他说，"你因看见了我才信"，这是因为视觉最为完美、精确，"看"通常可以理解为所有感官的感知，因此任何感官所感知到的一切事物，甚至理性的理解，都可以比喻性地用看来表达……其二，耶稣的爱徒［《约翰一书》1］也证实了这一见解……其三，多马的手指被人作为圣物保存起来，在耶路撒冷的圣十字圣殿供人瞻仰：因此多马触摸了耶稣，否则没有理由把他的手指而非其他人的手指保存下来……其四，多位教

父明确证明（随后是一长串权威的名单，包括亚他那修［Athanasius］、萨拉米斯的爱比法［Epihanius］、狄奥菲拉托、安波罗修、奥古斯丁、圣良一世、托马斯·阿奎那和大阿尔伯特）。其五，逻辑可以自证：当耶稣命多马"伸出你的指头来"，多马很可能听从了；而且耶稣让多马调动各种感官与他相认；此外是为了不让多马后悔没有伸手触摸，不让多马说出这样的话："假如我摸了就好了，也许我会发现不寻常的地方"；归根结底，多马是为了我们才触碰耶稣，他的迟疑用心良苦。(《约翰福音评注》, vol. 11, treatise 27, p. 216)

萨梅隆采用的是当时最新式的解经手法，即十六世纪西班牙多明我会神学家梅尔希奥·卡诺［Melchor Cano］的神学论证法［loci theologici, theological modes of argument］，不遗余力地协调他的解释与传统权威，后者包括《圣经》、教父、近来的神学家以及逻辑推理。尽管如此，他提出的解释仍然独树一帜。大量论证的积累看似随意，实则为达到修辞效果而千思万虑，以不可胜数而且无可辩驳的证据平息质疑者的声音。同样，我们可以从另一个角度看待萨梅隆繁复的论证，将其看作他焦虑的表征——并不存在单独且关键性的论述能够一劳永逸地终结这个话题：勉为其难地提出二十种论证也要比承认根本就不存在合情合理的论述更好。萨梅隆的第一个论述可以一直追溯到奥古斯丁对于耶稣为何只提及看做出的解释；第二个论证把《约翰一书》开篇几句话特意误读为多马在耶稣复活后听见、看见、摸过耶稣，而不是理解为发生在耶稣生前；第三个论证诉诸多马手指的圣物（后文我们还会讨论这一点），显然这至多只能说明人们曾经相信这只手指触碰过耶稣，而非门徒能够触摸耶稣；第四个论证将最著名的传统解释集中起来，却未能证明他们是正确的一方；第五个证明则是列举其他新论点，但认为它们吹毛求疵、细枝末节。

其他十六、十七世纪的天主教解经家也并无建树，无论他们试图提出新见还是墨守成规。其中一些人，像福朗西斯科·托莱多［Francisco de Toledo］（*Commentaries*, vol. 2, chap. 20, annotation 27, p. 363D-E）和胡安·马尔多纳多［Juan Maldonado］（*Commentaries*, vol. 2, p. 1120），仅仅列举出认为多马触摸了耶稣的教父。另一些人试图独辟蹊径。福朗西斯科·里贝拉［Francisco de Ribera］坦率地指出，耶稣让多马把手指探进伤口，约翰本应继续他的讲述，告诉我们多马是否照耶稣的话做了（*Commentaries*, p. 504）。此外，加耶塔诺·坡台斯塔［Cajetanus Potesta］说，有人开始接受托马斯·阿奎那提出的可能性，即多马为耶稣之言感到困惑，战战兢兢，不敢触碰他。但是他提出了一个奇特的折中方法，接着又说，耶稣在那一刻抓住了多马的手，探向他的肋旁，让多马摸他的伤口。(《福音历史》[*Gospel History*], vol. 2, chap. 92, verse 28, 3912, p. 597)

同时代的天主教布道时不时欣然唤起耶稣伤口的伤痛意象，提醒听道者多马已经证实了伤口的真实性。布道者调动听道者的感官，让他们对耶稣的深切苦难感同身受，因而不再自满，感受到自身的罪恶，改过自新。

意大利北部反改革派的领袖圣嘉禄·鲍荣茂[San Carlo Borromeo]于1584年3月23日（卡拉瓦乔时年约十一岁）在米兰大教堂关于耶稣受难的布道中，侃侃而谈，教导听众仔细阅读，不仅是阅读文本，而且还要阅读：

> 基督浮肿的身体，那些伤口，肉身的创伤……你们知道如何读吗？我们必须要在自己身上感受主曾经忍受的折磨；钉子刺穿我们的手脚，伤口和创痛在我们身上重现；我们也经受着鞭打，也被人吐口水。听使徒的话，他教我们如何阅读写在这本书之外的语言："让耶稣基督的心灵与你们同在（Phil. 2：5）；上帝的子民呀，去感受它，不只凭借一两种感官，而是以全部的身心，用你们的眼睛、以你们的爱注视瘀青的肉身和伤口；用你们的耳朵听那些嘲讽、侮辱和亵

渎，那些对神圣荣耀和威严的凌辱，这给基督带来了比鞭打更深的伤痕；嗅一嗅主受难的十字架上散发的尸臭，他所忍受的无尽痛苦：尝一尝这苦胆，酸涩的酒混合着醋和香膏；让我们四肢也感受到上帝之子历经的磨难。啊，知道如何以这种方式读这本书的人有福了！"（*Homélies et discours* 350-51）

圣嘉禄·鲍荣茂通过巧妙的心理控制和感情充沛的视觉性描述调动每一种感官，让听道者身临其境地感受耶稣经受的切肤之痛。视觉化只是其中一个因素，却至关重要，在对各种感官的铺陈中，对触觉这一最为基本且最令人不安的知觉的展示登峰造极。触觉成为一种修辞，不仅意味着与神圣的躯体接触，也意味着救赎的穿透：

> 这些伤口其实也是入口：如果我们愿意阅读它们的话，主希望我们通过它们进入他。难道你不记得在耶稣复活后，他的身上依然伤痕累累。主向门徒们显现，特地对多马说："伸过你的指头来，看我的手；伸出你的手来，探入我的肋旁。"（《约翰》20·27）直至今日，主依然邀我们这么做，因为他希望我们进到他的伤口里去，阅读写在伤口里的话。基督徒们，假如你们伸出你们的手，你们会在那里发现什么样的

教导啊!

把你们的手伸进伤口,你们会理解灵魂的价值……基督徒们,把你们的手探入肋旁,你们会理解上帝多么惧怕不知节制的肉体、贪婪、虚荣、骄傲、不洁……把你们的手探入肋旁,你们会明白美德的美好。(*Homélies et discours* 352-53)

只有把贯穿其中的物质性、感性和激情集中于想象中耶稣伤口的意象与多马的触摸,这一惊世骇俗的段落才会高潮迭起。神圣的现实要求听众们深信不疑。在这神圣的布道中,没有什么比质疑多马是否真的触摸过耶稣的身体对整个修辞效果更具毁灭性了。

于是,至十七世纪初,不仅在欧洲的版图上基督教分裂为两个敌对的阵营,对《约翰福音》第20章的解读同样一分为二,怀疑多马触摸过耶稣的人和对此坚信不疑的人势不两立。从解经难题上的细微差别,我们看见了历史重大变革的深重阴影。

图像版本：圣像中的多马

我们已经探讨了两类互补文本中的怀疑者多马：首先，具体的约翰叙事日益衰落，后来的叙述者转而对叙述的事件兴趣盎然，为之添枝加叶，让故事更加入情入理；其次，对约翰叙事的语言解读日积月累，越发引人入胜并自成一体，形成了具体而微、包罗万象的解经学。无论如何，对于界定和传播充满着创造力、世代相传而根深蒂固的传统，文字不可或缺。

我对于逻各斯中心主义［logocentric］的关注并非不合时宜。怀疑者多马的故事之所以以语言文字的形式流传，部分原因就在于故事内容本身就口耳相传。从马利亚最开始郁郁不乐、满面愁容的惊呼到耶稣对多马以及今后的信仰者的重要论断，《约翰福音》的这一章正是一系列戏剧化、异乎寻常的个人的口头表达——《约翰福音》第20章的31节包含了18处直接引语（20∶2 马利亚；13 天使；

13马利亚；15耶稣；15马利亚；16耶稣；16马利亚；17耶稣；18马利亚；19耶稣；21耶稣；22-23耶稣；25门徒；25多马；26耶稣；27耶稣；28多马；29耶稣）。第30节和31节两次谈及文本的书面形式，为故事收尾（很可能是《约翰福音》本来的结尾）："耶稣在门徒面前，另外行了许多神迹，没有记在这书上。但记这些事，要叫你们信耶稣是基督。"就此而论，这不就是《约翰福音》开篇第一句话，"太初有言"[In the beginning was the Word]（1∶1）吗？❶

当我们读到开篇这句话，我们会想到什么"言"呢？末尾的句子点明《约翰福音》编写成书的书面形式，但这只是一个极端的比喻，让我们想象篇首所言之道可以是任何书写形式。基督教显然从犹太教那里沿袭了对《圣经》的尊崇，将此作为万变不离其宗的信仰制度的核心，这也是福音书以书面形式自我呈现的一个重要方面（当然也要回溯到口传叙事）。直至新教改革之后，信众独自阅读《圣经》并依据各自的阅读经验奠定自己的信仰，某些基督教教派中，个人的能力预设了阅读《圣经》的核心地位，正如犹太教推崇《希伯来圣经》一样。然而从十六世纪直到

---

❶ 和合本译为"太初有道"，因为此处所论的是故事流传的形式，或口传或以文字流传，故根据字面的含义改为"太初有言"。

十九世纪,其实大多基督徒胸无点墨,时至今日许多人依然如故。把未受教育的人排除在基督教信仰之外不仅蛮横霸道,也与耶稣的普世价值相抵触。所以说基督教的历史也是调解关于拯救的文本讯息与众多目不识丁的信徒这二者之间的策略的历史。

既然许多基督徒无法阅读,解经传统就不足以解释为何虽有《约翰福音》为证,许多人仍然相信多马确实把手指伸到了耶稣的伤口中。直到近几个世纪,识字率仍然未覆盖欧洲,许多人并不直接阅读《约翰福音》文本,更不用说错综复杂的评注了。其实,神父或牧师通过布道把作为语言文本的《圣经》传达给他们,依据的是得到教会解经传统肯定的权威解释。少数研读《新约》文本的信徒中,大部分人必然会发现约翰的叙事令人费解,可以想见,有教会的权威可以依靠会让许多人如释重负。假如教父和当地牧师异口同声地告诉人们多马摸到了耶稣,约翰的文本与这种说法又不公然相互矛盾,有谁会质疑呢?

因此独立的文本只有在更大的口传的语境中才能为社会所知。在讨论、解释、详述、阐发之后,《圣经》文本成为众说纷纭之时的终极参考,基督教信仰从中兴盛。

如果仅从口传和识字的角度来看待人们对约翰叙事的接受,就忽略了一个相当关键的文化现实:基督教历史的大部分历程中，众多基督徒接触《圣经》文本，无论是书面还是口传形式，都以视觉再现为中介。教堂墙壁上的马赛克和壁画就像神圣的手稿中的小画像，不仅仅是装饰，至关重要的目的在于沟通：把《圣经》展现给信徒，把基本的故事梗概传达给对此知之甚少的人们，让了解《圣经》故事的人回忆起故事情节，向深谙此道的人呈现图像中隐含的具体教义和含义。主日布道[Sunday sermon]时，神父不仅引用《圣经》段落，还把马赛克和墙上的壁画指给信徒们看，这可以看成是语言与视觉进行重要互动的实证。或者某位信徒认出了《圣经》中人物的名字，想起他们的故事；能识一些字的人向不如他们的同伴解读图像边的解释性文字；父母问他们的孩子能读懂多少，孩子们就解释给父母听。中世纪的教堂不只是带插图的手抄本《圣经》作为建筑形式的充分呈现，教堂也是符号化世界的具体表现，每一位基督徒，哪怕他们一字不识，通过虔诚的目光，每一个细节几乎都流露出拯救的讯息。

对于大多数人而言，图像的一目了然难道不比模棱两可的口传话语和晦涩的书面文字更加有力吗？我们在研究东正教传统时常常强调圣像的重要性，其实对于几乎所有的基督教派别，视觉图像都至关重要，与文本相辅相成。虽然路德执拗地认为上帝之言在神学上至高无上，他仍然敏锐地意识到视觉图像对于塑造信徒道德理解力的作用。

文本只能通过听众或读者各自的视觉焕发新生,他们未必知书达理,有可能固执己见。艺术家不拘一格的想象力和鬼斧神工让人对图画和雕像一望而知,这栩栩如生的另一重现实并不逊色于观看者身处的现实。

在拜占庭,破坏偶像的论争暂时中断了以神圣场景的图像布道的长期传统——然而这只是暂时的。在西方,在教堂展示宗教形象的传统在一千多年以来从未遭受严肃质疑,直到宗教改革才广受抨击。五世纪初,诺拉的保林为了使目不识丁的当地农民的基督教信仰根深蒂固("信仰坚定却一字不识的农民",*PL* 61.660, Poema XXVII, line 548),抑或只是为了让他们不再沉湎于节日的放歌纵酒,他在教堂墙上画下圣画,留下了有趣的记载。两百年后,大格里高利在写给马赛主教塞里努斯[Serenus]的两封信里提出了一个经典的说法,认为宗教画是给不识字的人看的,正如宗教文本属于受教育的人:

> 这就是为何图像要在教堂里展示,这样一来,往墙上一望,读不懂文字的人就能够"阅读"手稿中读不懂的东西。(《书信》[*Epistle*]9.105, *PL* 77.1027-128)
>
> 因为《圣经》向阅读它的人们展现的是图像,即使一字不识也能"阅读",从图像看出他们应该遵守什么。图像具有阅读价值,对普罗大众尤其如此。(《书

信》11.13, *PL* 77.1128）

整个中世纪里，大格里高利的说法反反复复地被人引用，后来被称之为 *muta praedicatio*（"无言之教"）。不同于异教庙宇中受人敬拜的神像，圣画本身并不在宗教意义上为人崇拜，尽管各种形式的基督教迷信时常屈服于偶像崇拜的诱惑。绘画和雕像反而仅仅作为能指，指向更高的存在和真正神圣的事物，以及宗教故事和人物所在的更加真实的世界。绘画和雕像成了群体中的教导者和训诫者。

历史中对怀疑者多马这个故事的视觉表现并非从属于《约翰福音》，亦非出于好古的兴趣，而是完整的约翰叙事的接受史中固有的、不可或缺的组成部分。无论基督徒还是非基督徒，要理解这个故事，绘画的重要性不亚于任何书面文本，甚至也不亚于《约翰福音》本身。

怀疑者多马的图像学传统源远流长且错综复杂。我们可以从米开朗基罗·梅里西·德·卡拉瓦乔那幅令人印象深刻的重要图画入手（图1）。这幅画绘于1601年左右，或许是卡拉瓦乔身在罗马之时，受裘定纳尼侯爵 [Marchese Vincenzo Giustiniani] 所托在主教西里亚科·马太伊 [Cardinal Ciriaco Mattei] 宅内所作（不过早期的记载并不完整而且自相矛盾，不可尽信）。总之到了1606年，

图1. 卡拉瓦乔,"怀疑者多马",约 1601 年。新宫,波茨坦
Caravaggio, *Doubting Thomas*, ca. 1601.
Gemäldegalerie, Neues Palais, Sanssouci, Potsdam

这幅画成为裘定纳尼的个人收藏，在1816年为普鲁士皇室所有，并被带到柏林。如今这幅画陈列于波茨坦的新宫。

卡拉瓦乔的《怀疑者多马》是这个故事复杂的图像学传统的焦点，不仅因为这幅画内在的艺术价值，也因为它本身的历史意义。卡拉瓦乔的画作与前人的创作息息相关，而且对观看这幅画的人产生了深刻的影响。这幅画对于其他画家影响深远，他们根据自己的理解在画作中对卡拉瓦乔这一令人震撼的绘画做出了回应。《怀疑者多马》也是卡拉瓦乔生前被复制得最频繁的画作。原作展出后几年之内就有四幅为人所知的复制品，其中包括属于主教马太伊个人藏品的这一幅。几十年后，从鲁本斯［Rubens］（图23）和别尔那多·斯特罗齐［Bernardo Strozzi］（图24）等画家的画作可以看出，要尽如人意地处理怀疑者多马这一主题，最佳甚至唯一的方式就是批判性地处理卡拉瓦乔的构图。稍后我们将会解读卡拉瓦乔的绘画及其寓意，现在暂且笼统地说，自卡拉瓦乔之后，再看怀疑者多马就是观看卡拉瓦乔所画的怀疑者多马。

当我们看卡拉瓦乔的《怀疑者多马》，我们看见了什么？

我们看见三个人，再加一人。四张脸构成了一个略微往左上方倾斜的完美的十字。四个人的轮廓构成了从数学角度来看堪称精确的对角线、三角形和其他几何图形。然而他们的神态、年龄和其他特征却大相径庭。

图像版本：圣像中的多马

他们所在的空间抽象难辨，背景模糊不清。在一片模糊之中，他们所承载的意义似乎全然在于自身，他们的性格、动作和神态杂于其中，换言之，在于他们与更早的图像学之间心照不宣的联系之中。他们为我们的观察提供了特殊的例子，或者说为我们的崇拜提供了祭拜的圣像。光线从我们所在的空间的左上方照射到他们身上，突显出某些局部与细节——耶稣的身体、伤口和手，门徒们的额头和肩膀。其余的一切留在阴影之中，而最令人不悦、最富争议的，是耶稣影影绰绰的面庞。

耶稣站在左边。肤色苍白，面无人色，身着浅色外衣，像古典哲人的长袍一样垂挂下来。他的体态宛若雕塑一般，柔和、纤弱，甚至有些女性化——蓄在耳后的长发、胸前十字形的阴影反衬出的突出的胸膛和右胸的曲线，无不流露出微妙的柔弱。他弯下脖颈，垂下头。耶稣面庞上深深的暗影只让我们看见他的面容，却无法辨别他的心绪；除此之外，我们只知道他的目光似乎落在自己的左手，双唇微启。他用右手拨开外衣，仿佛拉起帷幕，袒露的胸膛和伤口在戏剧性的视觉与触觉的窥探下一览无遗。然而，他的左手才是这幅画的力量所在。耶稣的左手有力地拽着多马右手手腕，超凡的力量与纤弱的身体形成强烈的反差。可是他这样的姿势究竟用意何在？让多马的手指更深地探入伤口？抑或阻止多马把手指深深地戳进去？我们无从得知。耶稣的姿势表露出了决然的力量与控制力,可是他的意图依然晦暗不明。倘若耶稣的面容被照亮,他的神情或许能够揭示问题的答案——但也可能于事无补。

三位门徒身穿深红和棕黄的外衣,那是血与土的颜色,象征着强劲的力量,不仅寓意着通常意义上的生命(与死亡相对),而且还是属于大地的、平凡的、粗犷的生命(与理想化和抽象化相对)。他们身着简朴的、农民的衣袍,身材魁梧、粗壮而强健,他们的头发随意地修剪过,胡子拉碴,比耶稣至少长上一辈。三个人的表情都生动而富有张力。如同右边那位门徒,多马的目光直指手指伸进的伤口;如同耶稣一样,后面那位年长的门徒好像正看着耶稣抓着多马手腕的左手。除了专注的凝视,我们对另两位门徒知之甚少,而多马的整个身体都表现出了十足的动态张力。他像弹簧一样卷曲着:左手支在胯上,左臂闯入我们身在的空间,整个身体都贯注于他的手指和紧随的目光。他紧绷的站姿把外衣肩膀和上臂的接缝处崩开了一道口子:外套上这道竖着的裂缝对应着耶稣身上横着的切口。我们看见了两道开口;多马只看见了其中之一,伸手触摸。

多马不只摸到了耶稣的伤口;卡拉瓦乔以艺术家的魄力为多马的姿势赋予了活跃而动态的特质,我们似乎看着他把手指越来越深地探进伤口。观看者的目光被某种力量支配着盘旋向下,从站在背景中那位年长的门徒往下看的目光开始，继续往下推至右侧，到达右边那位门徒前额被照亮之处，然后再往左走，终于顺着多马目不转睛的目光，看到耶稣紧握着的手指，越过这一暂时的视线障碍，在多马的指尖抵达顶峰，我们虽然看不到被伤口没过的指尖，却可以想象。另一横向的盘旋强化了这一竖直向下的盘旋，我们不由自主地被画面吸引，从多马向我们支起的手肘再退回到画面之中，沿着他的左上臂，越过他肩上的肌肉，延至他的右臂，穿过耶稣的手，再次抵达被伤口没过的指尖。这一轨迹因耶稣伤口上光亮的褶皱再次得到强化，伤口似乎因为多马压在上面的力道变了形。

多马旺盛的好奇显得极端而且近乎残忍。耶稣受伤身体的典雅柔弱与多马鲁莽侵犯的对立凝聚于耶稣阴户般的伤口，多马僵硬、直挺的探寻的手指，还有他肮脏、发黑的大拇指甲——这或许是最令人生厌的一个细节。我们无须探究直言不讳的性暗示，能认出来就足够了，这是这幅画所采用的修辞手法，为的是唤起人们的同情、恐惧、愤怒和反感。我们看见的仿佛不是某种探究，而是一场强暴。倘若如此，我们真的知道谁在强暴谁吗？多马的手指显然插进了耶稣的伤口。可是耶稣止抓着多马的手，这个动作意味着什么？我们能从多马的神态中读出什么？

更笼统地说，我们如何概括卡拉瓦乔这幅画的含义？这是宗教信仰的表露还是背信的怀疑？我们在这幅画里看到的是有死的、受了伤的耶稣重又复活并被门徒们认出的信仰的奇迹，还是固执己见的怀疑，要求真切地证明耶稣的伤口真实存在？毛里奇奥·卡维西［Maurizio Calvesi］在出版于1990年的关于卡拉瓦乔的书里再刊了一篇早先的论文《卡拉瓦乔，或对拯救的追寻》［"Caravaggio or the Search for Salvation"］。在这篇文章里，他论述这幅画"（可以说）与其说它证实了怀疑，不如说证实了已经获得的确信"。然而两年之后，费迪南多·波洛尼亚［Ferdinando Bologna］关于卡拉瓦乔的文章《怀疑者卡拉瓦乔》［"The Incredulity of Caravaggio"］以同样的一幅画作为典型例证，其论述篇幅足以成书。波洛尼亚认为，正如典型的自然科学研究，对证据和论证的严格要求正是卡拉瓦乔的鲜明特质之一。假如我们必须在两种观点中只取其一，应该选择哪一个卡拉瓦乔，哪一个怀疑者多马？

乍看之下，怀疑者多马的图像学似乎只是耶稣展示伤口、让人相信他确实得以复活这一传统意象的小分支。在无数绘画（图2）和某些雕塑中，耶稣把自己展示给我们，将我们的注意力集中到逼真的伤口上。这一场景的终极文本来源是福音书中耶稣把伤口展示给门徒的段落（《路加》24：39-40，《约翰》20：20），但是图像学传统不能理解为对福音叙事的历史图解。画面中的耶稣面对的并非过去某

图 2. 彼得鲁斯·克里斯蒂,"救世主与审判者基督",约 1450 年。伯明翰博物馆

Petrus Christus, *Christ as Savior and Judge*, ca. 1450. Birmingham Museum and Art Gallery

个时刻的门徒，而是身处耶稣的永恒救赎和堕落的现在之中的我们。看见伤口，我们就想起我们的罪，上帝为我们做出的牺牲；这个画面说服我们痛下决心，从而确保我们的救赎。假如传达给观众的意象呈现于绘画而非雕塑，对耶稣伤口的立体的描摹必然是画家施展绘画技法、在平面的画布上描绘出视觉幻象的结果：以艺术的幻象说服我们相信拯救的真理。

毫无疑问，怀疑者多马的形象传达给我们的信息至少在一定程度上带着同样的悖论，发挥同样的作用。然而这一回，作为观看者的我们成了查看耶稣伤口的多马，进入画面之中。将观看者转变为视觉画面中的人物，将他与救世主并置，让他注视耶稣的伤口，这并非毫无冒犯的改动，反而具有了全新的复杂性与张力。救世主与观看者的关系不再仅仅通过画面展现，而是通过画面得到再现；我们发现自己融入画面之内。我们在画面中发现了自己正在观看的形象，这不禁深深地影响了我们对自己所见之物的反应。

更重要的是，对于观看者而言，将自身认同为怀疑者多马而非其他任何虔诚的信徒立即将我们所见的场景与耳熟能详的故事中的特定时刻关联起来，这幅画不仅让我们回想起遥远的过去，也指向痛苦的现在。多马既代表了我

图像版本：圣像中的多马

们又无法代表我们：我们既希望在某些方面尽可能像他一样，又希望在另一些方面尽可能地与他势不两立。多马不仅询问能否查看耶稣的伤口而且果真把手指伸进耶稣伤口的事实提出了一个更大的悖论：要欣赏一幅画，人们只能观看，而非用手触摸。怀疑者多马的绘画形象试图说服我们相信耶稣复活，必须要通过观看而非触摸。多马正是一个反例，他因为声称观看不足以为信、触摸才是真凭实据而声名狼藉。

怀疑者多马的艺术传统正是沿着悖论的断层形成与发展，这些悖论关系到视觉与证据、证明与信仰、真理与幻象、视觉与触觉、认同与自我认同。

怀疑者多马的图像直到四世纪晚期才出现，晚于对耶稣复活故事的其他场景的描绘。现存最早的一例也许是公元400年左右米兰圣塞尔索教堂［San Celso］的石棺浮雕（图3）。当雇主让艺术家把关注点集中在因为怀疑耶稣的神圣性而声名远扬的人物身上时，他是否犹豫再三？无论如何，这一形象一出现就风靡整个中世纪，无论在东方还是西方——或许东方更甚，被称作 *psilaphisi*（"触摸"）的画像时至今日依然在耶稣复活的故事中扮演着重要角色。

中世纪对多马的表现方式主要可以分为两类。

其一，怀疑者多马的形象向来属于描绘耶稣生平的圣

图 3. 石棺浮雕上的《新约》故事场景，约 400 年。圣塞尔索教堂，米兰。怀疑者多马在右侧

Scenes from the New Testament: sarcophagus relief, ca. 400.
S. Celso, Milan

像画的一部分，从不独立出现。中世纪对圣人多马的描绘主要见于三个人物的生平故事：耶稣受难与复活；多马在印度传教并殉道；较少见的是圣母马利亚之死、圣母受孕和送衣裙给多马的故事。虽然关于多马的完整的图像学需要考察全部三个传统，但在此我只探讨第一个传统。原因在于只有这一传统完全来自《约翰福音》的叙述（无论以视觉媒介还是口传方式流传），其余两种传统来自后来的传说。

其二，怀疑者多马和中世纪其他圣人一样，总是以全身像描绘出来。无论是藏于伦敦、来自十世纪拜占庭的大小只有 4.2 cm×5 cm 的精致的象牙雕（图4），还是十二世纪威尼斯圣马可大教堂的大型马赛克（图5），不变的是从头到脚的站立全身像。人物情感并非通过几乎难以辨别的面部表情传达，而是通过清晰可辨的身体姿态、肢体和头部，借助色彩和光线，以及其他人物的姿态来表现。

表现多马的两种方式彼此相依，图像的主要目的是辨别人物而非传达图中人物动作的特定含义。显然，多马的性情和言行举止的本质总是隐含于描绘他的特定手法。这幅画像在整个叙事中所处的位置以及全身像这一表现方式的局限无法施展细致入微的描摹。观看者总是理所当然地因为能够认出其中的人物和故事情节而心满意足。

能够认出各个人物，部分原因在于图像学对于具体细

图4. 描绘《新约》场景的象牙雕,十世纪。维多利亚与阿尔伯特博物馆,伦敦。怀疑者多马在右上角

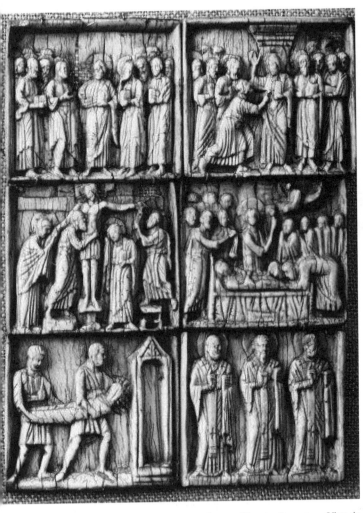

Scenes from the New Testament: ivory tablet, tenth century. Victoria and Albert Museum, London

怀疑者多马

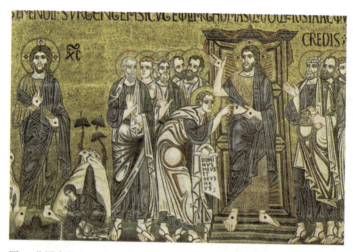

图 5. 花园中的女子和怀疑者多马,马赛克,约 1190 年。圣马可大教堂,威尼斯

The women in the garden, and Doubting Thomas: mosaic, ca. 1190. San Marco, Venice

节的恪守:耶稣蓄着胡子,衣袍披身,总是站在正中,扬起手臂(常常是右臂),用手(常常是左手)牵着衣褶,只露出肋旁(常常在右肋)的伤口(只露出伤口);直到十三世纪,多马通常不蓄胡子,此后却经常蓄着胡子,他几乎永远从耶稣的右侧伏向或靠向耶稣,伸手(常常是右手)探出手指去摸耶稣的伤口;其他门徒聚集在一起,往往是十人,分列两侧;场景通常是屋内紧闭的门前。

然而这种内在逻辑在分辨故事场景时并非无所不

能。一个场景与同时描绘的或暗示的其他场景之间的关系是我们辨认出这个场景的关键。一则这一场景组合式地[syntagmatically]（借用罗曼·雅各布森的语言学术语）❶置于历历可辨的耶稣受难与复活的故事之中，譬如耶稣受难、拜访墓地的女人、以马忤斯的显现等等；二则每个场景判然有别，既有明显的相似之处又彼此不同。

抹大拉的马利亚把耶稣误认作守园人和怀疑者多马这两个场景之间聚合的[paradigmatic]相似与反差对于确立后一场景的含义最卓有成效。《约翰福音》中耶稣对马利亚说"不要摸我"（或者"*noli me tangere*"）和多马的怀疑恰好在整个第20章之中形成了一个对称结构，正如来源于文本的图像传统中马利亚和怀疑者多马形象的结构性对应，马利亚与多马的意义皆来自极为明确的相似或相异的二元对立。

让我们避繁就简，看看德国文艺复兴时期一个令人瞩目的例子，在十五世纪最后一二十年由马丁·松高尔[Martin Schongauer]画室绘于科尔马多明我会礼拜堂的两幅紧挨着的圣坛画（图6）。这两幅画是仅有的描绘耶稣受

---

❶ 雅各布森以聚合[paradigmatic]和组合[syntagmatic]来解释语言符号。简言之，前者表示纵向关系，指符号的相互替换；后者是横向关系，指的是一个符号在整个符号系统中的位置。见参考文献部分251页（原文页码，即本书边码）。

图 6. 马丁·松高尔画室：左（图 6a）"不要摸我"；右（图 6b）怀疑者多马，科尔马多明我会礼拜堂，十五世纪晚期。恩特林登博物馆，科尔马

Workshop of Martin Schongauer: left (Ill. 6a) *"noli me tangere"* and right (Ill. 6b) Doubting Thomas, from the Altar of the Dominicans, last quarter of the fifteenth century. Musée d'Unterlinden, Colmar

难后的两个场景，基督站着（通常站在中间），另一人从边上向他靠近。这一根本的相似性为两幅画的诸多差异赋予了丰富含义：一个场景中耶稣与一个女人对话，另一个场景里是个男子；女人总是屈膝，男人总是俯下身子；耶稣阻止了她，却接受他；耶稣对她转过身去，却面对着他；耶稣几乎总是对着她向下伸出手来，面对他的时候却把手向上提起；前一个场景没有任何见证者，后一个场景正好相反，门徒们在场；一个发生在室外的花园，另一个发生在屋子里。

在耶稣说"不要摸我"的画面里，两人之间并没有直接的身体接触，不同于怀疑者多马的场景。松高尔画室所绘的"不要摸我"的画面正中是马利亚与耶稣的身体隔开的空白，马利亚把手伸向耶稣，耶稣却转过身去，她伸向耶稣的手指和耶稣指尖之间小小的空白里充溢着强烈的渴望和深切的失望。与之相反，在另一幅画的正中，耶稣握住多马的手腕，多马的手指摸向耶稣肋旁，他们之间的接触弥补了耶稣拒绝马利亚的恳求而带来的忧伤，是令人欣慰的人神沟通的图景（当然是以耶稣的伤口为代价，多马的手指与我们的目光汇聚于伤口）。多马总是以摸到耶稣的形象示人的原因之一就在于，这是基本的符号系统中将他区别于抹大拉的马利亚的不可或缺的因素；另一个重要原因我们即将谈到。

图像版本：圣像中的多马

在中世纪的怀疑者多马的传统中，耶稣通常会抬起一只手臂。这是为什么呢？约翰的文本或图像逻辑本身似乎不需要这个动作，而抬起手臂的动作却成了上千年传统的内在组成部分。这很可能是基督教图像学对古希腊和罗马艺术中描摹受伤或疲倦之人的"情感程式"[pathos formula]（阿比·瓦尔堡[Aby Warburg]的说法）的继承，特别是亚马逊女战士（图7）；此外，还有阿多尼斯或埃涅阿斯，他们扬起手臂倚着长矛来支撑自己的身体。这一姿态表达了情感上的疲惫和倦怠；扬起的手臂让人注意到雕塑所刻画的人物，使人满怀同情。而且，假如伤在侧身，这一动作就把身体的这部分呈现出来让我们看；假如是女子，这会让她的乳房翘起，充满暗示和挑逗。

我们仍然难以断定耶稣抬起手臂的姿势和非基督教的雕像之间存在着直接联系还是纯属巧合。值得注意的是，阿多尼斯常见于晚古时期的石棺，而负伤的亚马逊所体现的情欲与苦难的结合使其成为古典时代最受欢迎的雕塑之一——现已发现二十八尊复制的雕像，遍布整个罗马帝国，暂且不论无数盛行于世的不那么贵重的装饰品和小雕像了。

无论如何，耶稣抬起手臂的动作多此一举。既然这个动作与情景中特定的故事逻辑无关，中世纪的艺术家总是在能够辨别所刻画人物的不同身份的前提下自由发挥。在

图 7. 负伤的亚马逊：左（图 7a）菲迪亚斯的索西克勒斯？；右（图 7b）克勒西拉斯的马太伊？卡比托利欧博物馆，罗马
Wounded Amazon：left（Ill. 7a）Sosicles from Phidias？；right（Ill. 7b）Mattei from Cresilas? Museo Capitolino, Rome

圣塞尔索教堂的石棺上（图3），耶稣似乎只是露出了肋旁，好像遮着头。在藏于维多利亚与阿尔伯特博物馆的十世纪的象牙雕上（图4），耶稣仿佛在对多马致意，或许也在祝福他。圣马可大教堂马赛克上的耶稣还露出了手上的钉痕，或许也在祝福众人。其他的一些例子中，耶稣看起来像古典演说家那样慷慨陈词（我们无疑会想起《约翰福音》的故事中他对多马说话），又或者把手指向天，意指神圣的救赎才是信仰的终极目标。个别情况下，耶稣并没有抬起手臂，而是特意指向伤口；或者让多马把手指伸进伤口；还有某些特例，耶稣拉着甚至抓住多马的胳膊，也许为了表明是他让多马摸他，而多马甚至不愿这么做。

至于多马，我们总是看见他摸着耶稣的伤口。多马并没有真的触到基督的身体这样的例外情况在中世纪里屈指可数。原因之一正如前文所述，在结构上同耶稣对马利亚说的"不要摸我"形成对比。另一个原因在于视觉媒介的局限。在画面中（尤其是无法刻画面部表情只能看清肢体语言的情况下），我们难以准确地表达情态动词，表达不出"他应该去摸""他可能摸到了""他必须摸一摸"或"他想要去摸"，而只能展现"他摸着"。画家如何描绘多马想要去摸耶稣伤口的愿望呢？假如只让多马拿手指向伤口，我们会理解为多马在示意耶稣的伤口，展示伤口的实在性和重要性；这样就不足以把他认作多马（其他人同样可以胜任这一角色)。《新约》叙事中多马唯一的与众不同之处就在于他表达了想要把手伸到耶稣伤口中的愿望。因此艺术家们要刻画多马，除了让他实实在在地摸着伤口之外，别无他法。

在绝大多数情况下，多马总是以特别的姿势蹲在耶稣身旁或俯下身子（图3，4，5）。这一传统拥有明显的画面优势：视觉上看，多马的地位低于耶稣，观看者的注意力集中于故事真正的主角，耶稣和他的伤口。另外，从戏剧性的角度来看，多马的姿态让他的头更靠近耶稣肋旁的伤口和他往前伸出的手，从而更加明了地表露出多马想要触摸耶稣的伤口并亲眼看见自己这样做的愿望。在"不要摸我"的传统里，抹大拉的马利亚总是跪在耶稣面前，多马和抹大拉的马利亚的结构性反差点明了这一主题的另一重意涵。下蹲的姿势并不让人感到自在，这很可能是暂时的、介于站立和下跪之间的姿势。站着的多马可以看作是公然的违抗，拒不相信；跪着的多马已经深信不疑。《约翰福音》中的多马兼而有之，而且在中世纪图像学中，多马唯有如此才可被人认出。或者我们可以把他蹲下这一动作的不稳定性解读为一个动态过程：我们看见的多马正在缓缓下跪；起初将信将疑地站着，现在正转变为表达崇敬的姿势；一旦跪下，他就全心全意地承认耶稣的神性，我们可以想象他将要喊出"我的主，我的神！"，如此一来就完全实现了耶稣的要求,"不要疑惑,总要信"(《约翰》20:27-28)。

至于其他门徒,大部分中世纪作品描绘出其他所有十位门徒,正如福音的叙述一样,他们是见证者(图4,5)。相较而言,只有另一位门徒或另几位门徒的情况就少见多了,这种构图可以解释为受空间或布局所限(图3)。十位见证者几乎总是聚在同一视觉平面,全部聚在一起或是分为两组:他们代表着很大程度上不分彼此、信仰笃定的统一群体。相比之下,多马所处的位置、他的姿势和举止(仍然)与他们存在着根本的分歧:多马作为个体,不仅打破了视觉上的对称,逾越了信徒的团结一致,而且违抗了不容置疑的坚定信仰。在某些画面中,群体与个人的对立可以说饱含谴责,少数情况下甚至带有威慑性。

最后,故事发生的地点往往是在一座房子或屋子的里面或前面;通常而言,只有耶稣身后一扇醒目的大门作为象征(图4,5)。表面上看,这一地点让人想起《约翰福音》,门徒们锁上门保护自己,耶稣穿过这扇门来到门徒那里,这就把画面锁定于福音故事,让观看者自己回想更多的细节。无须置疑的是,门这一意象本身也充满寓意:这也是通往天堂和永生之门,它对怀疑者紧锁,在虔敬和耶稣的帮助下为信仰者敞开。从神学上看,这一寓意是中世纪对多马的描绘想要传达的讯息之一,甚至至关重要。

怀疑者多马

从某些方面来看，文艺复兴时期怀疑者多马的形象在很大程度上是中世纪的延续。文艺复兴时期的多马依然都是全身像，沿袭了中世纪图像学的主要典型特征，而且怀疑者多马的场景有时依然是系列图像的内在组成部分。也是在文艺复兴时期，这个故事第一次独立出来，不再从属于更大的叙事整体。在这样的情况下，要辨别多马的形象就无法继续依靠叙述顺序中特定的组合位置［syntagmatic location］。要认出多马，必须依靠观看者对画面中传统图像学因素的认识能力，借助记忆中相关的其他图像的聚合，比如马利亚的"不要摸我"的绘画形象。对其他场景的描绘，即使在物理空间中并未和怀疑者多马的场景并置，仍然潜在地通过结构性关系为其表意。

在意大利北部尤其是威尼托［Veneto］地区，中世纪的基本传统一脉相承，却在具体细节上推陈出新。现藏于伦敦国家美术馆的西玛·达·科内利亚诺［Cima da Conegliano］绘于1504年的画作（图8）和热罗尼莫·达·特莱维索［Girolamo da Treviso］在1505年或1506年为特莱维索的圣尼可洛教堂［San Niccolò］所绘的画作（图9）是两幅大型的圣坛画，显然是受人委托之作，用于公众敬拜。如中世纪传统，耶稣是中心人物，其他人围绕着他，怀疑者多马蓄着胡子，正俯下身子，保持着动态的姿势。屋内场景一目了然，其他门徒作为见证者（热

图8. 西玛·达·科内利亚诺,《怀疑者多马》,1504年。国家美术馆,伦敦

Cima da Conegliano, *Doubting Thomas*, 1504. National Gallery, London

图 9. 热罗尼莫·达·特莱维索,《怀疑者多马》, 1505—1506 年。圣尼可洛教堂, 特莱维索

Girolamo da Treviso, *Doubting Thomas*, 1505-1506. San Niccolò, Treviso

罗尼莫画作的底部还绘有当时的见证者，显然包括了赞助人在内）。西玛的画面中，耶稣向下伸出右手邀请多马；热罗尼莫的画作中，耶稣抓着多马的手，拉向他的伤口。这两种绘画形式都有中世纪的先例。可以想见，两幅画作中人物拥有前所未有的个人化特征，既通过面部刻画也通过肢体语言表达情感，呈现出室内空间的透视效果，而西玛的绘画还透过墙上的两扇小窗展现出近乎现实主义的风景。

两幅画中最别具一格的是耶稣英雄式的半裸，他穿着一件浅色的衣裳，像哲人一样披挂着。从裸露的身体可以看出耶稣在这一传统的绘画中雕像般的典雅，他虽然受了伤，依然健康而充满活力。耶稣复活的身体奇迹一般完美无缺，在年长的、穿戴着厚重而累赘的衣袍并且局促不安的门徒们的衬托下，耶稣越发神采奕奕。此外，耶稣的装束所暗含的哲学意味将他展现为拥有并传达永恒与救赎智慧之人，正如古典化的姿态与刻画将他置于门徒们所在的历史时刻之外，而他只是短暂到访，他理应属于超越而永恒的维度。

意大利北部的传统盛行一时，影响了几代意大利（和欧洲各地）的画家，比如锡耶纳画家马可·皮诺［Marco Pino］在1573年为那不勒斯的主座教堂中泰奥多罗祭坛［Cappella Teodoro］画的祭坛画（图10）。与此同时，自十四世纪晚期，特别是佛罗伦萨传统开始出现了一些与

图 10. 马可·皮诺,《怀疑者多马》, 1573 年。主座教堂, 那不勒斯
Marco Pino, *Doubting Thomas*, 1573. Cappella Teodoro, Duomo, Naples

众不同的特征。马里奥托·迪·纳多［Mariotto di Nardo］在1395年之后绘于佛罗伦萨原先的圣布里吉达修道院［Santa Brigida al Paradiso］里鲜为人知的壁画是这一地域传统的先驱之一。不过现存最早的保存完好的壁画由比齐·迪·罗伦佐［Bicci di Lorenzo］在1493年左右为圣母百花大教堂［Santa Maria del Fiore］所作（图11），随后有安德烈·德尔·韦罗基奥［Andrea del Verrocchio］在1463年至1483年间为圣弥额尔教堂［Orsanmichele］所铸的著名铜像（图12），二者均位于佛罗伦萨。

在这些作品以及同属于这一小传统的其他作品当中，耶稣失去了毋庸置疑的中心地位：现在，耶稣和多马比肩而立，周围的空间环绕着他们。他们两人独享我们所有的注意力，作为见证的其他门徒几乎总是缺席。在托斯卡纳地区的图像中，多马朝气蓬勃，没有胡茬；年轻得像耶稣的儿子；他的姿态有些犹豫，像在试探。耶稣往往衣冠楚楚，披风上留下一道窄窄的缝隙，露出伤口；耶稣总是蓄着胡子，手臂环着多马的肩膀，像在保护他，不仅允许多马检视他的伤口，还鼓励他这么做。耶稣态度谦和、慈爱、善解人意，并不认为年轻的多马不可理喻，甚至还称许他。

文艺复兴时期托斯卡纳［Tuscany］特殊的政治、宗教文化对于这一独特的地域传统的影响自不待言。多马是美第奇家族最喜爱的圣徒，他们为多马建造了数座教堂。多马成

图 11. 比齐·迪·罗伦佐,《怀疑者多马》, 约 1439 年。圣母百花大教堂, 佛罗伦萨

Bicci di Lorenzo, *Doubting Thomas*, ca. 1439. Santa Maria del Fiore, Florence

图 12. 安德烈·德尔·韦罗基奥,《怀疑者多马》,1463—1483 年。圣弥额尔教堂,佛罗伦萨

Andrea del Verrocchio, *Doubting Thomas*, 1463-1483. Orsanmichele, Florence

为商事法院的守护圣人，他证明了原则的重要性，一个人在做出判断之前必须要严密地审查（正是商事法庭［Mercanzia］委托韦罗基奥为圣弥额尔教堂外的壁龛塑像）；马利亚赠予多马的衣裙"sacra cintola"也作为圣物保存于托斯卡纳的普拉托［Prato］，成为普拉托的文化象征。

倘若我们从更早的文化趋向看卡拉瓦乔的绘画，可以预料，卡拉瓦乔和托斯卡纳的传统几乎毫无瓜葛。卡拉瓦乔的画面中并非只有耶稣和多马两人，多马不是犹豫不决的年轻的孩子，耶稣也不是慈爱而善解人意的父亲，而且情感基调绝非亲切与慈悲。卡拉瓦乔与威尼斯传统更加契合：耶稣像哲人一样半搭着披挂的外衣，多马留着胡子，还有其他门徒作为见证。尽管如此，卡拉瓦乔和威尼斯传统的分歧也一目了然：卡拉瓦乔画笔下的耶稣历经苦难、身体柔弱，并不威严或容光焕发，而且耶稣有力地攥住了多马的手腕，并非握着他的手或是邀他查看伤口。尤为关键的是，卡拉瓦乔画中的多马不只摸到了耶稣的伤口，而是令人不安地把手深深地插了进去。

卡拉瓦乔画作中非同寻常的特征源自何处？当然，这可能是他自己的创造，然而宗教画总是趋于保守，而且卡拉瓦乔的其他画作显示出了他对更早的艺术传统的高度意识，与之保持着纷繁复杂的联系。倘若如此，哪些更早的

图 13. 伯纳蒂诺·巴提诺,《怀疑者多马》,约 1475 年。马拉斯皮纳美术馆,帕维亚

Bernardino Butinone, *Doubting Thomas*, ca. 1475. Pinacoteca Malaspina, Pavia

传统可能作为这幅画作的灵感来源?

自罗伯托·隆基[Roberto Longhi]开拓性的著作以来,我们了解到需要讨论意大利北部的伦巴第[Lombardy],那

里是卡拉瓦乔职业生涯的起点和创作的源泉，他的绘画创作与之息息相关。不过这一讨论方式对这幅画而言并没有太多益处。因为对于十五、十六世纪的伦巴第艺术，怀疑者多马显然不是热门主题；仅有的几个例子，比如伯纳蒂诺·巴提诺［Bernardino Butinone］在1475年左右绘于帕维亚的一幅小画（图13），还有伯纳蒂诺·坎皮［Bernardino Campi］1568年在米兰布雷拉［Brera］所绘的祭坛画，这些画和卡拉瓦乔的画作并没有明显的相似之处。正如这两个例子，伦巴第的大多绘画的风格和构图都更贴近当时风行于意大利的绘画方式，与卡拉瓦乔举世瞩目的创造大相径庭。

卡拉瓦乔绘画中最显著的特征在更早的意大利艺术中似乎前所未见。这样一来，要在中世纪和文艺复兴的艺术传统中寻找在卡拉瓦乔之前可与之比照之处，就必须转向阿尔卑斯以北的德国图像学传统，至少可以追溯至十三世纪斯特拉斯堡的圣多马教堂［the Church of Saint-Thomas］的山形墙（图14），这一传统在整个北部尤其是十五世纪以来的德国蔚然成风。比如松高尔画室所作的多明我会礼拜圣坛画（图6b），迪里克·鲍茨［Dieric Bouts］的后继者在1479年左右所绘的安宁格圣坛画［Ehninger Altar］（图15），或是老巴尔多禄茂·布鲁恩［Bartholomäus Bruyn the Elder］的创作于1520年左右的一幅画（图16），取材于

图像版本：圣像中的多马

图 14. 耶稣和怀疑者多马在圣彼得与圣约翰之间，约 1230 年。圣多马教堂，斯特拉斯堡
Jesus and Doubting Thomas between Saints Peter and John, ca.1230. Tympanum of the Church of Saint-Thomas, Strasbourg

二十年前巴尔多禄茂祭坛著名的多马祭坛，还有一些同时期的木刻雕像，这些作品在某些方面倒是可以与卡拉瓦乔的画作相类比。耶稣同样半裸上身，不为显示他的力量和荣耀，而是为了展示苦难留下的可怕印记：耶稣是"Schmerzensmann"，"悲伤之人"[Man of Sorrows]，我们钦佩他的威严而不是同情他遭受的折磨。在这些画和雕像里，耶稣同样有力地抓着多马的手，让他把手指往伤口里戳。多马的手指同样深深地插进伤口。而且和卡拉瓦乔的绘画一样，这些德国画作中的多马不是从右边靠近耶稣（譬如中世纪和文艺复兴时期意大利的大多数作品），而是在耶稣左边，这样一来多马的手就不再遮挡观看者的视线，

图 15. 迪里克·鲍茨的后继者,《怀疑者多马》,约 1479 年。安宁格圣坛画,斯图加特国立美术馆
Follower of Dieric Bouts, *Doubting Thomas*, right wing of the Ehninger Altar, ca. 1479. Staatsgalerie, Stuttgart

图 16. 老巴尔多禄茂·布鲁恩,《怀疑者多马》,约 1520 年。油画馆,柏林
Bartholomäus Bruyn the Elder, *Doubting Thomas*, ca. 1520.
Gemäldegalerie, Berlin

不再难以分辨他的手是否触摸了耶稣：这样的姿势让身体接触一览无遗。身体变形的暴力和加深的苦难弥漫于画面之中，这是中世纪和文艺复兴时期德国宗教艺术以及当时神秘主义著作的典型特质。

除了假定卡拉瓦乔受到了北部艺术传统的影响之外，我们无从解释《怀疑者多马》的艺术来源。依然难以决断的是，这一传统以什么样的方式影响了卡拉瓦乔？卡拉瓦乔可能借鉴了哪幅画或哪些画作？瓦尔特·弗里德兰德［Walter Friedländer］认为卡拉瓦乔的画作可能受到了阿尔布雷希特·丢勒［Albrecht Dürer］的影响，丢勒的木刻版画《小受难》［Die kleine Passion］于1511年在纽伦堡印刷，并在欧洲广为流传（图17）；同一组版画中的另一幅描绘了耶稣、犹大和全副武装的士兵，耶稣在花园里被捕的场景（图18）和最近重新发现的一幅卡拉瓦乔同一主题的画作（图27）存在着有目共睹的相似之处。丢勒的木刻版画《小受难》之"怀疑者多马"中最为突出的是庄严的、英雄式的赤裸的耶稣，画面中心是耶稣头上的光环——其实这和卡拉瓦乔的画面布局以及情感基调截然不同，更接近于威尼斯传统（考虑到丢勒和威尼斯的密切联系，这毫不令人意外）。丢勒与卡拉瓦乔的共通之处在于耶稣的赤裸、猛力抓住多马的手腕、多马的手指深深嵌入耶稣的伤口——正如许多北欧画家对耶稣和多马的描摹一样。

丢勒的书不太可能是卡拉瓦乔接触北欧图像学传统的主要或唯一来源。十七世纪德国艺术家和艺术史家约阿希姆·冯·桑德拉特［Joachim von Sandrart］提出，卡拉瓦乔特别欣赏小汉斯·霍尔拜因［Hans Holbein the Younger］的绘画，霍尔拜因对他影响深远。可是霍尔拜因从未以任何形式描绘过怀疑者多马的主题，而且他的其他画作、素描、插图与卡拉瓦乔这幅画的构图都没有显著的相似性。

话说回来，假如卡拉瓦乔真的通过印刷插图研究霍尔拜因的作品，他基本不可能只对这一位北欧艺术家感兴趣。博采众长难道不是更加合情合理？遗憾的是，对十五世纪和十六世纪北欧印刷插图的现代收藏仍然残缺不全。尽管如此，我们依然发现了些许与卡拉瓦乔的作品紧密相关的画作。比如十六世纪的德国艺术家汉斯·叔夫雷［Hans Schäufelein］出版的《耶稣受难组图》，其中"怀疑者多马"（图19）虽然与卡拉瓦乔的绘画存在明显的差异，但画面构图却与之颇为相近——简朴、衣着厚实的多马处于画面中央，耶稣牢牢握住多马的手腕，多马把两根指头伸进耶稣袒露的肋旁。组图中的另一幅"亵渎耶稣"［The Disrobing of Christ］（图20）展示了另一相似之处——耶稣袒露着柔弱而受苦的身体，背景中半隐半现的人屏息凝视。

凭借现有的证据，我们无法证实叔夫雷是沟通德国传

图 17. 阿尔布雷希特·丢勒, "怀疑者多马",《小受难》(纽伦堡, 1511 年)
Albrecht Dürer, Doubting Thomas, *Die kleine Passion*(Nürnberg, 1511)

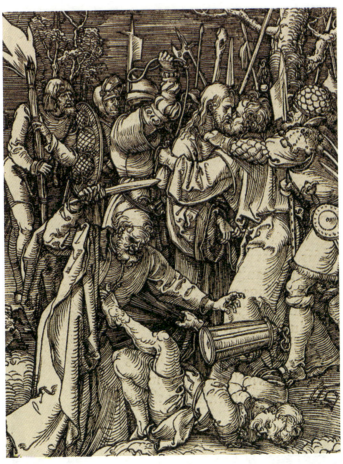

图18. 阿尔布雷希特·丢勒,"耶稣花园被捕",《小受难》(纽伦堡,1511年)
Albrecht Dürer, Jesus taken captive in the garden, *Die kleine Passion* (Nürnberg, 1511)

图 19. 汉斯·叔夫雷,"怀疑者多马",《耶稣受难组图》(奥格斯堡,1525 年)

Hans Schäufelein, Doubting Thomas, in Wolfgan von Män, *Das Leiden Jesu Christi vnnsers Erlösers* (Augsburg, 1525)

图 20. 汉斯·叔夫雷,"亵渎耶稣",《耶稣受难组图》(奥格斯堡,1525 年)

Hans Schäufelein, The Disrobing of Christ, in Wolfgan von Män, *Das Leiden Jesu Christi vnnsers Erlösers* (Augsburg, 1525)

统与卡拉瓦乔的关键。但是既有的其他画家的插画也不谋而合；鉴于出版物收藏的欠缺以及北欧印刷作品在十五、十六世纪欧洲各地的盛行，我们可以推测，卡拉瓦乔的灵感直接来源于某本付梓出版的书籍，到底是哪一本书仍有待学界的重新发现。也就是说，出版印刷的文本就是学识渊博的赞助人和卡拉瓦乔《怀疑者多马》这幅画作之间的关键环节，并最终成就了连一字不识的平民百姓也能够欣赏的绘画形式。

在不同的图像学传统的背景下，卡拉瓦乔的《怀疑者多马》在两个重要方面独树一帜。

其一，卡拉瓦乔的画作是不以全身像而以半身像呈现的第一幅重要画作。弗里德兰德甚至认为卡拉瓦乔的《怀疑者多马》可能是这一题材的第一幅半身像，不过严格来说却非如此；我发现的唯一一个更早的先例是十六世纪早期西蒙·贝宁［Simon Bening］的斯坦因三联画［Stein triptych］，现藏于巴尔的摩的沃尔特斯艺术博物馆［Walters Art Gallery］。这是一幅小画（6.8cm×5.2cm），相当简洁，怀疑者多马只是64个微型画像之一，这组绘画广为人知或影响深远的可能性微乎其微。

其二，卡拉瓦乔的绘画也是第一幅多马取代耶稣居于画面正中和前景位置的重要画作，耶稣退到了画面一边，其他门徒退到背后和另一边。我所知的构图上的先例只有德国的叔夫雷的印刷插画。

以半身像入画意味着观看者必须靠近画面才能看得真切。这幅画的尺寸只有107cm×146cm，不是为了公共的、宗教机构中的瞻仰，而是让人们在远处观看。卡拉瓦乔受个人的委托，他的画属于贵族收藏，供个人鉴赏品味。我们必须走近这幅画，淋漓尽致地感受它描绘和传达的感情：画幅的限制让我们走近，当我们愈发注意到画中的细节，心中的抵触又把我们推开，让我们的情感游移不定。

多马的中心位置表明，画中的故事不是耶稣的故事，也不是和多马有关的关于耶稣的故事。从本质上看，这是多马的故事，关于多马并且波及了耶稣的故事。这也是为何耶稣的脸落入暗影——虽然他的表情和心理动机也许值得玩味或令人困惑，但是总归是次要的。相反，多马的内心情感一目了然。

多马的面部表情和整个身体动态传达了什么情绪？约翰千头万绪的叙述让我们试想到各式各样的主观情态，卡拉瓦乔可能只勾画了其中之一——怀疑、相信、愤怒、唐突、懊悔、羞愧、惊骇、好奇、不信、信服、专注。在怀疑者多马的传统中，所有这些情绪与态度都不乏先例。

可是毫无疑问，卡拉瓦乔笔下多马的肢体语言另有所指。明暗对比让多马额头上上扬的皱纹沟壑纵横，成为整幅画中除了耶稣的伤口之外最惹人注目之处——多马不可

图 21. 惊讶的面部表情（来自杜兴·德·布伦，《人类面部表情研究》，1862 年，pl.56）
The facial expression of astonishment (from G.-B. Duchenne de Boulogne, *Mécanisme de la physionomie humaine*, 1862, pl. 56)

能把眼睛睁得更大、把眉毛挑得更高了。相形之下，另两位门徒眉峰紧蹙、皱纹下垂延至鼻梁。对人类的情感表达，这两种不同表情的含义不言而喻：另外两位门徒无论在视觉上还是精神上都颇为紧张；多马却因为惊讶目瞪口呆（图 21）。另两位门徒就像解剖课上听讲的医生（图 22），全神贯注、屏息凝神：他们是严谨、一丝不苟的经验主义者，遇到难以理喻之事就对一切细枝末节静观默察。多马则迥然相异：他眼如铜铃，他并非在通常意义上看。他成为宗教奇迹之所在。

总而言之，卡拉瓦乔的画作描绘的是人物的动作与反应。多马触碰耶稣伤口的举动聚焦于截然不同的两双手：

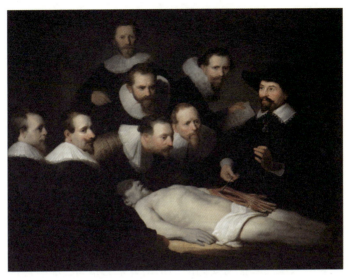

图 22. 专注的面部表情（伦勃朗，《杜尔教授的解剖课》，1632 年，莫瑞泰斯皇家美术馆，海牙）
The facial expression of concentration（Rembrandt van Rijn, *The Anatomy Lesson of Dr. Nicolaes Tulp*, 1632, Mauritshuis, The Hague）

多马的手与耶稣的手相反相成，多马的手是属人的、穿透性的、有力的，耶稣的手是神性的、紧握的、更加遒劲有力的。三位门徒的反应写在了他们的前额：多马上扬的皱纹写满了惊讶，而另两位门徒朝下的皱纹里尽是专注。

通常而言，多马总是与其他门徒针锋相对，虔信者的团体与独自一个的怀疑者泾渭分明。无论他们从后面向多马靠得多近，之间依然存在着一道鸿沟，可是在这里，价值取向发生了逆转。恰恰相反，多马和耶稣构成了画面中的一个平面，另两位门徒构成了另一平面。四个人的前额组成了一个明显的十字，事实上多马并不在画面前景，耶稣和右侧的门徒并非处于同一平面，把最年长的门徒挡在后面。实际上卡拉瓦乔以某种方式扭曲了透视法，稍稍把耶稣向前推，耶稣和多马形成了一个几乎贴近画布的对角线的平面。对角线的平面从右前方多马往外拐的胳膊开始，延伸到左后方耶稣的肩膀。耶稣和多马共同把画面界定为宗教奇迹的领域，耶稣是奇迹的化身，多马是奇迹的亲历者。多马戳进耶稣伤口的举动被耶稣握住他手腕的动作制衡：在这两个直接参与奇迹的人之间，是对于有力与弱小、主导与服从、掌控与受制的不均衡关系的布局，耶稣是这一神迹中毋庸置疑的主宰。

可是如果说绘画平面中的耶稣和多马展现了崇高的宗教场景，他们身后的两位门徒则身在一个中立的、毫无特征的空间，跂而望之。与之相应的是一个几近完美的水平对称，从绘画的平面延至卡拉瓦乔画作的真正观众，他们站在画前，为了看清绘画细节一步步靠近。卡拉瓦乔有足够的理由把和这一观看没有直接关联的任何身体部位都笼罩在暗影之中，因为他们存在的本质即是观看。他们观察并见证，他们通过看确证奇迹的真实性，唯有多马要通过触摸参与到奇迹之中。

可以说，卡拉瓦乔把怀疑的主观意向从《约翰福音》

图像版本：圣像中的多马

中的多马一人（多马的惊讶让怀疑无处可寻）转移到了另两位门徒身上（《约翰》中的他们根本不曾怀疑过）。两位门徒挨近观察，卡拉瓦乔没有告诉我们他们最终从细致入微的观察中得出了什么结论。他们会半信半疑吗？还是说他们深信不疑？即使他们深信不疑，他们最终的信服也不是凭借信仰之跃而是依据严谨周密的冷眼旁观。门徒们和我们所在的世界是俗世，充满日常的怀疑和观察。从这个世界迸发出了耶稣与多马的相遇，也碰撞出了我们与卡拉瓦乔绘画的相遇。多马向外伸出的手肘闯入我们的空间，我们不可能无动于衷。

卡拉瓦乔的绘画呈现的既不是信仰也不是怀疑，既不是宗教信仰也不是科学怀疑，而是二者之间无法化解的冲突和不可或缺的相互依存。卡拉瓦乔在深刻的张力中同时真切而公正地展现了不同的态度。主教奥塔维奥·帕拉维西诺［Ottavio Paravicino］在1603年8月2日的一封信中写道，卡拉瓦乔画了"几幅处于虔诚与亵渎之间的绘画，我不想看见它们，哪怕从远处看"（"qualche quadro, che fusse in quel mezzo tra il devoto, et profano, che non l'haveria voluto vedere da lontano"）。《怀疑者多马》或许是其中之一，毕竟这幅画确实悖论性地处在虔敬与亵渎之间。当主教写到他不想从远处看这些画，意思是说他根本就不想理会。其实其他人也不想从远处看——他们想走近端详。

我们可以把卡拉瓦乔的绘画解读为信仰与怀疑之间的冲突的戏剧化表现。似是而非的态度和对两种不同态度鞭辟入里的呈现使这幅画无论对神职人员还是普通观众和藏家而言都恰如其分，这也是这幅画在十七世纪初大获成功的原因。与此同时，这幅画坚信怀疑者多马这一奇迹的真实性，以此对抗怀疑和贬低奇迹的人——比如德国的改革派，尽管现存的文献尚不能证实这幅画曾经发挥过这样的作用。同样，这幅画也是意大利反改革派的一份独特的文献。十七年前圣嘉禄［San Carlo Borromeo］曾在米兰的布道中满怀激情地想象多马如何把手探进耶稣的伤口，卡拉瓦乔的画可以看作一个极端的视觉版本。

卡拉瓦乔的画作特意策略性地借用德国文艺复兴的图像学传统，决然地对抗德国新教的解经传统，这是历史辛辣的反讽——正如这幅画的德国式主题在意大利人看来别具一格，画作却在1816年告别意大利去往德国，从此几乎再未离开。

卡拉瓦乔对信仰与怀疑问题的戏剧化呈现也许会让观看者感到深深的不安，不仅因为他逼真地展现了多马对耶稣伤口的触摸，还因为他不置可否地将多马与另两位门徒的态度相提并论，并没有明确表示赞同或反对任何一方。亵慢耶稣的人向来是基督教图像学的主题，譬如在鞭笞耶稣和给耶稣戴上荆棘王冠的场景中,这些人总是为人所不齿,他们的形象令人生厌,丑恶而卑贱。卡拉瓦乔画作中做见证的两位门徒和多马一样引人注目,而且对于那些深深被这个场景吸引的观看者而言,他们反而更引人入胜。画作的多意性并没有为卡拉瓦乔最早的观众带来太大的困扰,也并未直接影响这幅画的声誉。相反,画作的模棱两可或许有利无弊,因为关于信仰与奇迹的任何大相径庭的观点都可以在同一幅画中找到依据。

我们在卡拉瓦乔的后继者所画的同一主题的绘画中可以看出,更加谨慎的画家如何简化、缓和这一主题,最关键的是如何为原作中最令人不安之处消除歧义。鲁本斯(图23)和别尔那多·斯特罗齐(图24)都保留了卡拉瓦乔画作中的某些重要特征:半身像构图;人物缩减为耶稣、多马和另两位门徒;耶稣的裸身与长袍加身的门徒的反差。然而他们的作品都不像卡拉瓦乔的画那样令人惶惶不安,而是清楚地照亮耶稣的面容,让他的情感展露无遗。

鲁本斯的画最贴近卡拉瓦乔的画面布局,也许只是为了借此突显主题的转变。耶稣的身体强壮而英气逼人;四个人物都穿戴得妥妥帖帖,头发丝毫不乱;耶稣的神情和双手发出从容、淡然的邀请;耶稣展开双手,让他的身体暴露在视觉的检查之下;最右边的那位门徒可能就是多马,这就回到了佛罗伦萨的传统,多马成了跃跃欲试的少

图 23. 彼得·保罗·鲁本斯,《怀疑者多马》,1612—1615 年(中)。皇家美术馆,安特卫普

Peter Paul Rubens, *Doubting Thomas*, 1612-1615(central panel). Koninklijk Museum voor Schone Kunsten, Antwerp

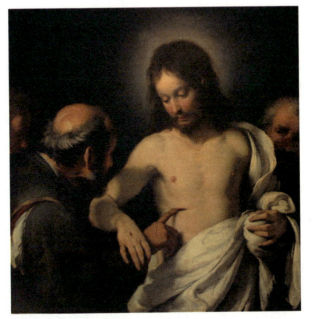

图 24. 别尔那多·斯特罗齐,《怀疑者多马》,约 1620 年。康普顿弗尼美术馆

Bernardo Strozzi, *Doubting Thomas*, about 1620. Compton Verney House Trust

年;多马和另两位门徒认真专注地盯着耶稣的伤口,却并没有感受到超凡的神迹或因此欣喜若狂。尤为重要的是,耶稣的肋旁并没有伤口——可能是被涂抹掉了,仿佛起初效仿了卡拉瓦乔的意图,后来又被鲁本斯否决了,也许因为浓墨重彩地描画伤口令人感到心烦意乱。多马没有把手

指伸进耶稣肋旁的伤口里,他看见耶稣展开的手就心满意足了。多马的双手,尤其是右手的姿态,似乎不仅出于惊讶,而是触碰主的念想一掠而过之后的退却。假如说卡拉瓦乔展现了《约翰福音》不曾描绘的场景,鲁本斯则通过重叠此前与此后的两个瞬间修正了卡拉瓦乔的描绘,亦即耶稣请多马触摸他(《约翰》20：27)以及多马虔诚的惊呼(20：28)。卡拉瓦乔画中最令人惴惴不安的那部分——耶稣开裂的创伤和多马咄咄逼人地把手插进伤口,在此偃旗息鼓。

斯特罗齐(图24)则保留了耶稣瘦弱的身体(尽管没有任何柔美的迹象),头发和胡子又长又乱,他对多马外衣上的裂口大加渲染。但是他彻底改变了人物布局,赋予他们不同的含义。耶稣回到了传统的中心位置,画面中最亮的是他的面庞,光芒万丈;相反,多马的脸几乎完全背着我们。虽然耶稣同样握住了多马的手腕,多马也把手伸进了耶稣的伤口,动作的情感基调却与卡拉瓦乔天差地别:耶稣并没有以压制性的力量抓住多马的手腕,而是轻柔、坚定地引导着;虽然耶稣的伤口正对着我们,却没有那么大的豁口,没有皮开肉绽,也没有那么疼痛;多马只用指尖探了探耶稣的伤口,没有把整个指节塞进去。如果说卡拉瓦乔呈现的是多马,斯特罗齐呈现的就是耶稣。耶稣头顶光环,慈爱地提起多马手腕的举动饱含对人类的关爱。

图像版本：圣像中的多马

多马像我们一样从前面靠近耶稣，在我们看来，多马占据着显著的位置，另两位门徒被逐至画面边缘。我们确信多马必将以虔信作为回应，我们也理应同多马一样。至少从神学上看，超出这一显白的教益之外的一切都无涉于画家的意图。假如说卡拉瓦乔的画含糊其词、令人心烦意乱，那么斯特罗齐画面中的天真明快令人安心。

被鲁本斯和斯特罗齐的两幅画有条不紊地压制下去的，正是卡拉瓦乔《怀疑者多马》的独特之处，也是最令人忐忑不安之处。卡拉瓦乔的这幅画将他的作品中反复出现的基本题材和主题汇集为紧凑而复杂的形式。心理学往往会阐释他作品中频繁出现的主题，从画面中看出他的迷恋、欲望与恐惧的症状，大量试图用这些证据来解析他的性格的论述由此产生。可是纵观历史，包括卡拉瓦乔的时代，绝大多数绘画并非个人的自我表达，而是牵涉世俗与教会权威的社会制度，乃至富有的藏家和赞助人的艺术市场，画家相互竞争，寻求难得的名望和为数不多的订件。总而言之，主题上的重复可以理解为社会的风尚与趣味，尤其在满足赞助人的预期这方面，卡拉瓦乔如鱼得水。这些绘画反映出了他们的品位，卡拉瓦乔投其所好，画作里不全是画家的喜好。

品位的连贯和一致让我们可以在《怀疑者多马》中轻而易举地看到出现在其他画作中的相近主题：关于信仰的

怀疑者多马

疑问和轻信的危害（至少从现藏于卢浮宫绘于1594年左右的《吉卜赛算命人》[*La Buona Ventura*] 开始；还有《打牌的人》[*The Cardplayers*]，1594年或1595年，藏于沃斯堡 [Fort Worth] 的金博美术馆 [Kimball Art Museum]）；视觉与视觉媒介的悖论（特别是《纳喀索斯》[*Narcissus*]，约1597年，藏于罗马的国家古代艺术美术馆 [Galleria Nazionale d'Arte Antica]）；重伤、身体的疼痛与暴力的创伤（比如《朱迪思和霍洛芬斯》[*Judith and Holofernes*]，1598年，藏于国家古代艺术美术馆；《美杜莎》[*Medusa*]，1600年或1601年，藏于佛罗伦萨乌菲兹美术馆 [Uffizi]；《大卫与歌利亚》[*David with Goliath*]，1607年或1609年或1610年，藏于罗马的波各赛美术馆 [Galleria Borghese]）；耶稣饱受摧残的身体（《加冕荆棘》[*The Crowning with Thorns*]，1602年或1604年，藏于维也纳艺术史博物馆 [Kunsthistorisches Museum]；《鞭笞耶稣》[*The Flagellation of Jesus*]，1607年，藏于那不勒斯卡波迪蒙特国家博物馆 [Mueseo di Capodimonte]）；用手紧抓手腕（比如《马太受难》[*The Martyrdom of St. Matthew*] 中行刑者用手抓着圣马太的右手腕，1599年或1600年，罗马圣王路易堂 [San Luigi dei Francesi]；或者《献祭以撒》[*The Sacrifice of Issaac*] 中的天使拉住亚伯拉罕的右手，1603年，藏于乌菲兹美术馆；以及《吉卜赛算命人》）；伸出的手指意外地被抓住，难以脱身（《被蜥蜴咬伤的男孩》

图像版本：圣像中的多马

图 25. 卡拉瓦乔，《以马忤斯的晚餐》，约 1600—1601 年。国家美术馆，伦敦

Caravaggio, *Supper at Emmaus*, ca. 1600-1601. National Gallery, London

[*Boy Bitten by a Lizard*]，藏于佛罗伦萨的隆基馆 [Collection Longhi]）。

卡拉瓦乔的另三幅画可以与《怀疑者多马》互相比较。其中两幅描绘的是耶稣在以马忤斯的晚餐，一幅作于 1600 年或 1601 年，现藏于伦敦国家美术馆（图 25）；另一幅大概画于六年之后，现藏于米兰布雷拉画廊 [Pinacoteca di Brera]（图 26）。与《怀疑者多马》一样，在这两幅画中，卡拉瓦乔展现了发生着宗教奇迹的场景，有些人身处其中，另一些人冷眼旁观。在现藏于伦敦的画

图26. 卡拉瓦乔,《以马忤斯的晚餐》,1606年。布雷拉画廊,米兰
Caravaggio, *Supper at Emmaus*, 1606. Pinacoteca di Brera, Milan

作中(图25),两位门徒坐在那里,从他们的手、手臂动作和脸上的表情,可以看出他们像多马一样惊讶万分——特别注意他们睁大的眼睛、扬起的眉毛和额上的皱纹。作为观看者,我们的空间又一次被画作入侵——门徒伸展的左臂、桌面上快要掉落的果篮,这一切都威胁地向我们袭来,我们无法无动于衷。然而耶稣身后站着平静而好奇的店主,就那样看着,好比《怀疑者多马》中的另两位门徒。他当然也卷入其中,不过只是像观看绘画的人一样饶

图像版本：圣像中的多马

图27. 卡拉瓦乔，《花园被捕》，1602年。爱尔兰国家美术馆，都柏林
Caravaggio, *Arrest in the Garden*, 1602. National Gallery of Ireland, Dublin

有兴味，不像门徒们那般深感震撼。米兰的《以马忤斯的晚餐》又增加了一位无所用心的见证者——旅馆店主的妻子。店主向下紧蹙的眉毛与门徒们上挑的眉毛、大惊失色的情形形成格外强烈的反差。

可与《怀疑者多马》作对比的最后一幅画是以各种副本为人所知而在最近被人重新发现的画作，现藏于都柏林的《花园被捕》[*Arrest in the Garden*]（图27）。在这里我们似乎发现了一种亵渎，几近强暴，由魁梧、粗俗的犹大

²¹³ 强加于高贵、纤柔、受苦的耶稣。同样地，耶稣柔弱的身体因双手非凡的力量达成了某种平衡，不过在这里，他并不是抓住别人的手，而是紧握自己的双手，这是祷告、悲伤、自制的姿态。这里也有人气势汹汹地逼近耶稣，一位多多少少有些漠不关心的门徒（多马在后来有时也被叫作犹大），其他人物却十分专注（包括最右边的那位，他看上去像是画家本人的半身像）。最后，这里的耶稣也被挪到了画面左边，另一个结实有力的躯体占据正中，他向前张开
²¹⁴ 手臂，（徒劳地）想要控制耶稣的身体。我们在《怀疑者多马》中察觉到的关于同性之爱和施虐受虐的蛛丝马迹，在这里似乎格外激烈地表达出来。

假如用"天才"来形容艺术家并非陈词滥调，我们可以把卡拉瓦乔称作天才。他的才华不在于灵感迸发的自我表达，对于如何把握图像媒介内在的潜能，从而与不同的观看者建立充分的沟通，卡拉瓦乔拥有卓尔不群、收放自如并且深入细致的理解。他成为数世纪以来诸多艺术传统中关于如何说服观看者相信怀疑者多马这一故事的真实性、重要性与意义的典范——尽管卡拉瓦乔本身独一无二，但在某种程度上仍然可以把他作为具有代表性的典范。许多不知其名的艺术家，他们的艺术成就甚至可以以此为衡量标准，即他们所描绘的多马把手指伸进耶稣的伤口的画面是否令人信服，因为这一信念至少部分归功于绘画传统。

要让多马相信，他不仅要看见耶稣还要触摸耶稣。圣像的观看者只能看多马如何触摸耶稣，却不能摸到。许多人因为看见多马真的触摸了耶稣，也就相信了。

神圣的手指

在距离主火车站不远的罗马的耶路撒冷圣十字圣殿［Basilica of Santa Croce in Gerusalemme］珍藏的救世主受难的圣物当中，除了一根圣钉、两根圣荆棘、三个圣十字架木片、悔过的盗贼的十字架的整个横梁、钉在耶稣十字架上用三种语言称他为犹太人的王的部分木牌、圣墓和鞭刑柱（以及圣婴摇篮）的各种残片，参观者还会惊讶地看见使徒圣多马的手指（扉页图）。从银盒子的两个侧孔可以看见带着两个水晶窗的椭圆的圣体匣里一根直指的手指，有两个指节。两片象征着多马殉道的棕榈叶环绕着圣体匣，上下交错；顶端是一个小十字架，底部用蜡封存，向怀疑的人们证实它的真实性。

人们着迷于多马的手指，其本质是什么？

正如之前提到的，约翰虽未直言但是显然批评了多马错误地执迷于耶稣的物质性身体：根据耶稣最后对多马说的话，真正有福的不是那些要看救世主身体的人，更不用说要摸他，通过耶稣身体性的复活获得信仰的人了；有福的是无须耶稣身体的证明，仅仅听闻或读到耶稣的复活就相信的人。约翰的叙事头头是道，许多读者依然如风过耳，公然违背约翰的意愿，心心念念耶稣的身体。约翰暗中指责多马想要触摸耶稣身体的愿望，可是多马令人瞩目地表达出他的愿望，令人难以忘怀，而且约翰既没有直言不讳地指责多马，也没有明确告诉我们耶稣不允许多马触碰他的身体，多马或许真的伸手触摸耶稣的可能性依然萦绕不散。

除了未必为真的圣包皮之外，耶稣受难后的身体已不存于世。至少在末日审判之前，就算望眼欲穿也没有人能够再次看见这个为人所爱而饱受苦难的身体。但是在我们的生活中，对圣体的艺术再现随处可见，它们并非描摹或模仿，而是激发出我们感知耶稣身体的愿望，却从不让人在现实中如愿以偿。目睹耶稣真实身体这一强烈愿望总是不可避免地遭受挫败，我们因此转而寻求某种相近的出路。各种难题也应运而生：假如我们无法触摸甚至无法看到耶稣的身体，那么以某种方式接触过耶稣身体的事物又如何呢？我们能触碰或者至少能够看见它们吗？这样一来难道不是更加确证了《圣经》的叙述？折磨耶稣的钉子和荆棘呢？特别是多马的手指，它是可触可见的吗？根据记载，那只手指是耶稣钉上十字架之后人类唯一触碰过耶稣身体的东西。耶稣不让抹大拉的马利亚触碰他,却没有阻止多马:这只不敬而受人尊敬的手指后来怎么样了?虽然《约翰福音》本身没有为多马的身体赋予任何重要性,对许多基督徒而言,多马的身体已然心照不宣地得到了特别的关注,取代了唯有他能够饱含爱意却又粗暴地触摸的、独一无二的耶稣的身体。

对于多马身体的强烈兴趣从最早的传说,即伪经《多马行传》的记述就一望而知。如前所述,这一文本带有浓重的诺斯替主义色彩,因此不能指望它对身体格外关注。然而《多马行传》详细叙述了这位使徒的死亡:四个士兵用长矛刺穿他的身体(§168),多马受到的伤害相比于耶稣有过之而无不及。多马自己解释了他为什么要被四支长矛刺穿,耶稣只被一支长矛穿过:多马是凡人,由四种元素构成;耶稣是神,融合为一(§165)。文本为多马一生的故事加上了最后一幕,他身体的力量在死后达到巅峰:

> 许久之后,米代斯[Misdaeus]王的一个儿子被恶灵附身,因为恶魔太过凶恶,没人能医好他。米代斯王思虑良久,说道:"我要去打开多马的坟墓,取一块上帝使徒的骨头挂在我儿子身上,他就能痊愈了。"当他这么想的时候,使徒多马向他显现,对他说:"你

不信活着的人，反而信死去的人吗？不要害怕，我主耶稣基督会眷顾你，以他的善意垂怜你。"

国王将墓穴打开，发现使徒已经不在那里，因为他的一个弟兄把他盗走，带到了美索不达米亚，米代斯王从墓穴里尸骨曾经安放之处取了一抔尘土，挂在儿子的脖子上，说："基督耶稣，我相信你，既然他离开了，愿令众人烦扰的、反对众人的，都无法看见你。"当他把尘土挂在他儿子身上，那孩子就痊愈了。（§170）

正如我们对诺斯替文本抱有的预期，这一叙述揭示了多马身体的威力暗含着的不安：国王想把多马的身体当作拥有魔力的圣物，这一愿望被多马本人阻挠，国王却依然如愿以偿；多马的圣体从墓穴中消失（不像权威的基督教叙述耶稣身体的复活，多马没有复活，而是因为其他门徒们盗走了它，远走高飞，正如《马太》28：11-15对关于耶稣身体消失寻求的解释），然而墓中的尘土仍然神力非凡（就好比耶稣的身体虽然不在了，就连多马的手指，这触碰过它的凡人的尘土，都拥有超凡的神力）。最合理的解读是把这个文本作为当时的人对多马的遗体崇拜的见证（也许局限于美索不达米亚和东叙利亚的伊德萨，或许并不在印度），《多马行传》传达并确证了这种崇拜，却并非毫无保留地赞许对多马的崇拜。就连死亡也不能让多马尸骨安息。

关于多马之死和死后的传说,具体的细节千差万别。某些权威经典认为他死于伊德萨并埋葬于此;亚历山大的克莱蒙［Clement of Alexandria］转引诺斯替主义者赫拉克利翁［Heracleon］,认为多马不同于耶稣其他门徒的大多数,他得以寿终正寝（《杂记》［*Stromata*］4.9.71.3）。认为多马死于印度的作者提出多马的遗体留在印度,更常见的情形是,他们感到有必要解释清楚多马的遗体如何会从印度抵达叙利亚。自中世纪末以来,把多马遗体运送到伊德萨的传统日期7月3日就已经成为西方教会［Western Church］的圣徒节日。这个日子与中世纪的圣日12月21日耶稣生日相隔甚远,这是不是巧合？总之以伊德萨的墓地为中心的圣多马崇拜在四世纪晚期和五世纪早期的诸多文本中一览无遗,其中包括朝圣者艾吉瑞亚［Egeria］的《圣地朝圣》［*Pilgrimage to Holy Places*］(*CESL* 61.23ff),鲁菲纳斯［Rufinus］翻译的尤西比乌斯《教会史》(11.5),还有屈梭多模的多次布道——归在屈梭多模名下的一篇伪作甚至以听众跪拜在圣多马墓前拥抱他的遗体作为结尾（《圣使徒多马布道》［*Sermon on St. Thomas Apostle*］=*PG* 59.500)。

据说多马的尸骨曾埋葬在伊德萨的一座大教堂里,1258年9月6日那天被船长利昂·德吉·阿西亚奥利［Leone degli Acciaiuoli］从希腊希俄斯岛［Chios］运到意大利亚得里亚海南岸的阿布鲁齐［Abruzzi］港口城镇奥托纳［Ortona］，在宏伟的圣殿供人敬拜。直至今日多马的遗体仍然在圣使徒多马教堂［Concattedrale di San Tommaso Apostolo］受人瞻仰，他的遗骨在1943年12月21日被德国军队炸毁之后得到修复，德军当然不知道这个日子正是中世纪圣日；据说墓室祭坛下面有一个鎏金骨灰盒，存有圣人遗骨，而且附近的一个墓碑上有一幅画像和希腊文"圣多马"的字样，还据说这是从伊德萨来到希俄斯岛的。

奥托纳的居民敬仰多马，把他当作城镇的守护者并引以为傲。可是对于其他人而言，多马身上最重要的只有他的手指，那只戳进耶稣伤口的既圣洁又亵渎的手指——人们大多认为多马不只要求这么做，而且确实把手指插进了耶稣的伤口。罗马的耶路撒冷圣十字圣殿的圣体匣里，多马的手指与其他圣物为伴，它们之间的关系却含糊不清。其余物件均和耶稣的身体密切相关，拥有如耶稣一般的神圣特质。它们不只是触碰了耶稣的身体，更不是充满爱意地轻抚，而是残暴地刺穿他的身体。多马的手指和扎进耶稣手脚的钉子、刺进头颅的荆棘一样咄咄逼人，外观尖锐；它的形状不禁让我们想起多马表示怀疑时的气势汹汹和打消疑虑的方式。

精妙绝伦的圣体匣吸引着我们的目光：正如在罗马天主教弥撒中向信徒们展示圣饼的圣体光座［ostensorium］，

220 精雕细琢的框架和中空的椭圆空间将我们的注意力引向空间正中的匣子；匣子本身又是一个框架，穿过侧面两个狭长的开口隐约可见的是两块骨头；匣子的形状与戳进耶稣伤口的指头的形状暗合，匣子本身就像一个微缩的身体，仿佛也受了伤，透过侧面的长长的切口看见它的内里，待我们去检查和证实。

摆放在罗马的多马的手指仿佛将我们置于多马的位置，把我们卷入怀疑与证实的繁复过程中：因为如果这根指头真的触摸过复活的耶稣的话，它就是留存于世的关于耶稣复活的身体的唯一证据。结果就是，我们不可避免地关注这根手指，甚至忘记了它所触碰的耶稣。展示的时候，多马的手指并不从侧面指着，也不往下指，而是朝上，指向十字架之外的天国，多马并未直接见证的天国。手指的方向提醒我们，我们不必纠结于语言上的叙述，无须深究多马是否真的触摸了耶稣的伤口，也无须担忧这只手指是否属于历史上的多马的遗骸，我们应该想到天国，关心我们如何升上天国。

教堂里的手册解释了或许比多马的手指更加神圣的其他圣物的奇迹般的、具体而微的起源，追溯至君士坦丁大帝时期圣海伦娜［St. Helena］到圣地的旅程。但是关于所展示的怀疑者多马手上的手指，却并没有追根溯源，而是谨慎地不置一词。倘若诚如人们所言，多马的手指从伊德萨来到罗马，事情的经过我们将一无所知，至少在此世无从知晓。我们理应感谢带来这根手指的人，无论他是谁，因为他让信仰者更加虔信，让怀疑者的疑虑得到证实。

无论我们相信与否，都会想起一句中国的古话（也许就像我们信以为真的许多其他箴言一样，亦不足为凭）："以手指月，指并非月。"［When the wise man points at the heavens, the fool looks at his finger.］❶

---

❶　典故或许出自《楞严经》《圆觉经》《大智度论》等。

后 记

²²³ 怀疑者多马的故事可能很大程度上是约翰的创作,先让人疑窦丛生,然后再消除怀疑,使疑虑云开雾散。多马这个人物一旦被创造出来,就难以摆脱:他像羞愧的记忆一样如影随形。如果《约翰福音》中没有多马,约翰也许会担忧自己没有尽可能地设想读者可能怀有的疑问,寻根究底并立即斩草除根;如果约翰没有让多马夸张地表达他的怀疑,他或许会觉得自己没有充分地揭示怀疑是多么不敬、多么不明智,从而让他的读者不再疑惑。假如大家都深信不疑,也就不需要多马了。正是通过将否定的时刻从信仰的世界之外引入神圣福音的话语领域,约翰承认了怀疑的存在,并为之赋予一定的积极意义。约翰决定以极端的方式表达这种冲突,多马怀疑的爆发令人难以忘怀。

约翰塑造的基督教传统需要诸多努力与智慧来化解怀疑者多马的故事里令人深感不安的暗示。当约翰创造出多

后　记

马这个人物的时候,他在多大程度上借鉴了原诺斯替主义［proto-Gnostic］的思想?诺斯替主义的魅力在何种程度上因为约翰把多马写进了《约翰福音》而更加巩固?我们不得而知,只知道被早期教父斥为诺斯替的信仰逐渐等同于怀疑者多马,对多马的本质与言行的辩论深深地影响了基督教自身的演变。为了把多马带入正统的宗教阵营,《约翰福音》的基督教解经学必须与文本证据进行长达几个世纪的争辩,主张多马不只是有可能触摸了耶稣,而是确确实实地摸了复活的耶稣的物质性身体;即使重回《圣经》文本的新教也仍然无法向所有人解释这个诠释学问题,反而导致了更深的分裂与质疑。千年的论争不仅是关于文本中几句隐晦曲折的语句的真正含义,而是耶稣究竟以何种方式复活,以及我们如何设想自身的复活,并且关乎我们物质性的身体和个人身份的根本关系。与此同时,画家和雕塑家在展现多马的时候,总是出于各种原因以各自的方式描绘多马把手指插进耶稣伤口的瞬间,从而决定性地使多马真的触摸了耶稣这个广为流传的观念更加深入人心。

因此,多马是阐明基督教历史许多个世纪以来诸多中心主题的索引。但是不仅是身为基督徒的宗教学者对多马兴致盎然:多马提出的怀疑与信仰的问题同样吸引着并不关心基督教的人们。

"怀疑主义"是个古老的词。直到现代,怀疑主义的态度在哲学上总是零零星星，处于文化边缘。在古代，怀疑主义仅在三个相对短暂的历史时期受人敬重：创始者伊利斯的皮隆［Pyrrhon of Elis］（ca. 365-275 B.C.）生前；公元前三世纪至公元前一世纪柏拉图学派中期；以及始于公元前一世纪的皮隆主义复兴时期。即使在这三个昙花一现的时代，怀疑主义仍然是少数人的立场，反对者嘲讽它前后矛盾且不切实际（尽管反对者也借其之道来强化他们的教条式的论证）。在公众的心目中，哲学家和怀疑论并无瓜葛，哲学家是蓄着胡子的禁欲主义者，他们内心笃定、高深莫测。

无论笛卡尔与中世纪晚期经院哲学关系如何，笛卡尔让全新而彻底的怀疑立场戏剧性地进入十七世纪的哲学舞台。假如说哲学是根据我们所确信的知识来建造一座大厦，那么，我们不像相信自己亲眼所见之事一样相信别人告诉我们的事，这一日常经验将会产生重大的哲学后果。当笛卡尔为知识寻找稳固的起点，身为哲学家的他发现，必须摒弃一切来自传统的道听途说（甚至包括来自自己感官的认识，也包括视觉），而要寻求牢不可破的自我的知识。笛卡尔横空出世之后的几个世纪里，哲学上对于确定性的追寻总是深深地被怀疑论的阴云笼罩：四百年里各个哲学流派将宗教、政治、科学、道德、感官认知以及其他一切权威的来源，包括哲学本身，都置于怀疑论的严酷拷问之下。

后 记

同一时期以怀疑论为基础巩固怀疑并使其正规化的整个制度，特别是科学和大学教育，都已超越了早期零散的开端，成为现代西方社会的主导特征。

大多数人再也无法摆脱如影随形的怀疑，甚至无法想象没有怀疑的生活。可是与怀疑共存绝非易事。我们必须把我们的怀疑主义视为理所当然。语言、传统和社会在我们能够表达出自身的怀疑之前就已经深刻地塑造了我们，而只有在这种原初的塑造之中我们才能够让自己和他人理解这些怀疑。我们与他人的任何人际关系，尤其是爱情，总是不断地要求我们信任他人，而信任无法通过理性论证，彻底的怀疑主义不仅是质疑而且是毁灭性的。我们复杂的生活穿梭于截然不同的领域：家庭、友谊、工作、科学、政治、交易，诸如此类，我们对怀疑的相信和相信的方式在不同领域千差万别；我们很少停下来思索不同方式和不同程度的怀疑论到底是否合理。我们几乎从未根本性地怀疑对怀疑的真正追寻。最后，生命的有限和勃勃野心之间无法化解的对立不可避免地将我们逼进各种自相矛盾之中，怀疑主义很容易就现出原形，可是我们继续着的生活要求我们维持原状。我们知道自己终将死去，我们所爱的一切也会烟消云散，然而我们对此的认识和由此产生的疑问并不会让我们停止生活、终止创造，或者放下我们的爱。

从某种意义上看，我们全都是失败的怀疑论者。对于我们当中的基督徒而言,多马是个象征性的人物:多马表达了他的怀疑,即使最为虔诚的信徒在生命里也不可能完全不曾怀疑过,而多马彻底地战胜了怀疑。对于非基督徒而言,多马依然是个象征:他的怀疑也是我们的怀疑,他的矛盾也是我们的矛盾。约翰难以料想我们所在的世界,他可能会对此嗤之以鼻。通过把怀疑者多马写进福音书里,现代读者也能够感同身受。

多马代表了我们。

参考文献

引言：Maurice Blanchot, *Thomas the Obscure*, new version, translated by Robert Lamberton(New York, 1973), 27-28。

看与相信

关于五种感官的哲学叙述总体上依然源自亚里士多德的《论灵魂》[*De anima*] 2.7-11。关于此书的经典评论的英文书目为 R. D. Hicks, ed., *Aristotle De Anima*(Cambridge, 1907；repr. Hildesheim-New York, 1990)，以及 David Ross, ed., *Aristotle De Anima*(Oxford, 1961)；近年的哲学评论可参见 D. W. Hamlyn, *Aristotle De Anima—Book II and III*（及第一辑的几个段落), updated edition by Christopher Shields (Oxford, 1993)。一些近出的文集也关注亚里士多德这一文本的哲学面向：参见 Martha C. Nussbaum and Amélie Oksenberg Rorty, ed., *Essays on Aristotle's De Anima* (Oxford, 1992)；Michael Durrant, ed., *Aristotle's De Anima in Focus* (London, 1993)；以及 Gilbert Romeyer Dherbey, ed., *Corps et âme: Sur le de Anima d'Aristote*, Etudes réunies par Cristina Viano (Paris, 1996)。哲学综述请见 Daniel N. Robinson, *Aristotle's Psychology*(New York, 1989)。

关于真相［truth］的社会史是科学史家对于科学认识论在社会层面的兴趣与日俱增的背景下关注的研究领域。比如 Steven Shapin and Simon Schaffer, *Leviathan and the Air-Pump: Hobbes, Boyle, and the Experimental Life* (Princeton, N.J., 1985); Steven Shapin, *A Social History of Truth: Civility and Science in Seventeenth-Century England* (Chicago, 1994); Bruno Latour and Steve Woolgar, *Laboratory Life: The Social Construction of Scientific Facts* (Princeton, N.J., 1986); 以及 Bruno Latour, *Pandora's Hope: Eassys in the Reality of Science Studies* (Cambridge, Mass., 1999)。

有关信仰的本质，尤其是相对于宗教信仰的经验信仰［empirical belief］，Bernard Williams, *Problems of the Self* (Cambridge, 1973) 第九章 (136-151) 中睿智而人性的叙述仍是奠基性的。

据我所知，与本书前几章采用的方法最为接近的对《圣经》叙事的两种解读来自 Frank Kermode, *The Genesis of Secrecy: On the Interpretation of Narrative* (Cambridge, Mass., 1979), 以及 Jean Starobinski, *Trois fureurs: Essais* (Paris, 1974), 73-126 对《马可福音》5：1-20 的解读。虽然我对某些问题多多少少持有不同的意见，但对这两部著作极为钦佩，也希望这两位作者不介意我将他们的作品引为范例。《圣经》的重要文学研究有 Erich Auerbach, *Mimesis: The Representation of Reality in Western Literature*, trans., Willard R. Trask (Princeton, N.J., 1953), 3-23; Jan P. Fokkelman, *Narrative Art in Genesis: Specimens of Stylistic and Structural Analysis* (Assen, 1975); Robert Alter, *The Art of Biblical Narrative* (New York, 1981); Northrop Frye, *The Great Code: The Bible and Literature* (New York, 1981); 还有 M. Sternberg, *The Poetics of Biblical Narrative: Ideological Literature and the Drama of Reading* (Bloomington, Ind., 1985)。对《圣经》的总体的文学评论，参看 William A. Beardslee, *Literary Criticism and the New Testament* (Sheffield, UK, 1994); Jan P.

参考文献

Fokkelman, *Reading Biblical Narrative: An Introductory Guide*, trans. Ineke Smit (Luisville, Ky., 1999)。最近的概述有 Yairah Amit, *Reading Biblical Narratives: Literary Criticism and the Hebrew Bible* (Minneapolis, 2001)。

关于《新约》的修辞学研究，参见 George A. Kennedy, *New Testament Interpretation through Rhetorical Criticism* (Chapel Hill, N.C., 1984)，以及 Carl Joachim Classen, *Rhetorical Criticism of the New Testament* (Tübingen, 2000)。

诠释学的叙事的留白或间隙[narrative lacunae]的概念要归功于 Wolfgang Iser：特别参考 *The Implied Reader: Patterns of Communication in Prose Fiction from Bunyan to Beckett* (Baltimore, 1974) 和 *The Art of Reading: A Theory of Aesthetic Response* (Baltimore, 1978)。对文学和修辞学的叙事解读深受 Gerard Genette 的影响：特别参见 *Figures III: Essais* (Paris, 1972), 65-283 中的 *Discours du récit*；已有英译本 *Narrative Discourse*, trans. Jane E. Lewin (Ithaca, N.Y., 1980)。

另一研究领域文艺复兴研究，Alastair Fowler, *Renaissance Realism: Narrative Images in Literature and Art* (Oxford, 2003)，这部最近的作品在方法论上提出异议，认为以假想的心理动机来填补文本空白是现代人根据过去几个世纪的现实主义小说的经验，把期望不合时宜地强加于古代。指望福音叙事拥有精彩的欧洲小说具有的文学连贯性和人物塑造能力，这显然不合时宜。但是我们可以感觉到叙事的间隙，可以用小小的推测填补它而不被这类先入为主的期望所把持；正如我们看到的，依据《约翰福音》叙述发展而来的诸多解释性的叙事证明，公元一世纪的众多读者面对这个文本的时候，他们的反应同我们如出一辙。

多马之前：对观福音

我借鉴了关于对观福音的大部分经典注释。以下几部书帮助甚大：

Hugh Andersaon, *The Gospel of Mark: The New Century Bible Commentary* (Grand Rapids, Mich., 1976); *The Gospel according to Luke: The Anchor Bible*, Joseph A. Fitzmyer, S.J., 两卷本新译本，并有导言与评注（Garden City, N.J., 1981-85）; *Matthew: The Anchor Bible*, W. F. Albright and C. S. Mann 的新译本，另有导言与译注（Garden City, N.J., 1971）。

关于《新约》诸多难解的文本问题参考 Bruce M. Metzger 的权威导论，*A Textual Commentary on the Greek New Testament*，修订本（London, 1975），以及 *The Text of the New Testament: Its Transmission, Corruption, and Restoration*，第二版（New York, 1968）。读者也可参考 Vincent Taylor, *The Formation of the Gospel Tradition*（London, 1953）。Hans von Campenhausen 描述了《新约》的总体发展，见于 *The Formation of the Christian Bible*, trans., John Austin Baker（London, 1972）。

关于耶稣复活的通俗易懂的叙述来自这一领域最优秀的学者，Raymond E. Brown, *A Risen Christ in Eastertime: Essays on the Gospel Narratives of the Resurrection*（Collegeville, Minn., 1991）。近出的以古代看待死后生活为背景的探讨《新约》中耶稣复活的巨著，N. T. Wright 所著的 *The Resurrection of the Son of God: Christian Origins and the Question of God*, vol. 3（London, 2003）。

对观福音里三个女子在空荡荡的墓中的场景是 Louis Marin 的引人入胜的语义学解读的主题，见于 Marin, *Sémiotique de la passion: Topiques et figures*（Paris, 1971），221-231, "Les femmes au tombeau: Essai d'analyse structurale d'un texte évagélique"; 英译本可见于 *The Semiotics of the Passion Narrative: Topics and Figures*, trans. A. M. Johnson, Jr.（Pittsburgh, 1980）。对观福音中有关这一片段的其他重要研究有：A. R. C. Leaney, "The Resurrection Narratives in Luke（xxiv. 12-53），" *New Testament Studies* 2（1955-56）: 110-114; Charles H. Dodd, "The Appearance of the Risen

Christ: An Essay in Form-Criticism of the Gospels," in D. E. Nineham, ed., *Studies in the Gospels: Essays in Memory of R. H. Lightfoot* (Oxford, 1955), 9-35; Hans Grass, *Ostergeschehen und Osterberichte*, 3rd ed. (Göttingen, 1964); Augustin George, "Les récits d'apparitions aux Onze à partir de Luc 24, 36-53," in Paul de Surgy et al., eds., *La résurrection du Christ et l'exégèse moderne*, Lectio Divina 50 (Paris, 1969), 75-104; Frank Neirynck, "Les femmes au tombeau: Étude de la rédaction Matthéenne," *New Testament Studies* 15 (1969): 168-190; John E. Alsup, *The Post-Resurrection Appearance Stories of the Gospel Tradition: A History of Tradition Analysis with Text-Synopsis*, Calwer theologische Monographien 5 (Stuttgart, 1975)。另一极有帮助的文集是 Paul Hoffmann, ed., *Zur neutestamentlichen Überlieferung von der Auferstehung Jesu*, Wege der Forschung 522 (Darmstadt, 1988),其中包括了相当全面的参考文献。

关于《马可福音》结尾的不同解读可见 Joseph Hug, *La finale de l'Evangile de Marc* (Mc 16, 9-20)(Paris, 1978),以及 Paul L. Danove, *The End of Mark's Story: A Methodological Study* (Leiden, 1993)。认为复活的故事对于书写福音的群体至关重要,担心这个故事落入别有用心的人手里,所以不能写下来只能口耳相传,这一理论与 William Wrede 密切相关,可参见他所著的 *Das Messiasgeheimnis in den Evangelien: Zugleich ein Beitrag zum Verständnis des Markusevangeliums* (Göttingen, 1901; repr., 1969), translated by J. C. G. Greig as *The Messianic Secret* (Cambridge, 1971); 另可参考 Vincent Taylor, *The Gospel according to St. Mark* (London, 1952), 122ff.。

关于《新约》时代巴勒斯坦地区女性的法律地位以及福音书背景下社会生活的其他方面,可见 Ekkehard W. Stegemann 与 Wolfgang Stegemann 合著的 *Urchristliche Sozialgeschichte: Die Anfänge im Judentum und die Christusgemeinden in der mediterranen Welt*, 2nd ed. (Stuttgart, 1997); 以及 Kenneth C. Hanson and Douglas E. Oakman, *Palestine in the Time of Jesus: Social Structures and Social Conflicts* (Minneapolis, 1998), 及其参考文献; 另有 John M. Court and Kathleen Court, *The New Testament World* (Cambridge, 1990), 再有 Bruce J. Malina, *The New Testament World: Insights from Cultural Anthropology*, rev. ed. (Atlanta, 1993)。

相信与触碰:《约翰福音》

英文著述中针对《约翰福音》的基础性评论是 Raymond E. Brown, *The Gospel according to John: A New Translation with Introduction and Commentary*, The Anchor Bible, 2 vols. (New York, 1966-70); 另可参见他的 "The Resurrection in John 20—A Series of Diverse Reactions," *Worship* 64 (1990): 194-206。同时期的其他解经作品也让我获益匪浅,特别是 Sir Edwyn Hoskyns, *The Fourth Gospel*, rev. ed., ed. Francis Noel Davey (London, 1947); Barnabas Lindars, *The New Century Bible Commentary: The Gospel of John* (Grand Rapids, Mich., 1972); Rudolf Schnackenburg, *Das Johannesevangelium*, pt. 3 (Freiburg, 1976); M. de Jonge, ed., *L'Evangile de Jean: Sources, rédaction, théologie*, Bibliotheca Ephemeridum theologicarum Lovaniensium 44 (Louvain, 1977); John Ashton, *Understanding the Fourth Gospel* (Oxford, 1991); C. K. Barrett, *The Gospel according to St. John: An Introduction with Commentary and Notes on the Greek Text*, 2nd ed. (Philadelphia, 1978); Attilio Gangemi, *I Racconti post-pasquali nel Vangelo di S. Giovanni*, vols. 1-3 (Acireale, 1989-1993); 以及 Thomas L. Brodie, *The Gospel according to John: A Literary and Theological Commentary* (New York, 1993)。我也受益于 C. H. Dodd 的 *The Interpretation of the Fourth Gospel* (Cambridge, 1953) 和 *Historical*

Tradition in the Fourth Gospel (Cambridge, 1963)。David Friedrich Strauß 的 *Das Leben Jesu für das deutsche Volk bearbeitet*, 3rd ed.(Leipzig, 1874), 604-611 也令我收获良多。因为 Adolf Martin Ritter (Heidelberg) 的善意相助, 我得以阅读 Hartwig Thyen 即将出版的关于《约翰福音》的重要评注, 其中强调了《约翰福音》与对观福音的互文性; 在此一并感谢。

《约翰福音》的作者并没有将自己认同为得到耶稣厚爱的门徒约翰, 我没有将两人混为一谈。参见 Burton L. Mack, *Who Wrote the New Testament? The Making of the Christian Myth* (San Francisco, 1995), 218-222; 另见 Harold W. Attridge, "The Restless Quest for the Beloved Disciple," in David H. Warren, Ann Graham Brock, and David W. Pao, ed., *Early Christian Voices: In Texts, Traditions, and Symbols: Essays in Honor of François Bovon*, Biblical Interpretation Series 66 (Boston, 2003), 71-80。

约翰所述的耶稣受难与复活和对观福音的描述的关系依然至关重要, 却又悬而未决。Frans Neirynck 在"John and the Synoptics: The Empty Tomb Stories," *New Testament Studies* 30 (1984): 161-187 中坚定地认为约翰除了三部对观福音之外再无其他来源。与此相反, D. Moody Smith 强调了约翰的叙述可能具有的史实性 [historicity], 参见"John and the Synoptics: Historical Tradition and the Passion Narrative," in James H. Charlesworth and Michael A. Daise, eds., *Light in a Spotless Mirror: Reflections on Wisdom Traditions in Judaism and Early Christianity* (Harrisburg, Pa., 2003), 77-91。

关于《约翰福音》的重要文学评论包括: A. Stock, *Call to Discipleship: A Literary Study of Mark's Gospel* (Wilmington, Del., 1982); R. A. Culpepper, *Anatomy of the Fourth Gospel: A Study in Literary Design* (Philadelphia, 1983); 还有 Robert Kysar, *John's Story of Jesus* (Philadelphia, 1984)。《约翰福音》第 20 章的文学解读, 特别参看 B. Lindars, "The Composition of John xx," *New Testament Studies* 7 (1960-1961): 142-147, 他认为约翰为了使对观福音中的

怀疑的主题更加戏剧化而编造了多马的故事;另参见 Ignace de la Potterie, "Genèse de la foi pascale d'après Jn. 20," *New Testament Studies* 30 (1984): 26-49; Dorothy Lee, "Partnership in Easter Faith: The Role of Mary Magdalene and Thomas in John 20," *Journal for the Study of the New Testament* 50 (1995): 37-49; William Bonney, *Caused to Believe: The Doubting Thomas Story as the Climax of John's Christological Narrative* (Leiden, 2002), on John 20, especially 131-173。对《约翰福音》其他段落的文学分析,另可参见 Rudolf Schnackenburg, "Strukturanalyse von Joh. 17," *Biblische Zeitschrift* 17 (1973): 67-78, 196-202; J. L. Resseguie, "John 9: A Literary-Critical Analy-sis," in K. R. R. Gros Louis, ed., *Literary Interpretations of Biblical Narratives II* (Nashville, Tenn., 1982), 295-320; J. D. Crossan, "It Is Written: A Structuralist Analysis of John 6," *Semeia* 26 (1983): 3-21; M. Rissi, "Der Aufbau des vierten Evangeliums," *New Testament Studies* 29 (1983): 48-54; Robert Kysar, "Johannine Metaphor—Meaning and Function: A Literary Case Study of John 10: 1-18," *Semeia* 53 (1991): 81-111; J. Warren Holleran, "Seeing the Light: A Narrative Reading of John 9," *Ephemerides Theologicae Lovanienses* 69 (1993): 5-26, 354-382; 以及 Mark W. G. Stibbe, ed., *The Gospel of John as Literature: An Anthology of Twentieth-Century Perspectives* (Leiden, 1993)。近来一些研究探讨了《约翰福音》中的反讽,提出了文学批评的有趣的问题: H. Clavier, "L'ironie dans le Quatrième Evangile," *Studia Evangelica* 1 (1959): 261-276; George W. MacRae, "Theology and Irony in the Fourth Gospel," in R. J. Clifford and George W. MacRae, eds., *The Word in the World: Essays in Honor of Frederick L. Moriarty* (Cambridge, Mass., 1973), 83-96; D. W. Wead, "Johannine Irony as a Key to the Author-Audience Relationship in John's Gospel," in Fred O. Francis, ed., *American Academy of Religion: Section on Biblical Literature*, 1974 (Missoula, Mont., 1974), 33-50; 再有 P. D. Duke,

参考文献

Irony in the Fourth Gospel(Atlanta, 1985)。

修辞学上对《约翰福音》的多种切入可见于 P. P. A. Kotzé, "John and Reader's Response," *Neotestamentica* 19 (1985): 50-63; J. A. Staley, *The Print's First Kiss: A Rhetorical Investigation of the Implied Reader in the Fourth Gospel* (Atlanta, 1988); D. Culbertson, "Are You Also Deceived? Reforming the Reader in John 7," *Proceedings, Eastern Great Lakes and Midwest Biblical Societies* 9 (1989): 148-160; 以及 Lauren L. Johns and Douglas B. Miller, "The Signs as Witness in the Fourth Gospel: Reexamining the Evidence," *Catholic Biblical Quarterly* 56 (1994): 519-535。

约翰观念中信仰与知识的关系问题，参照 J. Gaffney, "Believing and Knowing in the Fourth Gospel," *Theological Studies* 26 (1965): 215-241; 视觉的重要性，G. L. Phillips, "Faith and Vision in the Fourth Gospel," in F. L. Cross, ed., *Studies in the Fourth Gospel* (London, 1957), 83-96, Patrick Grant, "John: Seeing and Believing," in *Reading the New Testament* (Grand Rapids, Mich., 1989), 59-77, Craig Koester, "Hearing, Seeing, and Believing in the Gospel of John," *Biblica* 70 (1989): 327-348; 信仰与奇迹的关系，M.-É. Boismard, "Rapports entre foi et miracles dans l'Evangile de Jean," *Ephemerides Theologicae Lovanienses* 58 (1982): 357-364。《新约》中关于 πιστεύω 的语义学解释，Rudolf Bultmann, "πιστεύω," in Gerhard Kittel and G. W. Bromley, eds., *Theological Dictionary of the New Testament*, vol. 6 (Grand Rapids, Mich., 1974), 174-228; 另有 J. E. Botha, "The Meanings of pisteuo in the Greek New Testament: A Semantic-Lexicographical Study," *Neotestamentica* 21 (1987): 225-240。

关于《约翰福音》中抹大拉的马利亚和耶稣相见的发人深省、略微标新立异的哲学解读和心理分析，参见 Jean-Luc Nancy, *Noli me tangere: Essai sur la levée du corps* (Paris, 2003), esp. 21-42, 47-53, 60-68, 71-79, 84-89。

耶稣为什么不让马利亚触碰他？Jos. Maiworm 在 "'Noli me tangere!' Beitrag zur Exegese von Jo 20, 17" *Theologie und Glaube* 30（1938）: 540-546 中，评议了十二种不同的解释并提出了自己的见解（与我在此提出的解释并不相合）；Manuel Miguens 考察了对这个问题各种各样的传统与现代的处理方法，从亚历山大圣西里尔直到二十世纪，得出结论说耶稣不允许马利亚在他上升去见他的父的途中耽搁他，"Nota esegetica: Juan 20, 17," *Studii Biblici Franciscani Liber Annuus* 7（1956-57）: 221-231。

可是耶稣阻止马利亚究竟何故，这无法仅仅通过文法分析得出结论。《新约》中的语句，希腊语原文中的动词形式 Mή μου ἅπτου（"不要摸我"，20：17）是现在时命令式（而非表示过去的或完成的不定式），语义上并不明晰：这当然可以用于中断正在进行的行为，也可以用于阻止即将发生的行为。参见 James Hope Moulton, *A Grammar of New Testament Greek*, 3 vols.（Edinburgh, 1930-1963）1: 122-126, 3.74-78；Friedrich Blass-Albert Debrunner, *Grammatik des neutestamentlichen Griechisch*, ed. Friedrich Rehkopf, 16th ed.（Göttingen, 1984）, §336, 274-275, esp. 275n4 "已经发生的或即将发生的事"（was schon geschehen oder versucht ist）。在拉丁本《圣经》中，此处的文稿存在 tenere（抓住）和 tangere（触摸）的分歧，这就说明在古典时代晚期，耶稣的禁令的明确含义已不确切。

关于刺激而挑衅的描述在个人和社会生活中的作用，详见 William I. Miller, *The Anatomy of Disgust*（Cambridge, Mass., 1997）；关于伤口，可参见 53。从历史和哲学角度看待厌恶及其在欧洲审美与艺术中的作用，参见 Winfried Menninghaus, *Ekel: Theorie und Geschichte einer starken Empfindung*（Frankfurt, 1999）；罗马文化中厌恶的复杂性，Robert A. Kaster, "The Dynamics of Fastidium and the Ideology of Disgust," *Transactions and Proceedings of the American Philological Association* 131（2001）: 143-189。

我借用了笛卡尔《第一哲学沉思录》中的"普遍的怀疑"［hyperbolic

doubt]。我的用法自然与他不同。

早期拿但业[Nathanael]被认作巴多罗买[Bartholomew],在 Mark 3∶18, Luke 6∶14 和 Matthew 10∶3 与腓力同时出现;参见 U. Holzmeister, "Nathanael fuitne idem ac S. Bartholomaeus Apostolus?" *Biblica* 21(1940):28-39。这一认定相当武断,不过值得注意的是《使徒行传》1∶13 多马和腓力的并置;也许可以把它看作拿但业和多马之间亲密关系的另一蛛丝马迹。

《希伯来圣经》的信仰依据的是听闻上帝之言而非看见奇迹,参见 H. H. Wolff, *Anthropologie des Alten Testaments* (Munich, 1973), 115ff.。

我借鉴了 Arnold Davidson 对"知识的"和"非知识的"信仰的区分,我们交谈时他向我提出这个建议,我十分感激。这一用法也反映了维特根斯坦对宗教信仰和其他种类的信仰的划分,特别参看他所著的 *Culture and Value*, ed. G. H. von Wright and Heikki Nyman, trans. Peter Winch (Chicago, 1980); *Lectures and Conversations on Aesthetics, Psychology, and Religion*, ed. Cyril Barrett (Berkeley, 1966), 53-72;以及 Rush Rhees, ed., *Recollections of Wittgenstein* (Oxford, 1984), 76-171。

《约翰福音》第 21 章的相关内容,参见 S. S. Smalley, "The Sign in John XXI," *New Testament Studies* 20 (1974): 275-288, Smalley 以这一章为原作;另有 P. S. Minear, "The Original Function of John 21," *Journal of Biblical Literature* 102 (1983): 85-98。

来源与反思

双生子向来是人类学和宗教史钟爱的话题。这一领域的重要著作有 Hermann Usener, "Göttliche Synonyme" and "Zwillingsbildung," in *Kleine Schriften* 4 (Leipzig, 1913), 259-306 and 334-356; Julius von Negelein, "Die abergläubische Bedeutung der Zwillingsgeburt,"

Archiv für Religionswissenschaft 5 (1902): 271-273; P. Saintyves, "Les jumeaux dans l'ethnographie et la mythologie," *Revue Anthropologique* 35 (1925): 262-267; E. Sidney Hartland, "Twins," in James Hastings, ed., *Encyclopaedia of Religion and Ethics*, vol. 12 (Edinburgh, 1980), 491-500; Leo Sternberg, "Der antike Zwillingskult im Lichte der Ethnologie," *Zeitschrift für Ethnologie* 61 (1929): 152-200; Alexander Haggerty Krappe, "Zum antiken Zwillingsmythus im Lichte der Ethnologie," *Zeitschrift für Ethnologie* 66 (1934): 187-191; Alfred Métraux, "Twin Heroes in South American Mythology," *Journal of American Folklore* 59 (1946): 114-123; Claude Lévi-Strauss, *Histoire de Lynx* (Paris, 1991), chap. 5, "La sentence fatidique," 79-92。

Raymond Kuntzmann 对古代近东地区（也包括希伯来圣经和多马）关于双生子的信仰的叙述相当丰富，包罗万象，详见 *Le symbolisme des jumeaux au Proche-Orient ancien: Naissance, fonction, et évolution d'un symbole* (Paris, 1983)。

双生子在基督教传说中占有一席之地：参见 J. Rendel Harris, *The Dioscuri in the Christian Legends* (London, 1903), *The Cult of the Heavenly Twins* (Cambridge, 1906), *The Twelve Apostles* (Cambridge, 1927), and *The Piety of the Heavenly Twins*, Woodbrooke Essays 14 (Cambridge, 1928)。

关于古希腊对双生子的看法，可参见 S. Eitrem, *Die göttlichen Zwillinge bei den Griechen* (Christiania, 1902); Jean-Pierre Vernant, "Figuration de l'invisible et catégorie psychologique du double: Le colossos," in Vernant, *Mythe et pensée chez les Grecs* (Paris, 1974), 2: 65-78; Claudie Voisenat, "La rivalité, la séparation et la mort: Destinées gemellaires dans la mythologie grecque," *L'Homme* 28 (1988): 88-103; Françoise Frontisi-Ducroux, "Les Grecs, le double, et les jumeaux," *Topique* 50 (1992): 239-

262；Véronique Dasen, "Les jumeaux dans l'imaginaire funéraire grec," in Geneviève Hoffmann, ed., *Les pierres de l'offrande* (Zurich, 2001), 72-89。

罗马文化中的双生子，读者可参考 Ekkehard Stärk, *Die Menaechmi des Plautus und kein griechisches Original* (Tübingen, 1989), esp. 147-152；以及 Francesca Mencacci, *I fratelli amici: La rappresentazione dei gemelli nella cultura romana* (Venice, 1996)。

凯尔特和日耳曼文明中的双生子，参见 Alexander Haggerty Krappe, "Les dieux jumeaux dans la religion germanique," *Acta Philologica Scandinavica* 6 (1936)：1-25；Donald Ward, *The Divine Twins: An Indoeuropean Myth in Germanic Tradition* (Berkeley, 1968)；S. O'Brien, "Dioscuric Elements in Celtic and Ger- manic Mythology," *Journal of Indoeuropean Studies* 10 (1982)：117-135。

中世纪如何看待双生子，请见 J. M. M. H. Thijssen, "Twins as Monsters: Albertus Magnus's Theory of the Generation of Twins and Its Philosophical Context," *Bulletin of the History of Medicine* 61 (1987)：237-246。

从社会学切入，参见 Laura Makarius-Levi, "Les jumeaux: De l'ambivalence au dualisme," *L'Année Sociologique* 18 (1967)：373-390。心理学角度，René Zazzo, *Les jumeaux, le couple, et la personne* (Paris, 1960) and *Le paradoxe des jumeaux* (Paris, 1984)；L. Valente Torre, ed., *I gemelli: Il vissuto del doppio* (Florence, 1989)。

有大量关于双胞胎出生所面临的风险的医学文献。最近针对拥有现代医疗系统的高度工业化的西方国家的研究表明，双胞胎临产时的死亡率比单胎的新生儿高出三四倍，某些研究中的第二对双胞胎的存活率比第一对双胞胎低得多；近期的研究认为，即使第二对双胞胎临产死亡率并不明显高于第一对双胞胎，胎儿的阿普加评分［Apgar score］常常更低，和第一对相比处于弱势。可参见 Jose C. Scerbo, Pawan Rattan, and Joan E. Drukker, "Twins and Other Multiple Gestations," in Robert A. Knuppel and Joan E. Drukker, eds., *High-Risk Pregnancy: A Team Approach* (Philadelphia, 1986), 335-361; Ralph C. Benson, "Multiple Pregnancy," in Martin L. Pernoll, ed., *Current Obstetric and Gynecologic Diagnosis and Treatment*, 7th ed. (Norwalk, Conn., 1991), 352-363; Louis Keith and Emile Papiernik, eds., *Multiple Gestation: Clinical Obstetrics and Gynecology* 41: 1 (March 1998): 1-139。第二对双胞胎除了高死亡率之外还有其他劣势,参见 T. K. Eskes et al., "The Second Twin," *European Journal of Obstetrics, Gynecology, and Reproductive Biology* 19 (1985): 159-166; B. K. Young et al., "Differences in Twins: The Importance of Birth Order," *American Journal of Obstetrics and Gynecology* 151 (1985): 915-921; R. Nakano and H. Takemura, "Birth Order in Delivery of Twins," *Gynecologic and Obstetric Investigation* 25 (1988): 217-222。

显然,我们不可能掌握《新约》时代巴勒斯坦出生的双胞胎的统计数据。不过在卫生条件落后、医术简陋和婴儿死亡率高得多的情况下,现代欧美研究发现的双胞胎与单胎相比、第二对双胞胎与第一对双胞胎相比更为不利的存活率可能会更加显而易见。这一假设可以在现代前工业化对双胞胎死亡率的研究结果中找到有力的支持。可参见 Richard L. Naeye, "Twins: Causes of Perinatal Death in Twelve United States Cities and One African City," *American Journal of Obstetrics and Gynecology* 131 (1978): 267-272 (comparison with Ethiopia); O. Fakeye, "Twin Birth Weight Discordancy in Nigeria," *International Journal of Gynaecology and Obstetrics* 24 (1986): 235-238 and "Perinatal Factors in Twin Mortality in Nigeria," *International Journal of Gynaecology and Obstetrics* 24 (1986): 309-314; C. A. Crowther, "Perinatal Mortality in Twin Pregnancy: A Review of 799 Twin Pregnancies," *South African Medical Journal J* 71 (1987): 73-

74 (Harare, Zim-babwe); A. Bugalho, F. Strolego, and G. Carlomango, "Outcomes of Twin Pregnancies at the Hospital Central of Maputo: Retrospective Study of 315 Consecutive Twin Deliveries, January 1-September 30, 1987," *International Journal of Gynaecology and Obstetrics* 29 (1989): 297-300 (Maputo, Mozambique); A. Dolo, N. G. Diall, and F. S. Diabate, "A propos de 507 grossesses et accouchements gémellaires dans le district de Bamako," *Dakar Médical* 35 (1990): 25-31 (Mali); K. Coard et al., "Perinatal mortality in Jamaica 1986-1987," *Acta Paediatrica Scandinavica* 80 (1991): 749-755; R. Rachdi et al., "Problèmes posés par l'accouchement de la grossesse gémellaire," *Revue Française de Gynécologie et d'Obstétrique* 87 (1992): 295-298 (Tunisia); L. Kouam and J. Kamdom-Moyo, "Les facteurs de risque fœtal dans les accouchements gémellaires: Une analyse critique de 265 cas," *Revue Française de Gynécologie et d'Obstétrique* 90: 3 (March 1995): 155-162 (Yaoundé, Cameroon; my thanks for the authors' courteous assistance); M. Nkata, "Perinatal Mortality in Twin Deliveries in a General Hospital in Zambia," *Journal of Tropical Pediatrics* 45 (1999): 365-367; J. F. Meye et al., "Prognosis of Twin Deliveries in an African Setting," *Santé: Cahiers d'études et de recherches francophones* 11 (2001): 91-94 (Libreville, Gabon)。

叙事发展:《伪经》及其他

毫无疑问,《犹太圣经》中《米德拉什》的解读为理解《新约》中衍生出的《伪经》提供了重要的诠释学对照和文化语境。较早的《米德拉什》的英文版选集有 Louis Ginzberg, *The Legends of the Jews*, 7 vols. (Philadelphia, 1909); 节选本有 *Legends of the Jews* (New York, 1961)。也可参见 James L. Kugel, *Traditions of the Bible: A Guide to the Bible as It Was at the Start of the Common Era* (Cambridge, Mass., 1998); 更常见的版本是 *The Bible as It Was* (Cambridge, Mass., 1997)。关于这一主题的总论可参考 Michael Fishbane, *Biblical Interpretation in Ancient Israel* (New York, 1985), 尤其是后来出版的 *Biblical Myth and Rabbinic Mythmaking* (Oxford, 2003)。

想要阅读权威可靠的英文版《新约伪经》的读者可阅读以下两部选集: *New Testament Apocrypha*, rev. ed., ed. Wilhelm Schneemelcher, Engl. trans. R. McL. Wilson, 2 vols. (Cambridge, 1991-92); 以及 *The Apocryphal New Testament: A Collection of Apocryphal Christian Literature in an English Translation Based on M. R. James*, ed. J. K. Elliott (Oxford, 1993)。两部选集都收录了十分有用的导论,收录了文本的最新参考文献,这为读者提供了全面的引领,帮助我们进入这一充满争议的研究议题。我对《新约伪经》的引用均出于此,除非另外注明,我采用的是 Elliott 的译文。

拿戈玛第经集收录于 James M. Robinson, ed., *The Nag Hammadi Library in English* (San Francisco, 1981)。Werner Foester 收集了大量的诺斯替文本,Werner Foester, ed., *Gnosis: A Selection of Texts*, 2 vols., trans. R. McL. Wilson (Oxford, 1974)。

在许多关于诺斯替主义的重要研究中,不可或缺的有以下这些专著,希望能够以之涵盖各种研究方法与立场: Hans Jonas, *Gnosis und spätantiker Geist*, 2 vols. (Göttingen, 1934-1954; 3rd ed., 1964-1993) and *The Gnostic Religion: The Message of the Alien God and the Beginnings of Christianity* (Boston, 1958; 3rd ed., 1963); Gilles Quispel, *Gnosis als Weltreligion* (Zurich, 1951); Robert M. Grant, *Gnosticism and Early Christianity*, rev. ed. (New York, 1966); Hermann Langerbeck, *Aufsätze zur Gnosis*, ed. Hermann Dörries (Göttingen, 1967); R. McL. Wilson, *Gnosis and the New Testament* (Oxford, 1968); Edwin M. Yamauchi, *Pre-Christian Gnosticism: A Survey of the Proposed Evidences* (Grand Rapids,

参考文献

Mich., 1973; 2nd ed., 1983); Kurt Rudolph, *Gnosis: The Nature and History of Gnosticism*, trans. R. McL. Wilson (San Francisco, 1983); Walter Schmithals, *Neues Testament und Gnosis* (Darmstadt, 1984); Charles W. Hedrick and Robert Hodgson, Jr., ed., *Nag Hammadi, Gnosticism, and Early Christianity* (Peabody, Mass., 1986); Gilles Quispel, "Gnosticism: Gnosticism from Its Origins to the Middle Ages," in Mircea Eliade, ed., *The Encyclopedia of Religion* (New York, 1987), 5: 566-574; Elaine Pagels, *Adam, Eve, and the Serpent* (New York, 1988); Giovanni Filoramo, *A History of Gnosticism*, trans. Anthony Alcock (Oxford, 1990); Birger A. Pearson, *Gnosticism, Judaism, and Egyptian Christianity* (Minneapolis, 1990); Simone Pétrement, *A Separate God: The Christian Origins of Gnosticism*, trans. Carol Harrison (San Francisco, 1990); Pheme Perkins, *Gnosticism and the New Testament* (Minneapolis, 1993); Stuart Holroyd, *The Elements of Gnosticism* (Shaftesbury, Dorset, UK, 1994); and Christoph Markschies, *Die Gnosis* (Munich, 2001)。格外有帮助的文集有：K. W. Troeger, *Gnosis und Neues Testament: Studien aus Religionswissenschaft und Theologie* (Berlin, 1973); Kurt Rudolph, ed., *Gnosis und Gnostizismus*, Wege der Forschung 262 (Darmstadt, 1975); Martin Krause, ed., *Gnosis and Gnosticism: Papers Read at the Seventh International Conference on Patristic Studies* [*Oxford, September 8th-13th 1975*] (Leiden, 1977); and Bentley Layton, ed., *The Rediscovery of Gnosticism: Proceedings of the International Conference on Gnosticism at Yale, New Haven, Connecticut, March 28-31, 1978*, 2 vols. (Leiden, 1980-1981)。

《多马福音》和某些基督教来源之间的关联的另一观点，见 Ron Cameron, "Ancient Myths and Modern Theories of the Gospel of Thomas and Christian Origins," *Method and Theory in the Study of Religion* 11 (1999):

236-257。

《约翰福音》与诺斯替主义思想模式的复杂关系已有诸多研究。关于这个问题的不同观点,可见 Rudolph Bultmann, *Das Evangelium des Johannes*, 10th ed.(Göttingen, 1941),英译本为 *The Gospel of John: A Commentary*, trans. G. R. Beasley-Murray, ed. R. W. N. Hoare and J. K. Riches(Oxford, 1971); Elaine Pagels, *The Johannine Gospel in Gnostic Exegesis: Heracleon's Commentary on John*(Nashville, Tenn., 1973); Peter Hofrichter, *Im Anfang war der "Johannesprolog": Das urchristliche Logosbekenntnis, die Basis neutestamentlicher und gnostischer Theologie* (Regensburg, 1986); Helmut Koester, "The History-of- Religions School, Gnosis, and the Gospel of John," *Studia Theologica* 40 (1986): 115-136; Alastair H. B. Logan, "John and the Gnostics: The Significance of the Apocryphon of John for the Debate about the Origins of the Johannine Literature," *Journal for the Study of the New Testament* 43 (1991): 41-69。

Michael Allen Williams 提出了颇有争议的论点,质疑"诺斯替主义"这个概念的意义,同时深入考察了其中的历史问题和关于历史问题的研究史: Michael Allen Williams, *Rethinking "Gnosticism": An Argument for Dismantling a Dubious Category*(Princeton, 1996)。异曲同工之作有 Karen L. King, *What Is Gnosticism?*(Cambridge, Mass., 2003)。

当我即将完成这一研究的时候,伊莱娜·帕吉斯[Elaine Pagel]出版了 *Beyond Belief: The Secret Gospel of Thomas*(New York, 2003)。这是一本极为个人化的书,尤其是 Chapter 2, 30-73, 这一章是从她更早的一篇文章拓展而成的,即 "Exegesis of Genesis 1 in the Gospels of Thomas and John," *Journal of Biblical Literature* 118 (1999): 477-496, 就《多马福音》和《约翰福音》的关系而言,帕吉斯的观点和我的论点差异甚大。作为参考文献的补充,我无法在此充分解说她的观点与论据,鉴于她关于诺斯替主义各方面既有的研究的重要性以及我们之间观点的巨大差异，我至少需要简要地概括一下。帕吉斯认为（1）《多马福音》早于《约翰福音》，至少与之处于同一年代；（2）《约翰福音》的作者试图反驳《多马福音》的记述；（3）《多马福音》对于哪些人可以获得拯救十分包容，《约翰福音》却极其严苛。然而（1）她对《多马福音》写于公元一世纪的断代并无证据，而且大多学者公认这一文本写于二世纪中期左右；因此我仍然认为《多马福音》写于《约翰福音》之后的某个重要年代，也许比《约翰福音》晚半个世纪左右。诚然，《多马福音》中某个单独的段落或许可以回溯至公元一世纪，可是因此断言全书都出自一世纪，或是说无论它何时完成，都忠实地再现了公元一世纪的社会万象，这一推论并不合理。（2）就帕吉斯分析的段落来看，我们不必将《约翰福音》理解为对《多马福音》的反驳；至多是说两部福音书在许多问题上的观点不尽相同，仍然没有理由假定约翰熟知《多马福音》的具体教义，也没有理由假定这些教义归于多马或多马教派［Thomas Christians］（帕吉斯毫无理由地假定多马教派在公元一世纪就已存在），并无根据认为《约翰福音》的意图就是反驳《多马福音》。二者的差异可以简单地理解为教义上的分歧，甚或理解为《多马福音》的作者对《约翰福音》的反驳——考虑到两部作品的相对年代，后一种假说无疑是可取的。（3）帕吉斯自己也必须承认，"《约翰福音》和《多马福音》中的某些措辞表明，知道上帝的人少之又少"（p. 46）；事实上，她提出的证据并不符合约翰严苛而多马包容的论断。约翰强调信仰而非知识，他从未暗示过并非所有人都能获得信仰；许多人并不信仰耶稣，约翰依然希望他的福音能让更多的人皈依，我们没有理由认定约翰对于有朝一日所有人都能收获信仰不抱希望。相反，《多马福音》强调知识而非信仰，而且随处可见能够理解收获知识的人少而又少的暗示。帕吉斯为了坚守她的立场，必须丝丝入扣地歪曲《多马福音》中段落的含义，声称当作者提到能够被拯救的人的时候指的是所有人；然而他所指的显然不是全人类，他面对的是少数特定的个体，仅仅是凤毛麟角。帕吉斯竟然认为当福音书的作者写下这些话的时候，宣扬的是全民的拯救——《多马福音》中，耶稣说"我选了你，千里挑一，万里挑一，汇聚为一"（§23），"孤独的人和被拣选的人有福了，你们会找到天国"（§49），"我会把我的奥秘告诉配得上这些奥秘的人"（§62），"站在门口的人很多，唯有孤身一人的，才可踏入婚房"（§75），还有"天国就像一个牧人，他有一百只羊。最大的那只羊迷了路。牧人丢下九十九只羊去寻那一只，直到找到它。历尽了千辛万苦，他对那只羊说，'我对你的爱胜过其他所有的九十九只羊'"（§107）。

多马崇拜的中心伊德萨是一项重要的研究主题：Steven K. Ross, *Roman Edessa: Politics and Culture on the Eastern Fringes of the Roman Empire, 114-242 CE*（London, 2001）。关于伊德萨城更早的研究还有 A. F. J. Klijn, *Edessa die Stadt des Apostels Thomas*（Neukirchen, 1965）。

为了解释多马信徒在印度的起源和历史，学术研究浩如烟海、参差不齐。其中较为有趣的作品有 J. Dahlmann, *Die Thomas-Legende und die ältesten historischen Beziehungen des Christentums zum fernen Osten im Lichte der indischen Altertumskunde*（Freiburg, 1912）；Leslie Brown, *The Indian Christians of St. Thomas: An Account of the Ancient Syrian Church of Malabar*（Cambridge, 1956; 2nd ed., 1982）；Albrecht Dihle, "Neues zur Thomastradition," *Jahrbuch für Antike und Christentum* 6（1963）: 54-70, and "Indien," in *Reallexikon für Antike und Christentum*, vol. 18（Stuttgart 1996）, 1-56, esp. 36-55；E. R. Hamlye, "L'apôtre saint Thomas en Inde," *Orient Syrien* 8（1963）: 413-424；A. Mathias Mundadan, *History of Christianity in India*, vol. 1: *From the Beginning up to the Middle of the Sixteenth Century*（up to 1542）（Bangalore, 1984）and *Indian Christians: Search for Identity and Struggle for Autonomy*（Bangalore, 1984）；Stephen Neill, *A History of*

Christianity in India: The Beginnings to AD 1707（Cambridge，1984）。

把《维吉尔附录》[Appendix Vergiliana]中的《小蝇》看作满足人们对少年维吉尔的好奇的伪造之作，参见我的文章"The 'Virgilian' Culex," in M. Whitby, P. Hardie, and M. Whitby, eds., *Homo Viator: Classical Essays for John Bramble*（Bristol，1987），199-209。我希望在将来再次探讨这个问题和相关文本。

斐洛斯特拉图斯对提亚纳的阿波罗尼乌斯的记述与《新约》中对耶稣的描述之间的关系，至少从 D. Baur 开始，就一直是历史学界悬而未决的问题，请见 D. Baur, "Apollonius von Tyana und Christus, oder das Verhältniß des Pythagoreismus zum Christentum: Ein Beitrag zur Religionsgeschichte der ersten Jahrhunderte nach Christus," *Tübinger Zeitschrift für Theologie* 4（1832）: 3-235。对这类问题与文本的最近的探讨，可见 G. Petzke, *Die Traditionen über Apollonios von Tyana und das Neue Testament*（Leiden，1970）。

有关试图观看或触摸，或者真切地看见或触碰到圣方济各的圣痕的早期叙述，特别参见 *Analecta Franciscana, Tomus X: Legendae S. Francisci Assisiensis saeculis XIII et XIV conscriptae*, ed. PP. Collegii S. Bonaventurae（Quaracchi, 1936-1941）, Fasc. I: Fr. Thomas de Celano, *Vita prima S. Francisci*, pars II, caput iii.95, 73; caput ix.113, 88-89; Fasc. II: Fr. Thomas de Celano, *Vita secunda S. Francisci*, pars II, caput xcviii-ci, 208-210; Fasc. III: Fr. Thomas de Celano, *Tractatus de miraculis S. Francisci Assisiensis*, caput ii.4-5, 274-275; Fasc. IV: Fr. Iulianus de Spira, *Vita S. Francisci*, caput xi.63, 364; *Legenda choralis umbra* 2, 544; Fasc. V: S. Bonaventura, *Legenda maior S. Francisci*, caput xiii.8, 618-619; *Quaedam de Miraculis ipsius post mortem ostensis*, caput i.2-3, 627-628; Iacobus de Voragine, *Vita S. Francisci* 23, 686; *Legenda Monacensis S. Francisci*, caput xxx.95, 718; 此外还有 Guido Davico Bonino, ed., *I fioretti di San Francesco* (Turin, 1964), 194-196, 200, 211-212。

"圣母马利亚之子"来自 *Kinder- und Hausmärchen gesammelt durch die Brüder Grimm* (Darmstadt, 1978), 46-50。这个故事是 Antti Aarne-Stith Thompson, *The Types of the Folktale: A Classification and Bibliography*, 2nd revision, 2nd ed. (Helsinki, 1973), 246-247 这本书中的第 710 个故事。相近的故事或其他版本,参见 Johannes Bolte and George Polívka, *Anmerkungen zu den Kinder- und Hausmärchen der Brüder Grimm*, vol. 1 (Leipzig, 1913; repr. Hildesheim, 1992), 13-21; Walter Scherf, *Das Märchenlexikon* (Munich, 1995), 2: 847-853; and Daniel Drascek, "Marienkind," in *Enzyklopädie des Märchens*, vol. 9 (Berlin, 1999), 336-342 (后两本书附有更详尽的参考书目)。我从 Renger 的书中了解到了许多有关"圣母马利亚之子"的渊源以及相关问题: Almut-Barbara Renger, *Zwischen Märchen und Mythos: Die Abenteuer des Odysseus und andere Geschichten von Homer bis Walter Benjamin: Eine gattungstheoretische Studie*, diss. Heidelberg 2001。这个故事现存最早的寓言版本,以"La facce de crapa"为标题发表在 Gian Alesio Abattutis [i.e., Giambattista Basile], *Lo cunto de li cunti o vero lo trattenemiento de peccerille* (Naples, 1634): 参见 Giambattista Basile, *Lo cunto de li cunti*, ed. Michele Rak (Milan, 1986), 166-179; 已有英译本 *The Pentamerone of Giambattista Basile*, trans. from the Italian of Benedetto Croce and ed. N. M. Penzer (London, 1932), 1: 75-85。

解经传统的回应: 从教父到反宗教改革运动

关于文本解经的理论,伽达默尔 *Wahrheit und Methode: Grundzüge einer philosophischen Hermeneutik* (Tübingen, 1960) 已有增补版: *Gesammelte Werke*, vols. 1 and 2 (Tübingen, 1986); 英译本 Garret Barden

参考文献

and William G. Doerpel, *Truth and Method*, 2nd rev. ed.（New York, 1993）最为基础。可再参看 Emilio Betti, *Teoria generale della interpretazione*, 2 vols.（Milan, 1955），作者自译德文本 *Allgemeine Auslegungslehre als Methodik der Geisteswissenschaften*（Tübingen, 1967）；以及 *Die Hermeneutik als allgemeine Methode der Geisteswissenschaften*（Tübingen, 1962）。相当有价值的介绍性文集有 David E. Klemm, ed., *Hermeneutical Inquiry*, 2 vols.（Atlanta, 1986）。

斯威夫特所写的格列佛的逸事出现在第八章的开头：Jonathan Swift, *Gulliver's Travels*, part III, chapter 8。

一篇德语论文涵盖了从爱任纽至宗教改革者的关于多马的经注材料，对我帮助甚大：Ulrich Pflugk, *Die Geschichte vom ungläubigen Thomas [Johannes 20, 24-29] in der Auslegung der Kirche von den Anfängen bis zur Mitte des sechzehnten Jahrhunderts*, diss. Hamburg 1965。尽管我在或大或小的结论上并不赞同 Pflugk，也纠正了他的一些疏忽和错误，我仍然十分感谢他的这部令我获益匪浅的大作。

东正教和天主教对怀疑者多马的解释并无显著的不同：主要参考 Martin Jugie, *Theologia dogmatica Christianorum orientalium ab ecclesia Catholica dissidentium*, vols. 1-5（Paris, 1926-1935）。

我万分感谢神学传统中就耶稣复活的身体所做的精彩研究：Caroline Walker Bynum, *The Resurrection of the Body in Western Christianity, 200-1336*（New York, 1995）；Caroline 关于《哥林多前书》第 15 章的富有启发的讨论，在书中第 3-6 页；我所引用的文段在第 6 页。同样的主题可再参考 M. E. Dahl, *The Resurrection of the Body*, Studies in Biblical Theology 36（London, 1962）; and J. A. Schep, *The Nature of the Resurrection Body: A Study of the Biblical Data*（Grand Rapids, Mich., 1964）。

在更大背景下的早期基督教对于身体而不仅仅是性的看法，Brown 的作品是博学且人性化的入门书：Peter Brown, *The Body and Society:*

Men, Women, and Sexual Renunciation in Early Christianity（New York, 1988）。个人身份的概念中身体的不可或缺，Williams 的著作颇有可借鉴之处：Bernard Williams, *Problems of the Self*（Cambridge, 1973）, 1-18, 19-25, 64-81；有关复活的难题, 92-94。

关于保罗写给哥林多人的第一封书信，特别是如何确定他的反驳所针对的目标，仍然争议不断。了解这个问题的指导性书目有：Hans Lietzmann, *Handbuch zum Neuen Testament 9: An die Korinther I/II*, 4th ed., supplemented by W. G. Kümmel（Tübingen, 1949）; Margaret E. Thrall, *The Cambridge Bible Commentary on the New English Bible: I and II Corinthians*（Cambridge, 1965）; Hans Conzelmann, *1 Corinthians: A Commentary on the First Epistle to the Corinthians*, translated by James W. Leitch, bibliography and references by James W. Dunkly, edited by George W. MacRae, S.J.（Philadelphia, 1975）; and William F. Orr and James Arthur Walther, *The Anchor Bible: I Corinthians, A New Translation, Introduction, with a Study of the Life of Paul, Notes, and Commentary*（Garden City, N.J., 1976）。

对《圣经》解经学历史精彩而全面的叙述：Henning Graf Reventlow, *Epochen der Bibelauslegung*, vols. 1-4（Munich, 1990-2001）。关于中世纪浩如烟海的材料必不可少的著述：Fridericus Stegmüller, *Repertorium Biblicum Medii Aevi*, vols. 1-11（Madrid, 1940-80）。导论性的评述有：Robert McQueen Grant, *The Bible in the Church: A Short History of Interpretation*（New York, 1948）, 以及, with David Tracy, *A Short History of the Interpretation of the Bible*, 2nd ed.（Philadelphia, 1984）; Rolf Schäfer, *Die Bibelauslegung in der Geschichte der Kirche*（Gütersloh, 1980）; Rudolf Smend, *Epochen der Bibelkritik*（Munich, 1991）; Bertrand de Margerie, *Introduction to the History of Exegesis*, vols. 1-3（Petersham, UK, 1991）; Pierre Gibert, *Petite histoire de l'éxègese biblique: De la lecture allégorique à l'éxègese critique*（Paris, 1997）。

参考文献

早期在亚历山大的《圣经》解释，主要是斐洛、华伦提努和亚历山大的克莱蒙，参见 David Dawson, *Allegorical Readers and Cultural Revision in Ancient Alexandria* (Berkeley, 1992)。有关解经者奥利金的经典论著有 Henri de Lubac, *Histoire et esprit: l'intelligence de l'Écriture d'après Origène* (Paris, 1950); 今年出版一本相当不错的文集: Gilles Dorival and Alain Le Boulluec, eds., *Origeniana sexta: Origène et la Bible=Origen and the Bible*, Bibliotheca Ephemidarum theologicarum Lovaniensium 118 (Louvain, 1995)。古典时代的《圣经》解释，参看 Hans Rost, *Die Bibel in den ersten Jahrhunderten*, Beiträge zur Kulturgeschichte der Bibel 2 (Westheim bei Augsburg, 1946); 又有合辑 Johannes van Oort and Ulrich Wickert, eds., *Christliche Exegese zwischen Nicaea und Chalcedon*, Studien der Patristischen Arbeitsgemeinschaft (Kampen, 1992)。

中世纪的《圣经》解释，参见 Hans Rost, *Die Bibel im Mittelalter: Beiträge zur Geschichte und Bibliographie der Bibel* (Augsburg, 1939); Ceslas Spicq, *Esquisse d'une histoire de l'éxegèse latine au moyen âge* (Paris, 1944); Beryl Smalley, *The Study of the Bible in the Middle Ages*, 3rd ed. (Oxford, 1983)。中世纪解经学中信仰与理性的总体关系，不限于德尔图良和奥利金两人，Ulrich Wickert 的 "Glauben und Denken bei Tertullian und Origenes," *Zeitschrift für Theologie und Kirche* 62 (1965): 153-177 颇有洞见。

我所引用的前改革派评论，来自最新批注本，若不收录，则引自 PG 或 PL (参见此书的缩写表)。阿斯忒里俄斯的段落来自 *Asterii Sophistae Commentariorum in psalmos quae supersunt* (Oslo, 1956), p. 158。

宗教改革者和伊拉斯谟的文段引自以下版本: Georg Buchwald, *Ungedruckte Predigten Johann Bugenhagens aus den Jahren 1524 bis 1529: Zumeist aus Handschriften der Großherzoglichen Universitätsbibliothek zu Jena zum erstenmal veröffentlicht*, Quellen und Darstellungen aus der

Geschichte des Reformationsjahrhunderts 13 (Leipzig, 1910); *Ioannis Calvini In Novum Testamentum Commentarii*, ed. A. Tholuck, vol. 3: *In Evangelium Joannis Commentarii* (Berlin, 1833), 368-371; Desiderius Erasmus, *Paraphrasis in Evangelium Joannis*=*Desiderii Erasmi Opera Omnia* (Lugduni Batavorum, 1706; repr. London, 1962), vol. 7, and *Apologia respondens ad ea quae Iacobus Lopis Stunica taxaverat in prima duntaxat Novi Testamenti aeditione*, ed. H. J. de Jonge=*Opera Omnia* IX.2 (Amsterdam, 1983); Martin Luther, *Werke: Kritische Gesamtausgabe* (Weimar, 1883ff.); *Philippi Melanthonis Enarratio in Evangelium Ioannis*=*Opera quae supersunt omnia*, ed. Carolus Gottlieb Bretschneider, *Corpus Reformatorum* 15 (Halle, 1848); Wolfgang Musculus, *Commentarii in Evangelium Joannis* (Basel, 1545); Erasmus Sarcerius, *In evangelia festivalia postilla, ad methodi formam expedita* (Marburg, 1544), 18-24; Johann Spangenberch, *Postilla düdesch aver dat gantze jar* (Magdeburg, 1549)。与马斯勒相关但也关系到同时期的更广的背景，特别参见 Craig S. Farmer, *The Gospel of John in the Sixteenth Century: The Johannine Exegesis of Wolfgang Musculus* (Oxford, 1997)。我在芝加哥的学生 Rodrigo Sanchez 帮助我从 Wolfenbüttel 寻得萨斯利乌斯和斯潘根伯格的书本，Aaron Tugendhaft 帮助我从 Freiburg 得到马斯勒的书，在此感谢他们。

作为解释者的路德，参见 Jaroslav Jan Pelikan, *Luther the Expositor: Introduction to the Reformer's Exegetical Writings* (St. Louis, 1959); and Siegfried Raeder, "Luther als Ausleger und Übersetzer der Heiligen Schrift," in Helmar Junghans, ed., *Leben und Werk Martin Luthers von 1526 bis 1546: Festgabe zu seinem 500. Geburtstag* (Göttingen, 1983), 1: 253-278, 2: 800-805。

反宗教改革的论述引自以下书目：*Ioannis Maldonati Commentarii in*

参考文献

quatuor Evangelistas, Tomus II: in Lucam et Ioannem (Mussiponti, 1597); Fr. Cajetanus Potesta de Panormo, *Evangelica historia, seu quatuor evangelia in unum redacta* (Panormi, 1726, first published 1550); *Franciscae Riberae Villacastinensis In sanctum Iesu-Christi Evangelium secundum Ioannem Commentarii* (Lugduni, 1623); *Alfonsi Salmeronis Toletani Commentarii in Evangelicam historiam & in Acta Apostolorum, Tomus Undecimus: Qui de Resurrectione, et Ascensione Domini inscribitur* (Coloniae Agrippinae, 1604); *Fr. Toleti Cordubensis In Sacrosanctum Ioannis Evangelium Commentarii* (Brixiae, 1603)。至于阿方索·萨梅隆，近期的一本传记和评述：William V. Bangert, *Claude Jay and Alfonso Salmeron: Two Early Jesuits* (Chicago, 1985)。梅尔希奥·卡诺在《神学论证》中所采取的方法已有在神学史框架下的探讨，参见：Albert Lang, *Die Loci Theologici des Melchior Cano und die Methode des dogmatischen Beweises: Ein Beitrag zur theologischen Methodologie und ihrer Geschichte*, Münchener Studien zur historischen Theologie 6 (Munich, 1925; repr. Hildesheim, 1974), and Bernhard Körner, *Melchior Cano, De locis theologicis: Ein Beitrag zur theologischen Erkenntnislehre* (Graz, 1994)。感谢 Dr. Rosa Maria Piccione (Jena) 的努力，让我在罗马的宗座额我略大学 [Pontifical Gregorian University] 查找反宗教改革者的资料。

圣嘉禄·鲍荣茂的文句转引自 *Homélies et discours de Saint Charles Borromée*, traduits en français par MM. les abbés Lecomte et Venault: *Avent et Carême* (Paris, 1901), 344-360: Cinquième homélie sur la passion de Notre-Seigneur, prononcée dans la Métropole de Milan, le 23 Mars 1584。关于他的雄辩和宗教制度背景，尤可参见 Marc Fumaroli, *L'âge de l'éloquence: Rhétorique et «res literaria» de la Renaissance au seuil de l'époque classique* (Geneva, 1980; Paris, 1994), 116-152 (I cite from the second edition)。

图像版本：圣像中的多马

有关中世纪艺术如何通过多种多样的复杂方式与不同文化程度的观看者交流，特别参考 Michael Camille, "Seeing and Reading: Some Visual Implications of Medieval Literacy and Illiteracy," *Art History* 8 (1985): 26-49。有关古代教育程度的各个方面，可见 William V. Harris, *Ancient Literacy* (Cambridge, Mass., 1989); in the Middle Ages, Franz H. Bäuml, "Varieties and Consequences of Medieval Literacy and Illiteracy," *Speculum* 55 (1980): 237-265。宗教画用作宣传用途，尤其是与雕塑两相对比，参见 Lucien Febvre, "Iconographie et évangélisation chrétienne," in *Pour une Histoire à part entière* (Paris, 1962), 795-819; 基督教传道中像与言之间的关系, Lina Bolzoni, *La rete delle immagini: Predicazione in volgare dalle origini a Bernardino da Siena* (Turin, 2002); 自大格里高利至维永 [Villon] 以来对"无言之教"的简短扼要的综述, Villon, L. Gougaud, "Muta praedicatio," *Revue Bénédictine* 42 (1930): 168-171, here 168-170。

对怀疑者多马这一主题唯一的艺术史专著为 Sabine Schunk-Heller, *Die Darstellung des ungläubigen Thomas in der italienischen Kunst bis um 1500 unter Berücksichtigung der lukanischen Ostentatio Vulnerum*, Beiträge zur Kunstwissenschaft 59 (Munich, 1995); 对这部作品需要严加取舍，但我仍然获益匪浅。

基督教图像学的全面评述，参见 Louis Réau, *Iconographie de l'art Chrétien*, vol. 2: *Iconographie de la Bible, II: Nouveau Testament* (Paris, 1957; repr. Neudeln, 1977), 568-570, and vol. 3: *Iconographie des Saints, III: P-Z, Répertoire* (Paris, 1959; repr. Millwood, N.Y., 1983), 1266-1272; Gertrud Schiller, *Ikonographie der christlichen Kunst*, vol. 3: *Die*

Auferstehung und Erhöhung Christi (Gütersloh, 1971), 108-114, 446-455 (illus. 341-369); M. Lechner, "Thomas Apostel," in *Lexikon der christlichen Ikonographie*, begründet von Engelbert Kirschbaum, herausgegeben von Wolfgang Braunfels, vol. 8: *Ikonographie der Heiligen, Meletius bis Zweiundvierzig Martyrer. Register* (Rome, 1976), 467-475; George Kaftal, *Saints in Italian Art: Iconography of the Saints in the Painting of North East Italy* (Florence, 1978), 968-972 (Nr. 293), *Iconography of the Saints in the Painting of North West Italy* (Florence, 1985), 637-640 (Nr. 223), *Iconography of the Saints in Tuscan Painting* (Florence, 1986), 970-978 (Nr. 296), and *Iconography of the Saints in Central and South Italian Painting* (Florence, 1986), 1080-88 (Nr. 384)。

关于怀疑者多马手指插进耶稣伤口这一或许并不隐晦的性暗示，参见 Meyer Schapiro, "From Mozarabic to Romanesque in Silos," in his *Romanesque Art: Selected Papers* (New York, 1977), 87-88n123。总体的对身体的图像展现，尤其是关于疼痛的身体，与之思路相近的启发性评论，可见于 James Elkins, *Pictures of the Body: Pain and Metamorphosis* (Stanford, 1999)。

我用"组合"[syntagmatic]来描述怀疑者多马在复活的系列图像中相对于其他画面的特定位置对其含义的辨识，用"聚合"[paradigmatic]代指怀疑者多马的不同图像的相似与差异，以及怀疑者多马和其他比如"不要摸我"这类画像，这源自罗曼·雅各布森，"Two Aspects of Language and Two Types of Aphasic Disturbances," in Linda R. Waugh and Monique Monville-Burston, ed., *Roman Jakobson: On Language* (Cambridge, Mass., 1990), 115-133。

关于抹大拉的马利亚和耶稣的会面这一主题，较为独树一帜、发人深思的哲学与心理分析的解读，见 Jean-Luc Nancy, *Noli me tangere: Essai sur la levée du corps* (Paris, 2003), esp. 42-46, 55-60, 68-69, 81-84，对这

个故事的更为传统的艺术史描述和文学、神学思考，可阅读 Marianne Alphand, Daniel Arasse, and Guy Lafon, *L'Apparition à Marie-Madeleine* (Paris, 2001)。

中世纪描绘多马在印度传教的组图，特别是十三世纪法国以各种艺术媒介展现此景的作品，是德国布赖斯高 [Breisgau] 的弗莱堡大学 [University of Freiburg] Margarete Zink 正在写作的博士论文的论题。很感谢她就此问题同我通信讨论。

古典时代晚期关于怀疑者多马的展现，特别参见 Santi Muratori, "La più antica rappresentazione della incredulità di san Tommaso," *Nuovo Bulletino di Archeologia Cristiana* 17 (1911): 39-58。

比齐·罗伦佐在圣母百花大教堂的画作定年为 1439 年，得到了 Amy 的确认，Michael J. Amy, "The Revised Attributions and Dates of Two 15th Century Mural Cycles for the Cathedral of Florence," *Mitteilungen des Kunsthistorischen Institutes in Florenz* 42 (1998): 176-189。

韦罗基奥为圣弥额尔教堂所塑的耶稣和多马双人像，参见 Loretta Dolcini, ed., *Il Maestro di Leonardo: Il restauro dell'incredulità di san Tommaso di Andrea del Verrocchio* (Milan, 1992), esp. Andrew Butterfield, "L'Incredulità di San Tommaso di Andrea del Verrocchio," 61-87; Kristen van Ausdall, "The 'Corpus Verum': Orsanmichele, Tabernacles, and Verrocchio's 'Incredulity of Thomas,'" in S. Bule, ed., *Verrocchio and Late Quattrocento Italian Sculpture* (Florence, 1992), 33-49; Herbert Beck, Maraike Bückling, and Edgar Lein, eds., *Die Christus-Thomas-Gruppe von Andrea del Verrocchio* (Frankfurt, 1996); and Andrew Butterfield, *The Sculpture of Andrea del Verrocchio* (New Haven, Conn., 1998), 57-80。

文艺复兴宗教画中半身像的演变是 Ringbom 一项重要研究的主题：Sixten Ringbom, *Icon to Narrative: The Rise of the Dramatic Close-Up in*

参考文献

Fifteenth-Century Devotional Painting, 2nd ed.（Doornspijk, 1984）；关于斯坦因三联画 [Stein triptych], 205-209, fig. 194（怀疑者多马是从上往下数第三排左起第三个人）。

特利腾大公会议后绘画作为修辞载体，总体可参见 Marc Fumaroli, *L'École de silence: Le sentiment des images au XVIIe siècle*（Paris, 1994）。

与卡拉瓦乔相关的文献汗牛充栋，近年来卡拉瓦乔的盛行更是众目共睹。Roberto Longhi 的著作仍是典范，特别是他的 *Studi Caravaggeschi*, 2 vols.＝*Opere Complete*, vol. 11.1-2（Mi-lan, 1999-2000）。同为经典的还有 Walter Friedländer, *Caravaggio Studies*（Princeton, 1955; 2nd ed., New York, 1969），针对卡拉瓦乔的《怀疑者多马》，主要在161-163页, fig. 89（A. Dürer, *Doubting Thomas*, from the Small Passion）。Howard Hibbard 所著的 *Caravaggio*, 2nd ed.（Boulder, 1985）既有卡拉瓦乔的生平事迹又简明地阐述了他的画作，并收入十分有益的再版附录，既有画家早年生平的原文也有英译；on *Doubting Thomas*, 167-168, 311。另一本图文并茂的卡拉瓦乔综合著述是 Catherine Puglisi, *Caravaggio*（London, 1998）；关于《怀疑者多马》，页209-219。其他较为晚近的综合研究有：John Gash, *Caravaggio*, 2nd ed.（London, 1980）；Alfred Moir, *Caravaggio*（London, 1989）；Mina Gregori, *Caravaggio*（Milan, 1994）；Marco Bona Castellotti, *Il paradosso di Caravaggio*（Milan, 1998）；and Helen Langdon, *Caravaggio: A Life*（New York, 1998），《怀疑者多马》在页235-237。求知若渴的读者可以继续阅读 Jutta Held, *Caravaggio: Politik und Martyrium der Körper*（Berlin, 1996），《怀疑者多马》，页63-65；Leo Bersani and Ulysse Dutoit, *Caravaggio's Secrets*（Cambridge, Mass., 1998）；Mieke Bal, *Quoting Caravaggio: Contemporary Art, Preposterous History*（Chicago, 1999），《怀疑者多马》写于页31-44；Graham L. Hammill, *Sexuality and Form: Caravaggio, Marlowe, and Bacon*（Chicago, 2000）；Peter Robb,

M: The Man Who Became Caravaggio (London, 2000),《怀疑者多马》, 页 207-208；以及一部小说, Atle Næss, *Doubting Thomas: A Novel about Caravaggio*, trans. Anne Born (London, 2000),《怀疑者多马》, 页 64-65, 145-146。

近些年关于卡拉瓦乔的作品中，有些详尽地探讨了他和赞助人与收藏家的关系，读来妙趣横生。比如 Francesca Cappelletti and Laura Testi, *Il trattenimento di virtuosi: Le collezioni secentesche di quadri nei Palazzi Mattei di Roma* (Rome, 1994); Creighton E. Gilbert, *Caravaggio and His Two Cardinals* (University Park, Pa., 1995); *Caravaggio e la collezione Mattei* (Milan, 1995); Silvia Danesi Squarzina, "The Collections of Cardinal Benedetto Giustiniani," *Burlington Magazine* 139 (1997): 766-769 and 140 (1998): 102-118, and ed., *Caravaggio e i Giustiniani: Toccar con mano una collezione del Seicento* (Milan, 2001),《怀疑者多马》, 页 278-281。Morton Colp Abromson 收录了关于当时的罗马艺术与制度背景的文献：*Painting in Rome during the Papacy of Clement VIII [1592-1605]: A Documented Study* (New York, 1981)。

近些年关于卡拉瓦乔的接受研究有：Margrit Brehm, *Der Fall Caravaggio: Eine Rezeptionsgeschichte* (Frankfurt, 1992); and André Berne-Joffroy, *Le dossier Caravage: Psychologie des attributions et psychologie de l'art* (Paris, 1999), 有关《怀疑者多马》, 页 209-211。

其他的卡拉瓦乔研究中，我认为最有启发的有：Michael Fried, "Thoughts on Caravaggio," *Critical Inquiry* 24: 1 (Autumn 1997): 13-56; Franco Mormando, ed., *Saints and Sinners: Caravaggio and the Baroque Image* (Chicago, 1998); Sergio Benedetti, *Caravaggio: The Master Revealed*, 2nd ed. (Dublin, 1999), 关于都柏林的《花园被捕》[*Arrest of Christ in the Garden*]; Beverly Louise Brown, ed., *The Genius of Rome:*

1592-1623（London，2001）. 对卡拉瓦乔画作的哲学探讨，见 Adrienne von Mattyasouszky-Lates，"Stoics and Libertines: Philosophical Themes in the Art of Caravaggio, Poussin, and Their Contemporaries"（diss. Columbia 1988），《怀疑者多马》，页 68-69。Ellen Spolsky 的文章 "Doubting Thomas and the Senses of Knowing," *Common Knowledge* 3：2（1994）：111-129，突出了知识、怀疑主义和性征在卡拉瓦乔画作中的作用，虽然叙述并不完全连贯却匠心独运；对这篇文章的改写收于她的 *Satisfying Skepticism: Embodied Knowledge in the Early Modern World*（Aldershot，UK，2001），chap. 2，28-44。感谢友善的 Nicola Suther，让我得知她在 2000 年 6 月会议上关于画作的演讲，可在网上找到（http://www.fu-berlin.de/giove/giove-audio/suthor.html）；还有 Eleftheria Diamantopoulos，她将 2002 年完成的埃塞克斯大学艺术史系硕士论文寄给我，论文题为 "Doubting Thomas: A Painting with a Meditative Focus"。

此外，Alfred Moir，*Caravaggio and His Copyists*（New York，1976），88-90，列举了卡拉瓦乔《怀疑者多马》的不同版本：三张版画、两张手绘、十四幅现存的画作以及十三幅失传之作。

文中对卡拉瓦乔画作的基督教解读和怀疑性的解读分别来自 Maurizio Calvesi，*Le realtà di Caravaggio*（Turin，1990），40，和 Ferdinando Bologna，*L'incredulità del Caravaggio e l'esperienza delle «cose naturali»*（Turin，1992），168，320。

艺术史和基督教神秘主义背景下的德国传统关于怀疑者多马的图像学，见于 Rolf Wallrath，"Der Thomas-Altar in Köln: Zur Ikonographie des Thomaswunders," *Wallraf-Richartz-Jahrbuch* 17（1955）：165-180。

桑德拉特对卡拉瓦乔和霍尔拜因的论述出现在他对霍尔拜因的记述之中："最后，总结一下他［霍尔拜因］的名望：他生前的名望已如日中天，就连最卓越的意大利人也毫不犹豫地以他的首创为鉴，尤其是米开朗基罗·卡拉瓦乔,比如圣马太被耶稣从收税人那里叫走,把钱从桌上搜刮干净的赌徒……"("Schließlich sein Lob zusammen zu fassen / so ist er noch in seinen Leb-Zeiten in so hohem Wehrt gewesen / daß die fürnehmste Italiener keinen Scheu getragen / aus seinen Inventionen viel in ihre Werke zu bringen / sonderlich Michael Angelo Caravaggio, als da Mattheus von dem Zoll durch Christum beruffen wird / auch den Spieler / der das Geld vom Tisch abstreicht / und anders mehr . . ."): Joachim von Sandrart, *Teutsche Academie der Bau-, Bild- und Mahlereykünste*, Nürnberg 1675-1680, in ursprünglicher Form neu gedruckt mit einer Einleitung von Christian Klemm (Nördlingen, 1994), pt. 2, bk. 3, 1: 252。霍尔拜因和卡拉瓦乔绘画之间的关联,特别参阅 Bernd Wolfgang Lindemann, "Sandrart beim Wort genommen—Holbein und Caravaggio," in Frank Matthias Kammel and Carola Bettina Gries, eds., *Begegnungen mit alten Meistern: Altdeutsche Tafelmalerei auf dem Prüfstand*, Wissenschaftliche Beibände zum Anzeiger des Germanischen Nationalmuseums Band 17 (Nuremberg, 2000), 245-256。

我参阅了以下这些北欧版画图集:F. W. H. Hollstein, *German Engravings, Etchings, and Woodcuts ca. 1400-1700*, vol. 1ff. (Amsterdam, 1954ff.); *The New Hollstein: German Engravings, Etchings, and Woodcuts 1400-1700* (Rotterdam, 1986ff.); F. W. H. Hollstein, *Dutch and Flemish Etchings, Engravings, and Woodcuts ca. 1450-1700*, vol. 1ff. (Amsterdam, 1949ff.); *The New Hollstein: Dutch and Flemish Etchings, Engravings, and Woodcuts, 1450-1700* (Rotterdam, 2000ff.); Walter L. Strauss, ed., *The Illustrated Bartsch*, vol. 1ff. (New York, 1978ff.)。*The Illustrated Bartsch* 中怀疑者多马的其他版本,都在某种程度上与卡拉瓦乔的构图相近,其中包括丢勒 10: 550(.527kk); Urs Graf, 13: 81(4-[31][460]); Georg Pencz, 16: 99(48[332]); Jost Amman, 20, 1: 334(2.36[366]);以及一千五百年前不

知名的德国艺术家的单幅木刻作品，162：174-178（16201.567-2 to .575）。

丢勒《小受难》系列中的耶稣花园被捕和卡拉瓦乔的版本之间的联系，参见 Kristen Herrmann Fiore, "Caravaggio's Taking of Christ and Dürer's woodcut of 1509," *Burlington Magazine* 137（1995）: 24-27。

面部表情流露出的惊讶，参见 Charles Darwin, *The Expression of the Emotions in Man and Animals*, definitive edition, ed. Paul Ekman（New York, 1998）, 278-289。

卡拉瓦乔在十七世纪早期对画家的影响，参见 Arthur von Schneider, *Caravaggio und die Niederländer*, 2nd ed.（Amsterdam, 1967）; Alfred Moir, *The Italian Followers of Caravaggio*, 2 vols.（Cambridge, Mass., 1967）; Benedict Nicolson, *The International Caravaggesque Movement: Lists of Pictures by Caravaggio and His Followers throughout Europe from 1590 to 1650*（Oxford, 1979）, and *Caravaggism in Europe*, ed. L. Vertova, 3 vols., 2nd ed.（Turin, 1990）。

Gianni Papi 的文章 "Il Maestro dell'Incredulità di San Tommaso," *Arte Cristiana* 85（1997）: 121-130 探讨了九幅画作，其中包括罗马 Palazzo Valentini 的《怀疑者多马》，他把这幅画归为卡拉瓦乔一位不大出名的追随者 Bartolomeo Manfredi 名下，他于 1620 年到 1640 年间在罗马作画，Papi 暂且把他认作 Jean Ducamps。

鲁本斯的《怀疑者多马》，参见 David Freedberg, *Rubens: The Life of Christ after the Passion*（Oxford, 1984）, 81-87。

德拉克罗瓦就这一主题的绘画也影响了怀疑者多马的图像学：Gert Van Osten, "Zur Ikonographie des ungläubigen Thomas angesichts eines Gemäldes von Delacroix," *Wallraf-Richartz-Jahrbuch* 27（1965）: 371-388, 页 374-385 梳理了怀疑者多马的绘画历史。

最后，感谢我的朋友和同事，他们大多来自佛罗伦萨，他们就怀疑者多马的意大利图像学的各个方面提供了建议和帮助，万分感谢 Andrea Baldinotti, Miklos Boskowitz, Mina Gregori, Martina Hansmann, Maurizio Marini 和 Dino Savelli。

神圣的手指

罗马的耶路撒冷圣十字圣殿中的圣物的简介为 D. Balduino Bedini, O.Cist., "Le Reliquie della Passione del Signore," 3rd ed., Rome, 1997。

奥托纳圣多马崇拜的更多内容，可参见当地期刊：*La voce di San Tommaso: Periodico della Concattedrale di San Tommaso Apostolo*；编辑部位于 Curia Vescovile, Largo Riccardi, Ortona。

索 引

（此处所列均为原书页码，即本书边码）

Acciaiuoli, Leone degli［利昂·德吉·阿西亚奥利］ 219

Adonis［阿多尼斯］ 177

Aeneas［埃涅阿斯］ 177

Albertus Magnus［大阿尔伯特］ 140, 144, 150

Amazons［亚马逊］ 176, 177

Ambrose［安波罗修］ 142, 143, 146, 150

Ammonius of Alexandria［亚历山大的阿莫尼阿斯］ 142, 144

Andrew (disciple)［安德烈］ 104, 110

Angels［天使］ 23-24, 35-36, 47-48

Apocrypha, New Testament［新约伪经］ 84-85, 108, 137-138, 147。具体书目见索引 Locorum

Apollonius of Tyana［提亚纳的阿波罗尼乌斯］ 112-113, 245

Aramaic［亚拉姆语］ 38, 78, 80

Architecture［建筑］ 97

Aristotle［亚里士多德］ 82, 125, 229

Asceticism［禁欲主义］ 88, 89

Assumption (of the Virgin)［童贞受孕］ 110-112, 168

Asterius［阿斯忒里俄斯］ 143, 248

Athanasius［亚他那修］ 150

Augustine［奥古斯丁］ 134, 139, 141, 143, 145, 146, 150, 151

Bartholomew［巴多罗买］109

Basil of Seleucia［塞琉西亚的巴西流］144

Bede, Venerable［比德］144

Belief: and disbelief［信仰，相信，信］39, 45, 66, 164-165; 认识论的和非认识论的, 61-62, 237; 信仰, 6-7, 32, 58, 62, 145, 230, 237; 听与信仰, 4-6, 59, 62-63, 148; 信仰与知识, 34, 87, 100-101, 104, 144-145, 235, 243; 信仰与信服, 118-119; 绘画, 165-167, 204, 214; 信仰与看, 3-7, 28-29, 31-34, 47, 59-60; 与文本相关, 7-8, 28-29, 60-61, 94-95

Bible: Hebrew［希伯来］9, 10, 102; New Testament［新约］85, 90, 102, 123-124。具体书目见索引 Locorum

Bicci di Lorenzo［比齐·迪·罗伦佐］185, 187, 251-252

Body: Jesus'［耶稣的身体］30, 36, 39, 46, 49, 55, 60, 71, 72, 101, 125, 126-127, 132, 137, 142-144, 148, 152-154, 162, 177-178, 183, 190, 207-208, 210, 212-213, 215-216, 223; material［物质性的］20, 21, 49, 55, 65, 87, 101, 105, 129, 130, 135, 142, 224; spiritual［灵性的］128-129; Thomas's［多马的身体］163-164, 178-179, 200-202, 217-218; wounded［受伤的身体］49, 72, 126-127, 136-137, 143, 162, 210

Bologna, Ferdinando［费迪南多·波洛尼亚］165, 254

Borromeo, San Carlo［圣嘉禄·鲍荣茂，圣嘉禄］152-154, 204-205, 249-250

Bouts, Dierec［迪里克·鲍茨］190, 192

Bruno of Asti［阿斯蒂的布鲁诺］142

Bruyn, Bartholomäus, the Elder［老巴尔多禄茂·布鲁恩］190, 193

Bugenhagen, Johann［约翰·伯格哈根］145, 248

Butinone, Bernardino［伯纳蒂

索 引

诺·巴提诺] 188, 189-190
Bynum, Caroline Walker [卡洛琳·沃克·拜纳姆，拜纳姆] 130, 133, 246

Calvesi, Maurizio [毛里奇奥·卡维西] 165, 254
Calvin, Jean [加尔文] 62, 145, 248
Campi, Bernardino [伯纳蒂诺·坎皮] 190
Cano, Melchor [梅尔希奥·卡诺] 151, 249
Caravaggio(Michelangelo Merisi) [卡拉瓦乔] 150, 152, 160-165, 188-214, 252-255; Arrest in the Garden(Dublin)[花园被捕（都柏林）] 212-214, 213; Doubting Thomas(Potsdam) [怀疑者多马（波茨坦）] 160-165, 161, 188-209; Supper at Emmaus(London)[以马忤斯的晚餐（伦敦）] 210-211, 211; Supper at Emmaus(Milan) [以马忤斯的晚餐（米兰）] 210-212, 212

Carpentry [木匠] 97
Cassian, John [约翰·卡西安] 143, 144
Christus, Petrus [彼得鲁斯·克里斯蒂] 165, 166
Cima da Conegliano [西玛·达·科内利亚诺] 181, 183, 187
Clement of Alexandria [亚历山大的克莱蒙] 218, 247
Comedy [喜剧] 37
Conversion [皈依] 51
Corinth [哥林多] 127-128
Councils: of Constantinople [君士坦丁堡会议] 139; of Trent [特利腾大公会议] 252
Counter-Reformation [反宗教改革（派）] 149-154, 204-205
Crito [克力同] 65
Cyril of Alexandria [亚历山大的区利罗] 142, 143, 144

Delacroix, Eugène [德拉克洛瓦] 256
Descartes, René [笛卡尔] 225, 236
Dionysus [狄俄尼索斯] 99

Domitian［图密善］52-53

Doors［门］41-42, 50, 114, 116, 125, 136-137, 143, 144, 172, 180

Doubt［怀疑］203-204, 223-226; conventional and hyperbolic［通常的怀疑和普遍的怀疑］46-49, 58-59, 236; and doubleness［双］, 80

Dürer, Albrecht［阿尔布雷希特·丢勒, 丢勒］191, 194, 195, 255

Edessa［伊德萨］89, 99, 218-219, 244

Egeria［艾吉瑞亚］218

Elites［精英, 出类拔萃］87, 95, 101, 105, 244

Emmaus［以马忤斯］18, 22, 210-212, 211, 212

Emotions［情感］: affection［爱］187; anger［愤怒］45, 48, 51, 111; anxiety［焦虑］23, 30-31, 56, 151; astonishment［惊讶］22, 200-202, 201, 210-213, 255; concentration［专注］200-204, 202; consolation［宽慰］176; despair［失望］23; disappointment［失望］173; disgust［厌恶］49, 70, 164, 200, 236; fear［恐惧］22; gloating［夸耀］45; grief［悲痛, 悲恸］35-37, 39; horror［恐惧］164; jealousy［嫉妒］45; joy［喜悦］21-24, 39, 42, 55; longing［渴望］173; love［爱］39, 65, 144, 187; melancholy［忧伤］176; pity［同情］37, 164, 190; shame［羞愧］55; terror［无措, 恐惧］14, 20, 24, 56; wonder［希奇］, 21

Epiphanius［伊彼法尼］143, 150

Erasmus, Desiderius［伊拉斯谟］146, 248

Error［错误, 误读］xi, 30, 33-34, 37, 39, 48-49, 57, 64, 69, 72, 81, 97, 104, 120-121

Euripides［欧里庇得斯］: Bacchae［《酒神的伴侣》］

52; Medea［《美狄亚》］5-6

Eusebius［尤西比乌斯］218

Finger［手指］: in Caravaggio
［卡拉瓦乔］210; in
literature［文学作品］119;
Marienkind's［《圣母马利亚之
子》］116-118; Thomas's［多
马的手指］ii, 120, 150-151,
163-164, 169, 176, 178, 188,
190, 193-194, 198, 209, 215,
219-221, 256

Francis of Assisi［圣方济各］115,
245

Francisco de Toledo［福朗西斯
科·托莱多］152

Friedländer, Walter［瓦尔特·弗里
德兰德］191, 199, 252

Gaudentius of Brescia［布雷西亚的
高登提乌斯］144

Germany［德国］118-119, 145-
149, 160, 190-198, 204-205,
219, 254-255

Ghosts［鬼魂］20, 46, 49, 110,
125, 132, 137

Girdle, Mary's［马利亚的衣裙］
111-112, 168, 188

Girolamo da Treviso［热罗尼
莫·达·特莱维索］182,
183, 187

Giustiniani, Vincenzo［裘定纳尼］
160

Gnosticism［诺斯替主义］85-87,
130-131, 133, 135, 137-138,
142, 222-223, 241-244

Gottfried of Admont［阿德蒙的哥
特弗雷德］146-147

Gregory of Nyssa［特别参见尼撒
的贵格利］142

Gregory the Great［大格里高利］
37, 134, 141, 142, 159

Grimm, Jacob and Wilhelm［格林
兄弟］"Marienkind,"［《圣
母马利亚之子》］116-121,
245

Haimo of Halberstadt［哈伯斯塔特
的海默］144

Heracleon［赫拉克利翁］218

Heresy［异端,异教］85, 131,
142

Herodotus［希罗多德］ 6

Hilary of Poitiers［波提亚的依拉略］ 143，145

Hippolytus of Rome［罗马的圣希玻里］ 89，130-132

Holbein, Hans, the Younger［小汉斯·霍尔拜因，霍尔拜因］ 198，254-255

Homer［荷马］ 83，100，125

Iconoclasm［偶像破坏，破坏偶像］ 136，158

Identity［身份］ 79，80，129，135-136，138，224

Ignatius of Antioch［安条克的依纳爵］ 132

Illiteracy［目不识丁，不识字，无法阅读等］ 156-159，250

Illusion［幻象］ 48，165

India［印度］ 89，99-100，107，111-112，168，218，244，251

Interpretation［解读，解释］：and authority［权威，正统解读］ 134，140-141，150-152，157；exegetical［解经］123-155，248；literary［文学解读］ 8，230，234-235；narrative［叙事解读］ 82-123，155；philosophical［哲学解读］ 48，92；psychological［心理学解读］ 8-11，22，24，30-31，37，44-45，48-49，55，103，152-154，164，209，235-236，251；rhetorical［修辞学解读］ 7-8，27，31，61，62-63，65，66，141-142，151，152-154，164，178，214，230，235，252；traditionality of［解读传统］ 133-134，141，150；visual［视觉解读］ 157-214

Interpretive strategies［诠释策略］：detextualization［去语境化］ 141-142；disambiguation［消除歧义］ 143-144；displacement［错置］ 143；mystification［神秘化］ 144-145；retrojection［回溯］ 142

Irenaeus［爱任纽］ 132

Italian art［意大利艺术］：Lombardy［伦巴第］ 189-190；Renaissance［文艺复兴］

索 引

182-183；Tuscany[托斯卡纳] 187-188, 208；Veneto[威尼托] 183, 187, 188, 193

Jacobus de Voragine[雅各·得·佛拉金] 84

Jakobson, Roman[罗曼·雅各布森] 172, 251

James(disciple)[使徒雅各] 104

John(author of Gospel)[福音书作者约翰] 28-68, 91, 233

John(disciple whom Jesus loved)[耶稣喜爱的门徒约翰] 30-34, 67, 90, 104, 233-234

John Chrysostom[约翰屈梭] 142, 143, 144, 218-219

John of Damascus[大马士革的约翰] 143

Joseph(husband of Mary)[约瑟,圣母马利亚之夫] 97

Judas Iscariot[犹大] 42, 98, 212, 213

Lazarus[拉撒路] 37, 64, 95, 109

Leo the Great[圣良一世] 144, 150

Livy[李维] 83

Longhi, Roberto[罗伯托·隆基] 188, 252

Luther, Martin[路德] 62, 145, 147-150, 158, 248-249

Maldonado, Juan[胡安·马尔多纳多] 152, 249

Marcion[马吉安] 131, 133

Mariotto di Nardo[马里奥托·迪·纳多] 185, 187

Mary(sister of Lazarus)[马利亚,拉撒路的姐妹] 37

Mary Magdalene[抹大拉的马利亚] 29-41, 49, 53, 63, 110, 117, 125-126, 131, 172-177, 174, 216, 235-236, 251

Mattei, Ciriaco[西里亚科·马太伊] 160

Matthew(apostle)[使徒马太] 89, 92-93, 94, 210

Melanchthon, Philip[梅兰希顿] 147-149, 248

Methodius of Olympus[奥林匹斯的麦托丢] 138

Midrash[米德拉什] 83, 240

Miracles［奇迹，神迹］23, 34-35, 42, 59-60, 88, 89, 97, 112-115, 144, 148, 164, 201-204, 210-213, 235, 237

Mishnah［米书拿］82

Musculus, Wolfgang［沃尔夫冈·马斯勒］145, 149, 248-249; Muta praedicatio ("preaching without words")［"无言之教"］159

Nag Hammadi［拿戈玛第经集］86, 241

Names［名字］: Jesus［耶稣］20; Mary Magdalene［抹大拉的马利亚］37-38; onomastic scarcity［人名……单一］90; Salome［莎乐美］115; Simon Peter［西门彼得］30; Thomas［多马］72, 78-81, 90-91, 93, 95-97, 138, 213

Nonnus［诺努斯］100

Odysseus［奥德修斯］100

Origen［奥利金］136-139, 143, 247-248

Ortona［奥托纳］219, 256

Paganism［异教］51, 52

Pagels, Elaine［伊莱娜·帕吉斯］242-244

Pamphilus of Caesarea［凯撒里亚的潘菲鲁斯］138

Paravicino, Ottavio［奥塔维奥·帕拉维西诺］204

Pascal, Blaise［帕斯卡］62

Passover［逾越节］19, 21

Paul (apostle)［使徒保罗］127-130

Paulinus of Nola［诺拉的保林］142, 144, 159

Petrus Chrysologus of Ravenna［金口伯多禄］142, 144

Philip (disciple)［门徒腓力］94, 236-237

Philo［斐洛］247

Philosophy［哲学］48, 88, 92, 135, 162, 183-184, 188, 224-225

Philostratus［斐洛斯特拉图斯］112-113, 245

索 引

Pictorial matters［图像问题］: ambiguity［多意性，含糊其词］205, 209; belief［信仰］165-167, 204, 214; cycle［叙述顺序，生平故事］168-169, 180, 251; emotion［情感］162, 164, 169, 173, 183, 200; full figure［全身］169, 180; half-figure［半身］199-200, 207, 252; half-nudity［半裸］162, 183, 188, 192-193, 207; iconography［图像学］169; identifiability［可辨别］169, 177-178, 180; illusion［幻象］48, 165; image and text［图像与文本］69, 157-160; patronage［赞助，委托］160, 168, 205, 209-210, 214, 253; syntagmatic/paradigmatic［组合/聚合］172-177, 180-181, 251; viewer［观看者］165-167, 200-204; visual medium［视觉媒介］178, 210

Pino, Marco［马可·皮诺］184, 187

Plato［柏拉图］65-66

Potesta, Cajetanus［加耶塔诺·坡台斯塔］152, 249

Proclus of Constantinople［君士坦丁堡的普罗克吕斯］143

Psilaphisi ("touching")［触摸］168

Pyrrhon of Elis［伊利斯的皮隆］223

Quellenforschung ("source criticism")［来源批判］9-10

Rape［强暴］164, 212

Reception studies［接受研究］xi-xii, 77, 81, 119-121, 159-160

Recognition［认出］19, 21, 37, 38, 45-46, 53-55, 71, 136, 164-167

Reformation［宗教改革］62, 145-149, 156, 158, 204, 205, 223

Resurrection［复活］: bodily［身体的复活］126-130, 135; cultural［文化上的复活］xi; Jesus'［耶稣的复活］

64, 126-128, 130-132, 136-137, 165, 168, 183, 215-216, 220, 224; Lazarus'［拉撒路的复活］64, 109, 126; ours［我们的复活］126-130, 135-136, 224; Siophanes' (Theophanes'?)［希欧费尼或赛欧费尼的复活］109

Ribera, Francisco de［福朗西斯科·里贝拉］152

Rubens, Peter Paul［彼得·保罗·鲁本斯,鲁本斯］160, 205-208, 206, 256

Rufinus［鲁菲纳斯］218

Saint's day, Thomas's［多马的圣日］: 3 July［7月3日］218; 21 December［12月21日］98, 219

Salmerón, Alfonso［阿方索·萨梅隆］150-151, 249

Salome［莎乐美］113-115

Sandrart, Joachim von［约阿希姆·冯·桑德拉特,桑德拉特］198, 254-255

Sarcerius, Erasmus［萨斯利乌斯］145, 248-249

Schäufelein, Hans［汉斯·叔夫雷］196, 197, 198

Schmerzensmann ("Man of Sorrows")［悲伤之人］190

Scholasticism［经院哲学］134, 148

Schongauer, Martin［马丁·松高尔］173, 174-175, 190

Senses［知觉］3-4, 152-153

Sermons［布道］152-154, 157-159, 250

Sight［视觉,看］3-4, 210, 235; and hearing［听觉］4-6, 12, 21, 25, 27, 46-47, 59-60, 62, 71, 237; and touch［触摸,摸］20-21, 47, 58-59, 62, 71, 139-141, 150, 167, 179, 203, 208, 214, 216

Simon Peter［西门彼得］30-34, 67, 90, 92-93, 104, 110, 111, 118

Skepticism［怀疑主义］224-226

Spangenberg, Johann［斯潘根伯格］149, 249

Strozzi, Bernardo［别尔那多·斯

特罗齐] 160, 205-209, 207
Stupidity [愚蠢] 65-66, 221
Swift, Jonathan [斯威夫特] 125, 246
Symbolism [意象]：door [门] 180; garden [花园] 37; honey [蜂蜜] 21
Symbolon [符契] 29, 41

Tertullian [德尔图良] 130-132, 145, 149, 248
Textual matters [文本问题]: accumulation [补充] 18, 19, 151, 220; allegory [隐喻] 145-147; ambiguity [多意, 模棱两可] 32, 39, 40, 45, 123, 143-144, 158; authenticity [真实性] 61; awkwardness [古怪] 32-33; belief [信仰] 7-8, 28-29, 60-61, 94-95; character development [人物发展] 106; climax [高潮, 顶峰] 16-17, 19-22, 30, 43, 47, 61, 67, 70; closure [收尾, 结尾] 12, 14-18, 20, 43, 66-67; complementarity [补充, 照应] 17-18, 29, 36, 39-41, 53; contradiction [矛盾] 125-126, 136; contrast [类比] 37; economy [旨意] 98, 140, 142, 144, 147; emphasis [强调] 70, 78-79; foreshadowing [预示] 14-15, 18, 21, 24-25, 64; fulfillment [实现] 18, 19, 21, 24-25; hyperbole [非分, 过分, 普遍] 18, 43, 52, 54, 66, 72, 222; impasse [僵局] 34, 49-50, 55; inauthenticity [非原作] 16-18, 67; intention authorial [作者意图] 77; interpolation [篡改] 23; intertextuality [文本性关联] 120; lacunae [留白, 间隙] 8-11, 23, 38-39, 41, 43-44, 50, 57-58, 66, 68, 70, 72-73, 83, 102-103, 104, 108-109, 119, 122-123, 230; metaphor [比喻] 145-147; names [名称] 80-81; narrative [叙事] 82-83, 105-106, 123, 155; obscurity [晦

涩］41, 66, 158; omission［缺漏］70-72; opening［开篇］29, 33, 34, 36, 106; orality［口头］155-157; parallelism［类比，呼应］37, 54; patterns［模式］53-54, 110; reader［读者］62-63, 65, 225; repetition［重复］39, 50, 63-64, 110; reversal［倒转］112; rupture［断裂］14-16, 25-27, 50; supplement［补充］16-18, 21, 67, 104; surprise［出人意料］24, 44, 47, 70; suspense［悬置］30-31, 106; symmetry［对称］41, 44; text and image［文本与图像］69, 157-160; transference［转变］112-115; transformation［改写］118

Theodotus of Ancyra［安卡拉的狄奥多图斯］144

Theophylactus［狄奥菲拉托］144, 150

Thomas Aquinas［托马斯·阿奎那］134, 140-141, 150, 152

Touch［触摸］22-23, 39-41, 46-47, 72, 139-141, 173, 176-178

Tragedy［悲剧］51

Trust［信任，相信］5, 45, 47

Truth, social［真理，真实］4-6, 47, 229-230

Twins［双生子］78-80, 96-98, 237-240

Valentinus［华伦提努］133, 247

Verrocchio, Andrea del［安德烈·德尔·韦罗基奥］186, 187, 252

Virgil［维吉尔］103, 244

Warburg, Aby［阿比·瓦尔堡］177

Werner of St. Blasius［圣伯拉修的沃纳］145

Wittgenstein, Ludwig［维特根斯坦］217

Women［女人，女子］13, 17, 24, 29-30, 34-36, 38, 114, 162, 173, 177, 233

Zigabenus, Euthymius［优西米乌］139-141, 150

出处索引

（所列为原书页码，即本书边码）

Hebrew Bible

GENESIS
18:18	48
19:3	48
25:22ff.	79
38:27ff.	79

EXODUS
4:1ff., 30–31	59

1 KINGS
10:7	5

2 CHRONICLES
9:6	5

PSALMS
35:23	52
133:1	112

PROVERBS
14:15	5

Jewish Apocrypha

TESTAMENT OF ABRAHAM, RECENSION A
4:9–11A	48

TOBIT
12:19	48

New Testament

MATTHEW
9:18–26	49
10:2–4	107
10:3	63, 236
12:38–42	59
13:55	97
16:1–4	59
16:18	30
28	23–27
28:9	40
28.11–15	23–24, 218
28:17	25–27, 80
28:18–20	43
28:19	99

MARK		1:43–51	54–55
3:16–19	107	1:50–51	60
3:18	63, 236	2:11	60
4:10, 11, 34	104	2:18	60
5:21–34	49	2:22, 23	60
6:3	97	3:2	60
8:11–12	59	4:14	93
8:31	15	4:29, 39	60
9:9	15	4:48	59–60
9:31	15	4:53	60
10:34	15	5:36	60
13:3	104	6:2, 14, 26, 29	60
14:28	14	6:30	59, 60
15:32	59	7:3–5, 31	60
15:47–16:18	13–18	7:5	98
16:9–20	16–18, 232	9:3–4	60
16:12	19	10:25, 38	60
16:14	19	11:2	40
16:15	99	11:16	56, 64, 78, 92, 95, 109
16:15–18	43	11:33–38	37
16:16	67	11:45	60
		12:3	40
LUKE		12:11, 18	60
2:42–51	103	13:6–11	33
6:14	236	13:19	60
6:14–16	107	13:36–38	33
6:15	63	14:4–6	64, 95
8:2	16	14:29	60
8:40–56	49	16:16	38
11:16, 29–32	59	16:28	38
24	18–23	17:20	63
24:15–31	37	18:10–11	33
24:30–31	47	18:15–17	33
24:36–43	46	18:20	104
24:39	40, 46, 66, 132	18:25–27	33
24:39–40	45, 165	19:13, 17	79
24:39–46	20–21	19:37	132
24:41	21–22, 42	20	28–68, 69–73, 77–81, 173
24:41–43	47	20:1	29–30, 39
24:47	99	20:2	30, 33, 38, 41–42, 71, 155
24:47–49	43	20:5	30–33
JOHN		20:6–7	31, 35
1:1	156		
1:14	122		

20:8	31–33, 45, 59	**ACTS**	
20:9	31–33	1:13	63, 84, 107, 237
20:10	33	2:4–11	99
20:11	33–35	12:14	21
20:12	34–35		
20:13	36, 37, 38, 60, 155	**1 CORINTHIANS**	127–130, 246–247
20:14	36, 53–55, 60	15:1–34	127–128
20:15	37–38, 155	15:14	12
20:16	38, 53–55, 79, 155	15:35–58	128–130
		15:44	128–129
20:17	38, 39–41, 49, 53, 64, 96, 125, 126, 156, 173, 216, 236	15:51–52	130–131
		PHILIPPIANS	
		2:5	153
20:18	39, 156		
20:19	39, 41–42, 49, 125, 126, 156	**HEBREWS**	
		11:1	59
20:20	42–43, 55, 165		
20:21–23	43, 67, 126, 156	**1 JOHN**	
20:24	43–44, 78, 92	1	150–151
20:25	44–50, 59, 95, 125, 156		
20:26	39, 50–51, 95, 125, 126, 156	**REVELATION**	90, 94
20:27	41, 51–52, 57–58, 72, 95, 104, 113, 118, 119, 125, 126, 153, 156, 179, 208		

New Testament Apocrypha and Gnostic Writings

20:28	52–58, 72, 91, 92, 95, 104, 108, 119, 125–126, 139–141, 150–151, 156, 179, 208	**ACTS OF JOHN**	
		90	113
		ACTS OF THOMAS	
			89–90, 91–92, 96, 99–100, 103, 106
20:29	55, 58, 62–63, 67, 71, 95, 113, 126, 139, 140–141, 146, 148, 156	1	92, 95–96, 99, 107
		2	97, 108
		3	108
		6, 8	102
20:30–31	61, 66–67, 156	11	96
21	67, 237	165	217
21:2	54, 78, 84	168	217
21:15–17	30	170	217–218
21:21–22	33		

APOCALYPSE OF THOMAS
                        90
  1   93–94

ARABIC INFANCY GOSPEL
  2–3   115

ARUNDEL 404 (BOOK OF THE
SAVIOR'S INFANCY)
                        115

ASSUMPTION OF THE VIRGIN
  7, 17–21   111–112

BOOK OF THE RESURRECTION
                        108–109

BOOK OF THOMAS THE
CONTENDER   89, 105
  1   93, 96

EPISTLE OF THE APOSTLES
  10–12   110

GOSPEL OF JUDAS ISCARIOT
                        98

GOSPEL OF PSEUDO-MATTHEW
  13   113–114

GOSPEL OF THOMAS
                        89, 105,
                        106–107,
                        241–244
  1   92–93, 96
  13   92–93, 106

INFANCY GOSPEL OF THOMAS
                        88–89, 103,
                        106
  4.1   101–102

LETTER OF CHRIST TO ABGAR
                        113

PISTIS SOPHIA
  42–43   94

PROTEVANGELIUM OF JAMES
  19.3–20.4   115
  25   97